도연명 陶淵明

도연명

陶淵明

김학주 譯

明文堂

[책머리에]

　　　이 책은 1975년에 출간했던 『귀거래혜사歸去來
兮辭』(陶淵明詩選, 民音社)에 시와 글을 크게 더 보태고
수정을 더한 것이다. 『도정절집陶靖節集』을 완전히
옮길까 생각도 해보았으나 오히려 일반 독자들에
게는 번거롭게 될 것 같아 여전히 선집選集으로 남
게 되었다.
　　　그의 대표적인 시는 모두 망라된 위에, 산문
으로 이루어진 대표적인 글도 더 보태어 뽑은 글을
내용에 따라 제1부 '전원田園과 시', 제2부 '술과
시', 제3부 '가난과 시인', 제4부 '전원과 이상향'
의 4부로 나누어 놓아 도연명의 시와 사상의 특징
을 이해하기 쉽도록 하였다.
　　　동한東漢 말 건안(建安, 196~219) 무렵 조조曹操 삼
부자를 중심으로 하는 문인들에 의하여 중국 문학

사상 시의 창작이 본격적으로 전개된 이래, 도연명은 중국시의 창작 차원을 한 단계 더 높여놓았던 작가이다. 특히 세속적인 명예와 부귀의 추구를 뒤로 하고 전원 속에 자연과 술을 즐기며 시 쓰기에만 전념했던 그의 생활은, 당唐 대 이후 중국 문인들의 존숭의 대상이 되어 중국문학 발전에 크게 공헌하게 된다.

고려 조선을 통하여 도연명은 우리 선인들에게도 누구보다도 많이 읽히고 높이 받들어졌던 시인이다. 많은 독자들이 그의 시를 통하여 참 인간의 서정을 느끼고 이해하게 되기 바란다.

2013년 3월
김학주 인헌서실에서

차례

책머리에 _ 4

도연명시 해제 _ 13
    1 도연명의 생애 _ 13
    2 술과 시 _ 18
    3 전원과 시 _ 22
    4 지리적인 환경과 그의 시 _ 25
    5 도연명의 역사적인 배경 _ 28
    6 송대宋代 문인과 도연명 _ 31
    7 도연명의 작품 _ 34

전원田園과 시

자욱한 구름 停雲 _ 39

철이 바뀌어 時運 [1] _ 44

철이 바뀌어 時運 [2] _ 46

철이 바뀌어 時運 [3] _ 48

철이 바뀌어 時運 [4] _ 51

무궁화나무 榮木 _ 53

전원으로 돌아와 歸園田居 [1] _ 57

전원으로 돌아와 歸園田居 [2] _ 60

전원으로 돌아와 歸園田居 [3] _ 63

전원으로 돌아와 歸園田居 [4] _ 65

전원으로 돌아와 歸園田居 [5] _ 68

이사를 하고 移居 [1] _ 70

이사를 하고 移居 [2] _ 72

귀전원거 歸田園居 _ 74

처음으로 진군참군이 되어 곡아를 지나가다가 지음 始作鎭軍參軍經曲阿作 _ 78

사천에 가서 놀며 遊斜川 _ 82

유채상 시의 운에 맞추어 和劉柴桑 _ 86

계묘년 초봄에 농가에서 옛날을 그리며 癸卯歲始春懷古田舍 [1] _ 90

계묘년 초봄에 농가에서 옛날을 그리며 癸卯歲始春懷古田舍 [2] _ 93

신축년 칠월 휴가를 끝내고 강릉으로 돌아가는 길에 밤에 도구로 가다가 지음 辛丑歲七月赴假還江陵夜行塗口 _ 96

기유년 구월구일 己酉歲 九月九日 _ 100

경술년 구월 중에 서쪽 밭에서 올 벼를 수확하고 庚戌歲九月中於西田穫早稻 _ 103

병진년 팔월에 하손의 농가에서 추수를 하고 丙辰歲八月中於下田舍穫 _ 107

독산해경 讀山海經 _ 111

의고 擬古 [1] _ 114

도연명 의고시에 화함 和陶淵明擬古 소식 蘇軾 _ 116

의고 擬古 [2] _ 119

의고 擬古 [3] _ 121

의고 擬古 [4] _ 123

의고 擬古 [5] _ 125

의고 擬古 [6] _ 127

의고 擬古 [7] _ 130

돌아오는 새 歸鳥 _ 132

구일한거 九日閑居 _ 136

심부름꾼에게 묻는 말 問來使 _ 139

제2부

술과 시

음주飮酒 [1] _ 143

음주飮酒 [3] _ 145

음주飮酒 [4] _ 147

음주飮酒 [5] _ 149

음주飮酒 [6] _ 151

음주飮酒 [7] _ 153

음주飮酒 [8] _ 155

음주飮酒 [9] _ 157

음주飮酒 [14] _ 159

음주飮酒 [16] _ 161

음주飮酒 [19] _ 164

음주飮酒 [20] _ 167

연이어 비오는 날에 홀로 술 마시며 連雨獨飮 _ 171

곽주부의 시에 화작함 和郭主簿 [1] _ 174

곽주부의 시에 화작함 和郭主簿 [2] _ 177

술을 끊다 止酒 _ 179

잡시雜詩 [1] _ 182

잡시雜詩 [2] _ 184

잡시雜詩 [3] _ 186

잡시雜詩 [4] _ 188

잡시雜詩 [5] _ 190

잡시雜詩 [6] _ 193

잡시雜詩 [7] _ 195

잡시雜詩 [8] _ 197

가난과 시인

육체·그림자·정신의 문답 形影神 _ 201
걸식 乞食 _ 209
자식을 책함 責子 _ 212
가난한 선비의 노래 詠貧士 [1] _ 215
가난한 선비의 노래 詠貧士 [2] _ 217
가난한 선비의 노래 詠貧士 [3] _ 219
가난한 선비의 노래 詠貧士 [4] _ 221
가난한 선비의 노래 詠貧士 [5] _ 224
가난한 선비의 노래 詠貧士 [6] _ 226
깨달음이 있어 지음 有會而作 _ 228
방주부와 등치중에게 보여주는 초조로 된 원시 怨詩楚調示龐主簿
  鄧治中 _ 231
만가시 挽歌詩 [1] _ 235
만가시 挽歌詩 [2] _ 237
만가시 挽歌詩 [3] _ 239
자신을 제사지내는 글 自祭文 _ 241

제四부

전원과 이상향

역사책을 읽고 씀 讀史述 _ 251
- 백이伯夷와 숙제叔齊 [1] _ 251
- 기자箕子 [2] _ 253
- 관중管仲과 포숙아鮑叔牙 [3] _ 255
- 정영程과 저구杵臼 [4] _ 257
- 칠십이제자七十二弟子 [5] _ 259
- 굴원屈原과 가의賈誼 [6] _ 262
- 한비韓非 [7] _ 265
- 노魯나라의 두 선비二儒 [8] _ 267
- 장장공張長公 [9] _ 269

귀거래혜사 歸去來兮辭 _ 271

도화원기와 도화원시 桃花源詩幷記 _ 280

오류선생전 五柳先生傳 _ 289

● **찾아보기** _ 293

‖ 도연명시 해제 ‖

Ⅰ 도연명의 생애

　도연명(365~427)은 양梁나라 소명태자昭明太子 소통蕭統(501~531년)이 '편마다 술이 있다'고 말했을 정도로 술을 좋아하고, 벼슬자리를 버린 뒤 「귀거래혜사歸去來兮辭」를 부르고 전원에 숨어 살면서 시를 짓고 술을 즐기며 살았다. 그의 시인으로서의 업적은 오랜 역사를 거치면서 이루어진 중국의 전통시를 한 단계 더 높은 차원으로 발전시켰다는 것이다. 그에 의하여 중국의 시는 비로소 진지한 의식적인 개인의 창작활동으로 확인되었다고까지 말할 수 있다. 따라서 중국 시는 도연명으로 말미암아 다시 한 차원 높은 단계로 발전하였다고 하는 것이다.

　그러나 우리의 이 대시인은 무척 어지러운 동진東晉 시대(317~420)에 살았기 때문에 옛날부터 이름조차도 확실히 알려지지 않았다. 양梁나라 심약沈約(441~513)이 쓴 『송서宋書』 은일전隱逸傳에는 "도잠陶潛은 자가 연명淵明인데, 혹은 연명의 자가 원량元亮이라고도 한다."고 하였고, 다시 소통蕭統이 쓴 전기에는 "도연명은 자가 원량인데, 혹은 잠潛의 자가 연명이라고도 한다."라고 그와 정반대로 이름에 대하여 쓰고 있다. 이는 모두 도연명이 죽은 뒤 백 년도 안 된 시대에 쓴 전기들인데 그런 형편이다. 그뿐이 아니라 당唐대 이연수李延壽가 쓴 『남사南史』 은일전隱逸傳에서는 "도잠은 자가 연명인데, 혹은 자를 심명深明이라고도 하며, 이름이 원량이다."라고 하였다. 그리고 『진서晉書』은 일전에는 "도잠의 자가 원량이다."라고만 쓰고 있다.

이처럼 그의 이름에 대하여 여러 가지 다른 말이 많은 것은 그의 집안이 시원찮기 때문이라고 주장하는 학자들이 많다. 그러나 진晉나라의 대장군 도간陶侃이 그의 증조부이고, 일세의 풍류인으로 알려진 맹가孟嘉가 외조부라니 아주 형편없는 집안은 아니었다고 보아야 한다.

그가 태어난 해에 대하여도 다른 의견이 있기는 하나 진晉 애제哀帝 흥녕興寧 3년(365년) 심양潯陽(지금의 江西省 九江縣) 채상柴桑에서 태어났다는 기록을 일반적으로 받아들이고 있다. 그곳은 장강長江의 중류지방이고, 남쪽으로는 넓은 파양호鄱陽湖가 바라보이고, 북쪽에는 여산廬山이란 아름답고 유명한 산이 있는 시골 마을이며 그의 생애 대부분을 이 고장에서 보냈다. 그의 전원에의 애착은 이 아름다운 고향의 산천을 통해서 길러진 것이라 생각해도 좋을 것이다.

그의 생애는 대체로 1세부터 29세, 다시 29세부터 41세, 끝으로 41세부터 죽은 63세까지의 세 시기로 나누어 얘기하는 것이 좋다.

첫째 시기(1~29세)에 관하여는 별로 자세한 기록이 없으며, 어려서 아버지를 여의고 가난하게 살다가 처자를 거느리고 살 길을 찾아 마침내 강주江州의 좨주祭酒 벼슬을 했다는 정도가 고작이다. 그러나 도연명은 가난 속에서도 유가의 경전經傳을 중심으로 한 공부만은 열심히 하였다. 그의 시와 글 속에는 젊었을 적의 공부와 그때의 포부를 알려주는 대목이 많이 보인다. 그는 유가에서 가르치는 사람의 현실적인 삶을 바탕으로 하여 올바르게 살도록 가르치는 정신을 학문을 통해 체득함으로써, 그것이 자기의 신념으로 세상을 살아가는 지표가 되었다. 그리고 이 시기의 작품이라고 생각되는 시는 한두 편이 전해지고 있을 따름이다.

 둘째 시기(29~41세)에는 가난한 생활에 몰리던 끝에 벼슬살이를 시도하였다. 그는 이 13년 사이에 적어도 다섯 번이나 집을 나서서 관리로서의 생활을 보낸다. 강주江州의 좨주祭酒·진군鎭軍·참군參軍, 강주자사江州刺史의 참군參軍 등이 그가 거친 중요한 벼슬들이며, 마지막으로 팽택彭澤이란 고을의 수령守令이 되었다. 그는 팽택령이 되자 공전公田에 모두 찰벼를 심으라고 명했다. 처자들이 메벼도 심어야 한다고 간청하자 결국은 반반씩 심기로 했다 한다. 술은 찹쌀로 빚은 술이 맛있다는 이유 때문이었다고 한다. 그리고 얼마 안 있다가 누이의 죽음을 핑계로 벼슬을 내던지고 전원田園으로 돌아와 본격적인 시인으로서의 여생을 시작한다. '전원'이란 뚝 떨어진 곳에 있는 조용하고 아름다운 농사짓는 시골마을을 뜻한다.

 그러나 『송서宋書』·『진서晉書』·『남사南史』 등 정사

正史의 그의 전기에는 팽택령이란 벼슬을 그만둔 다른 극적인 얘기가 적혀있다. 군郡에서 행정시찰차 상관인 독우督郵가 팽택으로 내려오자 고을 관리들이 도연명에게 관복을 차려입고 그를 뵈라고 권하였다. 그때 그는 "시골의 소인小人에게 다섯 말의 쌀을 봉급으로 받는 벼슬 때문에 허리를 굽힐 수 없다."하고는 그날로 사표를 내던지고 고향으로 돌아왔다 한다. 어떻든 이때의 도연명의 심경은 유명한「귀거래혜사歸去來兮辭」에 무엇보다도 잘 표현되어 있다. 그로서는 만족할 수 없는 관리생활을 통하여 여러 가지 인간 사회의 모순을 체험하는 사이에 시인으로서의 도연명의 소신과 철학이 완성되어갔던 것 같다.

셋째 시기(41~63세)야말로 도연명이 전원으로 돌아와 본격적인 자기 면모面貌를 발휘하며 살았던 시기이다.「귀원전거歸園田居」·「연우독음連雨獨飮」같은 그의 시를 대표할 만한 작품들이 이 시기에 들어오면서 연이어 나오기 시작한다. 도연명의 초상이나 그의 시를 통해 느껴지는 그의 개인적인 이미지가 노인인 것도, 이 시기가 도연명을 대표하기 때문일 것이다. 그는 벼슬을 버리고 전원으로 돌아와 속된 세상의 번거로움으로부터 벗어난 기쁨을 되풀이하여 노래하면서 가난을 아랑곳하지 않고 술과 시로 여생을 보내었다. 그에게 있어서 전원과 술은 인간 본래의 세계에 자신을 안겨주는 길잡이였고, 시는 참된 인간의 모습을 추구하는 수단이었다.

 이 시기 중간 그가 56세 되던 해, 그의 평생을 몸담아왔고 줄곧 충성을 표시해 온 동진東晉이 유유劉裕에 의하여 멸망되고 대신 송宋나라가 섰다. 이 사건은 그에게 커다란 충격을 안겨주었을 것이다. 그는 새로운 왕조에 대한 냉담을 표시하기 위하여 시문을 지을 때 이때부터는 왕조의 연호를 쓰지 않고 간지干支만을 썼으며, 이름조차도 잠潛이라 고쳤다고 주장하는 학자가 있다.[1] 어떻든 그 시대의 극히 어지러운 정치가 시인을 세상으로부터 숨어살게 하는데 도움을 주었을 것임에는 의심의 여지가 없다.

 그러나 이 시기에도 그에 관하여는 집에 화재가 있었다(44세)든가, 저작좌랑著作佐郞 벼슬을 주려 했으나 사양했다(54세 무렵)는 등 몇 가지 단편적인 일밖에는 전하여지는 기록이 없다.

 도연명은 귀족적인 문학의 시대조류를 벗어나 자연과 어울리면서 가난하지만 참되게 살다 간 위대한 시인이었다. 그의 자세한 생애가 알려지지 않고 있는 것은, 자연 속에 파묻힌 그의 생애는 속인들이 관심을 가질만한 별다른 생활의 변화가 없었기 때문이라고 볼 수 있을 것이다.

---

1) 吳仁傑 『靖節先生年譜』.

2 술과 시

 도연명의 문집을 펼쳐보면 대부분의 그의 시에 술 마시는 얘기가 나오고 있다. 그는 술과 문학을 결부시킨 중국 최초의 시인이었다. 도연명은 국화도 사랑한 것으로 유명하다. 그러나 꽃을 좋아한다는 것은 사람들의 일반적인 감정이라 할 수 있으므로 각별히 논하지 않기로 한다.

 물론 도연명에 앞서 술로 세월을 보낸 사람들로 완적阮籍(210~293년) · 혜강嵇康(223~262년) · 유령劉伶(221?~300년?) 등을 비롯한 유명한 '죽림칠현竹林七賢'이 있다. 이들은 어지러운 세상을 등지고 대숲 속에 숨어 술로 세상을 잊었었다. 이들 이외에도 이미 한漢대부터 술은 선비들이 즐겨 마시는 음료가 되어있었다.

 그러나 이들의 술은 뚜렷한 공리적인 목적이 있었다. 일부 문인들은 먹으면 늙지도 않고 오래 살게 된다는 선약仙藥을 구해 먹으면서 그 효과를 촉진시키기 위하여 술을 마셨고, 일부 문인들은 술을 빌어 극도의 방탕함을 추구함으로써 어지러운 세상에서 자기의 한몸이나 잘 간수하며 즐기려고 그것을 마셨다. 죽림칠현을 비롯한 대부분의 애주가들은 거의가 후자에 속한다. 따라서 이들의 퇴폐적인 음주 뒤에는 어지러운 세상을 저주하는 뜻을 이루지 못한 선비의 뜨거운 분만이 깔려 있게 된다.

 그러나 도연명은 세상에서 뜻을 잃은 분만을 달래기 위하여, 또는 어지러운 세상의 피해를 면하기 위하여 술을 마신 것은 아니다. 그의 술은 인간의 삶을 자연현상의 하나로 파악한 인생관에 연결된다. 그는 술을 통하여 인간의 잡된 욕망이나 감정을 잃음으로써 자연과 합치되는 참된 본연의 자신으로 돌아가려 하였다.

「연이어 비오는 날 홀로 술을 마시다(連雨獨飮).」라는 시에서 그는 이렇게 노래하고 있다.

시험삼아 마셔 보니 온갖 정욕 멀어지고,
잔을 거듭하니 문득 하늘도 잊게 된다.

試酌百情遠, 重觴忽忘天.

"정욕이 멀어진다" 또는 "하늘을 잊는다"는 말은 곧 자신의 모든 감정과 욕망을 버리고 자연에 융화되어 자신의 존재조차도 잊게 되었다는 것이다. 이는 노자老子와 장자莊子의 무위無爲 무아無我의 경지와 통하는 것이다. 도연명은 젊어서 유가의 경전을 읽어 유가적인 교양을 바탕으로 하고 있지만 만년에 전원으로 돌아와 자연 속에 묻힌 이후로는 자연 도가적인 경향을 아울러 지니게 되었던 것 같다.

「음주飮酒」시에서도 "내가 있음을 깨닫지 못하는데 어찌 물건의 귀함을 알랴?(不覺知有我, 安知物爲貴?)"하고, 음주의 경지를 읊고 있다. 술을 통하여 '나'와 모든 내가 지닌 '잡된 것'을 떨쳐버림으로써 참되고 순수한 '자연'과의 합치를 꾀했던 것이다. 이것이 도연명으로 하여금 세상의 영예나 이익을 버리고 순수한 시인으로서 술을 통하여 참된 인간의 추구, 인간의 본질적인 가치 추구를 가능하게 한 것이다.

왕국유 王國維(1877~1927년)는 그의 『인간사화 人間詞話』 첫머리에서 시의 '경계 境界'를 논하고 있는데, 시에는 시 속에 '자기'가 있는 '유아지경 有我之境'과 시 속에 '자기'가 없는 '무아지경 無我之境'이 있다고 했다. 그리고는 '무아지경'의 보기의 하나로서 도연명의 「음주」 시에서 다음 구절을 들고 있다.

> 동녘 울 밑에서 국화를 따들고,
> 어엿이 남산을 바라본다.
>
> 采菊東籬下, 悠然見南山.

중국 시의 '경계'를 논하면서 왕국유는 대체로 '유아지경'보다도 '무아지경'이 더욱 고귀한 것인 것 같은 논조를 폈다. 그것은 개인보다도 전체 인간을, 개성보다도 보편적인 감정을 존중하고 추구해 온 중국 시의 전통 때문일 것이다. 그런데 이토록 소중히 여긴 '무아지경'을 가장 먼저 개발한 시인이 도연명인 것이다. 그리고 그의 '무아지경'

의 개발은 술이 무엇보다도 중요한 촉진제가 되고 있는 것이다. 그는 술을 통하여 뒤에 논할 세상으로부터 숨어 사는 생활을 추구했다고도 할 수 있다.

그러나 도연명도 만년에는 술을 끊어야겠다는 생각으로 「지주止酒」라는 시를 쓴 일이 있다. 그는 여기에서 "평생 동안 술을 끊지 못한 것은, 술을 끊으면 마음의 기쁨이 없어지기 때문(平生不止酒, 止酒情無喜.)"이라 하였다. 그리고는 연이어 "공연히 즐겁지 않음을 끊을 줄만 알았지, 이기적인 행동을 끊을 줄 몰랐다.(徒知止不樂, 未知止利已.)"고도 하였다.

그는 술을 마시는 일이 결국은 참된 자기 자신의 본연으로 되돌아가는 것보다도 술 자체를 즐기는 '이기적인 행동'으로 전락하였음을 깨닫고 술을 끊으려 했던 것이다. 도연명은 개인적인 즐거움 또는 분만 때문에 술을 마셨던 것은 아니다. 오히려 '나'를 위하려는 이유에서보다도 '나'를 초극하여 전원 속에 융화함으로써 참된 자신의 모습으로 돌아가려는 뜻에서 술을 마셨다. 때문에 「지주」시를 지은 뒤에도 여전히 술을 마시어 술을 즐기는 생활은 죽을 때까지 이어졌다. 그리고 시로서 그 본인의 자아를 추구하였던 것이다. 도연명의 시에는 거의 모든 작품에 술이 나오지 않을 수가 없게 되어 있는 것이다.

③ 전원과 시

도연명의 생활과 시는 무엇보다도 전원에 대한 동경과 추구로 집약된다. 전원이란 산속이 아니라 한적한 주변에 사람들이 적은 산도 있고 숲도 있는 농사 짓는 시골 마을이다. 그에게 있어서 전원이란 더럽고 번거로운 세상의 먼지를 털어버리고 자기 본연의 모습으로 되돌아가는 세계였다. 그 때문에 도연명은 흔히 중국 문학사상 '전원시'의 개척자라 칭송되고 있다. 전원은 부정과 싸움 같은 것으로 뒤얽혀 있는 어지러운 세상의 생활로부터의 해방을 뜻하는 것이었다.

그가 관리생활을 하던 시절의 시들을 보면 집요하다 할 정도로 되풀이하여 자유롭고 아름다운 전원에의 동경을 읊고 있는 것도 그 때문이다. 만년에 관리생활을 청산하고 전원으로 되돌아와서는 전원생활의 기쁨에서 시작하여 전원 속에 융화된 인간을 추구하는 데 모든 창작의 정열을 바치고 있다.

문장의 수사修辭를 중시하던 당시의 귀족적인 문학조류 속에서 도연명처럼 개인의 생활을 바탕으로 하여 성실히 인간의 순수한 본연을 추구했다는 것은 파격적이라고까지 말할 수 있을 것이다. 이 때문에 도연명은 중국 문학사에 있어서 후인들의 한적시閒適詩나 자연시自然詩를 위하여 새로운 국면을 열어놓은 대시인이라고 할 수 있다.

도연명의 시는 문장 면에 있어서도 그 시대에 있어서는

예외라 할만큼 쉽고 간편하다. 그것은 당시의 다른 작가들처럼 문학 형식에 크게 구애되지 않고 그 내용을 중시했기 때문일 것이다. 그가 노래하는 전원생활이 간편한 내용이기에 그 표현도 쉽고 간편해지기 마련이라고 할 수도 있을 것이다. 그러나 여기에서 말하는 간편이란 반드시 그 시가 읽기 쉽고 이해하기 쉽다는 것을 뜻하는 것은 아니다.

다른 그 시대의 시인처럼 별것 아닌 대상을 아름다운 묘한 표현과 대구對句 또는 전고典故 의 사용 등으로 화려하게 시를 이루는 데 힘쓰지 않고, 있는 그대로와 생각하는 그대로를 표현했다는 뜻이다. 결과적으로 「육체·그림자·정신의 문답形影神」 시를 비롯하여 그의 다른 시에도 담겨 있는 시인의 인생관 또는 자연관을 노래한 철학적인 성격의 시적인 표현은 그 참뜻을 읽고 이해하기가 다른 어떤 작가의 시보다도 쉽지 않다.

또한 전원생활이란 듣기에는 아름다운 말인지도 모르지만 가족을 거느리고 먹고 살아가기 위해서는 많은 어려움과 괴로움 및 외로움 같은 여러 가지 갈등이 따르게 마련이다. 이 갈등이란 자연 속에 자신을 융화시키려는 도연명의 노력과는 어긋나는 감정이다. 이 서로 어긋나는 감정을 이겨내려는 그의 노력은 절대로 시 자체를 읽기 쉽게 버려두지는 못할 것이다. 거기에는 젊은 시절에 쌓아올린 유가적인 교양과 만년에 갈수록 더욱 가까워진 도가적인 사상이 그의 한몸에 공존하고 있기 때문이기도 하다.

따라서 그의 정치에의 관심이나 윤리관을 비롯하여 그의 술과 자연에 대한 태도는 쉽사리 설명하기 어려운 것이다. 양梁나라 종영鍾嶸(468?~519?)이 『시품詩品』에서 그를 '고금 은일시인隱逸詩人의 조종祖宗'이라 평하고 있지만, 송宋대에 와서야 소식蘇軾(1037~1101) · 주희朱熹(1130~1200) 같은 학자들에 의하여 그의 새로운 면모와 가치가 재평가되기 시작하였다.

그 이래로 수많은 학자들이 이 시인에 관한 연구를 쌓았지만 아직도 그를 올바로 이해하고 평가하기에는 드러내지 못한 비밀들이 너무나 많은 듯하다. 그러나 전원이란 테마가 그의 시의 중심을 이루고 있다는 것만은 움직일 수 없는 사실이다.

4 지리적인 환경과 그의 시

『송서宋書』에 따르면 도연명의 고향은 심양군尋陽郡 채상현柴桑縣이다. 그곳은 강주江州에 속하는 곳이며,[2] 지금의 강서성江西省 구강현九江縣 서남쪽으로 90리 되는 곳이다. 강주는 동진東晋 땅의 장강長江을 중심으로 하여 동쪽으로는 건강健康(지금의 南京), 서쪽으로는 강릉江陵이 있는 중간 지점이어서 정치적으로나 군사적으로 매우 중요한 곳이었다. 북쪽에서 흘러온 유민들이 많이 섞여 살았고, 도성으로부터 쫓겨난 사람이나 도성을 차지하려고 엿보는 사람들이 이곳에 와서 실력을 기르면서 기회를 엿보았다. 보기를 들면, 진晋 안제安帝는 원흥元興 2년(403) 환현桓玄에게 밀려나 이곳 심양에 와서 한동안을 지냈고, 환현이 반기를 들 적에도 심양을 거점으로 하여 뜻을 이루었고, 또 관군이 환현을 칠 적에도 이곳을 거점으로 하여 군비를 갖추었다. 더구나 진나라는 족벌族閥을 중심으로 한 싸움이 지저분하게 계속 이어지던 왕조였음으로, 도연명의 고향 심양 채상은 혼란과 전란의 중심지 같은 모습이었다.

그러나 도연명의 고향은 한편 장강 가에 있고 동쪽으로는 여산廬山이라는 아름답고 큰 산이 있으며, 여산의 동쪽

---

2) 『晉書』 地理志에 의하면, 惠帝 元康 元年(291)에 江州를 설치, 廬江의 尋陽과 武昌의 柴桑을 떼어 尋陽郡을 마련하고 江州에 소속토록 하였다.

에는 중국에서 가장 큰 담수호인 파양호鄱陽湖가 있다. 바람이 잔잔할 적에는 끝없이 넓은 거울 같은 호면에 낚싯배가 떠있는 꿈 같은 풍경이지만, 바람이 일면 큰 파도가 모든 배를 집어삼킬 것 같은 기세라 한다. 장강은 수도인 건강과 강릉을 이어주는 큰 물길이어서 경제적으로나 군사적으로 매우 중요한 물길이며, 많은 아름다운 풍경을 이루어주고 있다.

여산은 높이가 1426미터에 둘레가 500리이며 수많은 봉우리가 높고 얕게 솟아있어 수백 리 밖에서도 바라보인다 한다. 옛날 사람들이 이 산을 '넓고 크고 기묘하고 웅장하다(博大奇雄).'라고 표현했을 정도로 아름답고도 빼어난 산이다. 향로봉香爐峰·오로봉五老峰·광려산匡廬山·쌍검산雙劍山·금륜봉金輪峰 등의 기특한 봉우리들이 안개에 걸쳐있는 것은 다른 곳에서는 보기 드문 경관이라 한다. 옛날부터 시인과 글 쓰는 이들이 끊임없이 이 산을 찾아와서 여산과 관련된 시와 글 및 유기遊記 등이 무척 많이 전한다. 여산의 첫째 가는 경관이라는 곡렴천谷簾泉을 보면 350장丈 높이의 절벽에 수백, 수십 가닥의 높고 낮은 옥발 같은 폭포가 흘러내려 말할 수도 없이 기묘하고 아름다운 경치를 이루고 있다. 그리고 도연명의 시대에는 이 산속 절에 혜원慧遠이란 명승이 머물고 있어서 불교의 일대령장一大靈場으로도 알려져 있었다.

지금도 이 고장에는 도연명의 사묘祠廟와 무덤이라는 것이 있고, 시인이 살던 낡은 집도 있는데 모두가 진실한 것인지는 알 수 없다. 그 밖에 도연명이 팽택령일 적에 지었다는 완월대玩月臺, 도연명이 혜원 및 육수정陸修靜과 웃으며 헤어진 것을 기념하는 삼소정三笑亭과 귀거래사관歸去來辭館 및 도공취석陶公醉石 등이 있는데 모두 후세 사람들이 만들어 놓은 것일 것이다.

어떻든 세상은 어지럽고 사람들은 야박한 시대에 이러한 아름다운 자연환경은 그의 마음을 더욱 전원田園으로 기울어지게 하였을 것이다.

그리고 이러한 아름다운 자연환경이 도연명이란 대시인의 시정을 가꾸어 주었을 것이다.

5 도연명의 역사적인 배경

 동한東漢의 혼란과 위魏・오吳・촉蜀 세 나라의 혼전을 뒤이은 서진西晉(265-317)은 더욱 심해진 족벌族閥 사이의 다툼으로 하루도 편안한 날이 없었다. 그리고 중원의 국세가 약해지자 서북쪽 이민족을 중심으로 하여 여러 오랑캐들이 중원 땅으로 들어와 나라를 세웠다 망했다 하는 이른바 오호십륙국五胡十六國의 시대(304-439)가 한편으로 전개된다3). 서진을 이은 동진東晉(317-420)이 세워진 지 48년 뒤, 곧 애제哀帝의 흥녕興寧 3年(365)에 도연명은 출생한다. 이때 동진은 건강(建康)에 도읍하고 중원 땅의 3분의 1 정도 겨우 지배한다.

 북쪽으로부터 이민족 군대의 횡포를 피하여 많은 사람들이 남쪽으로 옮겨오고 계속 족벌들 다툼으로 편안한 날이 없었다. 도연명이 다섯 살 적(369)에 동진에는 환온桓溫이라는 권력가이며 장군이 한민족의 소원을 풀어주기 위하여 세 번째로 북쪽 오랑캐들을 치러 갔다가 크게 실패한다. 그의 첫 번째와 두 번째 북쪽 정벌은 큰 성공을 거두었었다. 성공을 하거나 실패를 하거나 전쟁은 백성들에게 여러 가지로 고통을 안겨 주게 마련이다.

 그 위에 이 무렵 동진에는 3, 4년에 걸쳐 또는 연이어 장

---

3) 五胡—匈奴・氐・羌・羯・鮮卑. 十六國—漢(前趙)・成漢・後趙・前涼・前燕・前秦・後燕・後秦・西秦・後涼・南燕・西涼・南涼・北涼・大夏・北燕.

마가 지기도 하고 큰 가뭄이 들기도 하여 백성들의 삶이 극도로 어려웠다. 그리고 북쪽의 오랑캐 나라인 부씨苻氏의 전진前秦이 강성해져 동진에 위협이 되기 시작하였다. 도연명이 12살 되던 무렵에는 북쪽의 중국은 완전히 전진의 세력 안으로 들어가게 되었다. 무제武帝의 태원太元 8년(383)에는 전진의 부견苻堅이 25만의 병력으로 동진을 쳐서 나라가 위험에 빠지기도 하였다. 그러나 사현謝玄·사석謝石 같은 장수들이 결국은 이들을 크게 무찔렀다(383).

전진은 이 패배로 결국은 나라가 망하고 북쪽에 여러 나라들이 서로 다투다가 북위北魏에 의하여 통일된다. 이 북위는 북조北朝를 대표하는 나라로 발전한다.

그러나 동진은 그 뒤로도 장마와 가뭄이 이어지고 족벌과 붕당의 싸움이 끊이지 않는다. 임금인 무제도 정치는 권신 도자道子에게 맡기고 음란한 생활에 빠진다. 결국 도연명이 33세 되는 해(397)에 무제는 독살 당하고 안제安帝가 임금 자리에 오른다. 그러나 나라의 정치는 도자와 원현元顯 부자의 손에 놀아난다. 그리고 해적인 손은孫恩이 사방에서 난동을 일으키자 이를 토벌하느라 큰 소동이 일어난다. 안제의 원흥元興 원년(402)에는 장군 환현桓玄이 반란을 일으키어 건강으로 쳐들어와 스스로 임금이 되자, 안제는 심양으로 몸을 피해 있다가 유유劉裕가 환현을 쳐서 의희義熙 원년(405)에 안제는 다시 건강으로 돌아온다.

도연명은 무제의 태원 18년(393) 29세 때 살아가기 위한 방편으로 벼슬살이를 해보려고 주좨주州祭酒 자리에 나가 보지만 오래 견디지 못하고, 다시 주부主簿의 제의를 받지만 나가지 않는다. 그러나 안제의 시대에 와서는 더 많은 벼슬자리를 경험해 본다. 안제의 융안隆安 3년(399, 35세)에 진군장군鎭軍將軍 유로지劉牢之의 참군參軍이 되어 활동을 시작, 융안 4년에는 환현桓玄의 밑으로 들어가 일하다가 융안 5년 겨울에 어머니가 돌아가시어 집으로 돌아온다. 어머니 상이 끝나자, 원흥 3년(404)에는 건위참군建威參軍이 된다. 다시 의희 원년(405)에는 팽택령彭澤令이 되지만 곧 벼슬을 내던지고 전원으로 돌아와 전원시인으로서의 일생을 보내게 된다.
　　동진은 더욱 어지러운 정치를 이어가다가 의희 14년 (418, 54세)에 안제가 신하 손에 죽고 공제恭帝가 뒤를 잇지만, 송宋나라 무제武帝가 된 왕유王裕가 임금을 쫓아내고 스스로 임금이 된다. 송나라는 무제 뒤를 소제少帝와 문제文帝가 잇는데, 도연명은 문제의 원가元嘉 4년(427) 63세의 나이로 일생을 마친다.
　　도연명은 한평생을 세상이 극도로 어지럽고 백성들은 살기가 무척 어렵던 시대에 보냈다. 힘을 내세워 자기 이익만을 추구하는 사람들과 온갖 간악하고 비열한 인간들이 득실거리던 세상이다. 우리 시인이 세상을 등지고 전원으로 숨어든 데에는 이러한 시대적인 여건도 크게 작용했을 것이다.

6 송대宋代 문인과 도연명

　도연명은 종영鍾嶸(?~552)이 그의 『시품詩品』에서 '고금 은일시인隱逸詩人의 조종'이라 하고, 포조鮑照(414?~466)가 그의 시체詩體를 본뜬 「학도팽택체시學陶彭澤體詩」를 짓고, 강엄江淹(444~505)이 그의 시의 풍격을 본뜬 「도징군 전거陶徵君 田居」(雜體詩三十首中之一)를 지은 것처럼, 일찍부터 많은 문인들의 주목을 받아왔다. 그러나 그 당시의 그에 대한 일반적인 평가는 그다지 높지는 못하였다.

　당唐대로 들어와서야 본격적으로 많은 문인들이 도연명의 깨끗이 스스로 자연스럽게 살아가며 쓰는 전원시의 풍격을 중시하기 시작하였다. 초당初唐의 왕적王績(585~644)이 시는 물론 생활하는 데 있어서까지도 도연명을 본뜨려 노력하였고, 성당盛唐에 들어와서는 장구령張九齡(678~740년)·맹호연孟浩然(689~740)·왕유王維(701~761)·이백李白(701~762) 등이 도연명의 전원생활이나 세상으로부터 숨어 사는 뜻을 읊은 시들을 본뜬 작품들을 많이 짓고 있다. 특히 귀거래歸去來와 은거隱居의 개념 및 술 마시며 국화를 즐기는 취향 등의 주제는 그들의 시에도 많이 활용되었다.

　중당中唐에 들어와서는 도연명이 더욱 중시되어 위응물韋應物(737~792?)·유종원柳宗元(773~819)·백거이白居易(772~846) 등에 의하여 더 많은 효도체效陶體의 시들이 지어졌다. 그것은 백거이가 「방도공구택서訪陶公舊宅序」에서 말하고 있는 것처럼, 도연명의 사람됨과 그의 시를 존중하는 데서 이루어진 것이다. 백거이는 이렇게 말하고 있다.

"나는 일찍부터 도연명의 사람됨을 흠모하여 왔는데, 지난해에 위천渭川에 한가히 지내면서「효도체시 16수效陶體詩十六首」를 지은 바가 있다."

그러나 중당의 문학 개혁운동을 계승 발전시키어 송 대가 중국문학 발전의 정점을 이룩하였듯이, 이 도연명에 대한 존숭도 송 대의 문인들이 계승함으로써 그의 시인으로써의 참된 업적이 공인받게 된다. 그러니 진정한 도연명 시의 성취를 확인한 것은 송 대의 문인들이라 말할 수 있다. 그중에서도 도연명을 특히 좋아하여, 그의 중국 문학 사상의 지위를 확정시키는 데 가장 큰 공헌을 한 것은 소식蘇軾(1037~1101)이라 하겠다.

그는 10여 편의 글을 통하여 도연명의 생활과 시문을 높이 평가한 이외에도, 도연명 시의 원운原韻을 따라 109편의 화도시和陶詩를 짓고 있다. 본문 속의〔참고〕소식의「도연명 의고시에 화함(和陶淵明擬古)」을 참고 바란다. 이보다 더 도연명의 시를 좋아하고 높이 받들 수는 없을 것이다. 소식의 아우 소철蘇轍은「추화도연명시인追和陶淵明詩引」에서 그의 형이 자기에게 보낸 편지의 다음과 같은 글을 인용하고 있다.

"나는 시인들에 대하여 특히 좋아하는 이가 없으나 도연명의 시만은 유독 좋아하네. 도연명은 지은 시가 많지 않지만, 그의 시는 참되고 소박한 듯 하면서도 실은 아름답고, 파리한 듯 하면서도 실은 살쪘으니, 조식曹植・유정劉楨・포조鮑照・사령운謝靈運・이백李白・두보杜甫 등의 여러 시인들도 모두 따를 수가 없는 정도이다."

소식은 도연명을 중국 문학사상 첫째가는 시인으로 내세웠던 것이다.

그를 뒤이어 송대의 주희朱熹(1130~1200)・육유陸游(1125~1210)・신기질辛棄疾(1140~1207) 등이 도연명을 높이 받들어 그의 문학사상의 지위가 확정되었던 것이다. 주희는 "나는 천 년 뒤에 나서도, 천 년 전의 사람을 벗하고 있다. 늘 『고사전高士傳』을 읽을 때마다 홀로 도연명의 현명함에 탄식하게 된다.(「陶公醉石歸去來館」)"하였고, 육유는 "나는 시에 있어서 도연명을 흠모하면서도, 그의 시의 미묘함에 이르지 못한 것을 한하고 있다. 천 년 동안에 그런 분이 없었다면, 나는 또 누구를 따라 배우겠는가?(「讀陶詩」)"라 하였으며, 신기질은 "도연명은 바로 나의 스승(「最高樓」)"이라 말하고 있다.

이후로 명(明)대와 청(淸)대를 거쳐 지금에 이르기까지 도연명에 대한 높은 평가는 흔들림이 없게 된 것이다.

7 도연명의 작품

지금 도연명의 문집 속에는 130여 수의 시가 실려 있는데, 사언四言이 9수이고 나머지는 모두가 오언五言이다. 현재 전하는 그의 문집은 거의 모두 첫머리 1권이 사언시, 다음 3권이 오언시, 끝머리에 부賦 1권 산문散文 1권 정도 붙어 있는 체재가 대표적이다.

가장 먼저 양梁나라 소명태자昭明太子가 도연명의 전집을 편찬했다고 하나 그 책은 지금 전하지 않는다. 그가 편찬한 『문선文選』에 도연명의 시 8수가 실려 있을 따름이다. 그리고 지금 전하는 판본으로는 송간본宋刊本이 가장 오래된 것이며, 그 뒤로는 수많은 판본과 주석注釋을 단 책들이 나왔으나, 청淸 도주陶澍의 『도정절선생집陶靖節先生集』 10권이 그것들을 집대성한 것이다. 도주본은 대만과 중국의 여러 출판사에서 배인排印 또는 영인본影印本들을 내고 있어 구하기 용이하다.

여기에서는 도연명의 시를 대략 4부로 나누어 실었다. 제1부 '전원과 시'에 실은 시들은 그의 전원생활의 소박하고 우아한 풍취를 엿볼 수 있는 전원시의 대표작이라 할 만한 것들이다. 제2부 '술과 시'에는 앞의 전원시와 밀접한 관계가 있는 술과 관계가 특히 많은 시들을 뽑아 실었다. 깨끗하고 고아한 그의 전원생활을 뒷받침해 주는 기둥 같은 것이 술이다. 술을 통해서 그는 속된 세상으로부터 더한층 초연해지고 있는 것이다. 제3부 '가난과 시인'에는 전원생활의 궁핍과 어려움을 드러낸 시들을 골랐다. 속된 눈으로 보면 처량할 정도로 헐벗고 굶주리는데도, 그는 전원의 우아한 취향을 버리지 않고 있는 것이다. 끝으로 제4부 '전원과 이상향'에는 시가 아닌 그의 유명한 부賦 「귀거래혜사歸去來兮辭」와 「도화원시挑花源詩」 및 「도화원기桃花源記」·「오류선생전五柳先生傳」을 실었다. 이런 글들을 통하여 시인 도연명과 도연명의 시를 더한층 깊이 이해하게 될 것으로 믿는다.

【1부】

전원田園과 시

陶淵明

자욱한 구름 停雲

서(序): 「자욱한 구름」은 친한 친구를 생각하는 시이다. 술통에는 새로 익은 술이 가득히 고여 있고, 뜰에는 새싹이 우거진 나무가 늘어서 있다. 이런데도 바라는 대로 되지 않으니 한숨으로 가슴이 메어진다.

停雲^{정운1)}은, 思親友也^{사친우야}니라. 罇^{준2)}湛^{잠3)}新醪^{신료4)}하고, 園列初榮^{원렬초영5)}이라.
願言^{원언6)}不從^{부종}하니, 歎息彌襟^{탄식미금7)}이라.

자욱히 덮혀 있는 구름,
부슬부슬 철에 맞는 비 내리네.
팔방이 온통 어두워서
평평한 길도 막혀 버린 듯.
조용히 동쪽 뒷마루에 기대앉아
봄 막걸리 통을 홀로 어루만지네.
좋은 친구는 아득히 멀리 있어
머리 긁적이며 서성이네.

---

1) 停雲(정운): 멈춰 있는 구름, 움직이지 않고 뒤덮혀 있는 구름.
2) 罇(준): 술통.
3) 湛(잠): 맑게 고여 있는 것.
4) 醪(료): 막걸리, 술.
5) 初榮(초영): 신록(新綠), 나뭇잎이 새로 난 것.
6) 言(언): 조사.
7) 彌襟(미금): 옷 앞자락에 가득 차다. 가슴이 메이다.

靄靄⁸⁾停雲이오, 濛濛⁹⁾時雨¹⁰⁾로다.
八表¹¹⁾同昏하고, 平路伊阻¹²⁾로다.
靜寄¹³⁾東軒¹⁴⁾하여, 春醪¹⁵⁾獨撫로다.
良朋幽邈¹⁶⁾하니, 搔首¹⁷⁾延佇¹⁸⁾로다.

덮혀 있는 구름 자욱하고
철에 맞는 비 부슬부슬 내리네.
팔방이 온통 어두워져
평평한 땅도 강이 되었네.
마침 술이 있어
동창 앞에서 한가히 마시네.
그리운 사람 오기 바라지만
배도 수레도 오는 게 없네.

停雲靄靄하고, 時雨濛濛이로다.

---

8) 靄靄(애애): 구름이 잔뜩 모여있는 모양, 자욱한 것.
9) 濛濛(몽몽): 비가 부슬부슬 내리는 모양.
10) 時雨(시우): 제철에 맞는 비, 초목을 잘 자라게 하는 비.
11) 八表(팔표): 팔방(八方).
12) 伊阻(이조): 이(伊)는 시(是)나 같은 조사. 조(阻)는 막히는 것, 멈춰지는 것.
13) 靜寄(정기): 고요히 의지하다, 고요히 기대어 앉다.
14) 東軒(동헌): 동쪽 툇마루.
15) 醪(료): 막걸리, 여기서는 막걸리 통.
16) 幽邈(유막): 아득히 먼 것, 아득히 먼 곳에 있는 것.
17) 搔首(소수): 머리를 긁적이는 것.
18) 延佇(연저): 한자리에 서성이는 것, 오래도록 한자리에 서 있는 것.

八表同昏하고, 平陸成江이로다.
有酒有酒하여, 閒飮東窓이로다.
願言¹⁹⁾懷人²⁰⁾이로되, 舟車靡從²¹⁾이로다.

동쪽 뜰의 나무는
가지에 잎이 무성해지네.
다투어 새롭고 아름다워져
내 마음 기쁘게 하네.
사람들은 말하기를
해와 달은 흘러가고 있다 하였네.
어찌하면 자리 마주하고 앉아
젊었을 적 얘기를 나눌꼬?

東園之樹는, 枝條再榮²²⁾이라.
競用²³⁾新好하여, 以怡余情이라.
人亦有言하되, 日月于征²⁴⁾이라.
安得促席²⁵⁾하여, 說彼平生²⁶⁾고?

19) 願言(원언): 언(言)은 조사. …하기를 바라는 것, …이 오기를 바라는 것.
20) 懷人(회인): 그리운 사람. 보고 싶은 친구를 가리킨다.
21) 靡從(미종): 따라주지 않다, 와서 함께 놀아주지 않다.
22) 榮(영): 꽃이 피다.
23) 競用(경용): 다투어. 용(用)은 이(以)와 같은 뜻.
24) 于征(우정): 가고 있다, 흘러가고 있다.
25) 促席(촉석): 자리를 마주 대고 앉다, 자리를 붙이고 앉다.
26) 平生(평생): 젊었을 적, 젊었을 적의 생활.

펄펄 날아다니던 새가
우리 뜰 나뭇가지에 앉았네.
나래 거두고 한가히 쉬면서
아름다운 소리를 주고받네.
어찌 딴 사람이야 없겠는가?
그대 생각이 실로 간절하기 때문이지.
바라는 대로 되지 않으니
가슴의 한을 어이하면 좋을까?

翩翩²⁷⁾飛鳥이, 息我庭柯로다.
斂翮²⁸⁾閑止하여, 好聲相和로다.
豈無他人이리오? 念子實多로다.
願言不獲²⁹⁾하니, 抱恨³⁰⁾如何이오?

　　이 시의 서문에 도연명 스스로 "「자욱한 구름」은 친한 친구를 생각하는 시이다."고 말하고 있다. 「자욱한 구름」이라고 제목을 옮겼지만 직역을 하면 '멎어있는 구름'이다. '멎어있는 구름'이란 만나고 싶은데도 친구를 만날 수 없는 답답한 자기 심정을 상징한 것

---

27) 翩翩(편편): 새가 펄펄 나는 모양.
28) 斂翮(염핵): 날갯죽지를 거두다.
29) 不獲(불획): 뜻대로 되지 못하다, 얻지 못하다.
30) 抱恨(포한): 안고 있는 한. 가슴속의 한.

이다. 구름이 자욱하고 보슬비가 내리는 봄날 홀로 앉아 뜰을 바라보며 새로 익은 막걸리 독을 앞에 놓고 친구를 그리워하고 있는 것이다. 이 때문에 뒤에 '정운'이란 말은 친한 친구를 그리워한다는 뜻의 숙어로도 쓰이게 되었다.

　이「자욱한 구름」시는 도연명의 사언시四言詩 중에서도 대표작이라 할만한 작품이다.

철이 바뀌어 時運 [1]

서(序): 「철이 바뀌어」 시는 늦은 봄나들이를 읊은 것이다. 봄옷을 차려 입고 나가니 경치와 날씨 부드러워 풍경 따라 홀로 노니는데 기쁜 감정이 마음에 서리었다.

時運[1]은, 游暮春也니라. 春服旣成하니,
景物斯和하여, 偶景[2]獨游하니, 欣慨[3]交心이라.

쉬지 않고 철은 바뀌어
따사로운 좋은 아침이 되었네.
나는 봄옷을 갈아입고
동쪽 들판으로 나와 보니
산은 남은 아지랑이 씻어내려는 듯하고
하늘에는 엷은 구름 자욱하네.
바람이 남쪽으로부터 불어와
새 곡식 싹을 자라나게 하네.

邁邁[4]時運하여, 穆穆[5]良朝로다.

---

1) 時運(시운): 사철이 돌아가다, 철이 바뀌다.
2) 偶景(우경): 풍경을 따라, 경치를 좇아.
3) 欣慨(흔개): 기쁜 감정, 기쁨.
4) 邁邁(매매): 지나가는 모양, 떠나가는 모양.
5) 穆穆(목목): 따스한 모양, 온화한 모양.

襲⁶⁾我春服하고, 薄言⁷⁾東郊하니,
山滌⁸⁾餘靄하고, 宇⁹⁾曖¹⁰⁾微霄¹¹⁾로다.
有風自南하여, 翼¹²⁾彼新苗로다.

봄에 들놀이를 나선 정취를 가볍게 읊은 것이다.

---

6) 襲(습): 입다.
7) 薄言(박언): 『시경』에 두 자 모두 조사로 많이 쓰고 있다. 그러나 여기에서는 '언'은 조사이지만, '박'은 '나간다'는 뜻으로 쓰고 있는 것 같다.
8) 滌(척): 씻다.
9) 宇(우): 하늘.
10) 曖(애): 자욱하다, 흐리다.
11) 微霄(미소): 엷은 구름, 약한 구름 기운.
12) 翼(익): 돕다, 자라나게 하다.

철이 바뀌어 時運 [2]

널따란 나루터에서는
양치질을 하기도 하고 손발을 씻기도 하네.
아득히 먼 경치를
기쁜 마음으로 바라보기도 하네.
사람들도 말하기를
마음에 들고 만족스럽다고 하네.
이 술 한 잔을 입에 털어 붓고
얼큰히 취하여 즐겨야겠네.

洋洋[1] 平津에, 乃漱[2] 乃濯[3]이로다.
邈邈[4] 遐景을, 載[5]欣載矚[6]이로다.
人亦有言하되, 稱心易足[7]이로다.

---

1) 洋洋(양양): 바다나 강물이 널따란 모양.
2) 漱(수): 양치질 하는 것.
3) 濯(탁): 손발을 씻는 것.
4) 邈邈(막막): 먼 모양, 아득한 모양.
5) 載---載---(재---재---): ---하기도 하고 ---하기도 하다, ---도 하고 ---도 하다. 『시경』에 많이 보이는 표현 방법임.
6) 矚(촉): 바라보다.
7) 易足(이족): 만족스러운 것, 편하고 흡족한 것.

揮⁸⁾茲一觴하고, 陶然⁹⁾自樂이로다.
_{휘 자일상   도연   자락}

여기서는 봄 경치를 즐기면서 술도 함께 즐기고 있다.

---

8) 揮(휘): 휘두르다, 술잔을 휘두르듯 단번에 입에 털어 붓는 것.
9) 陶然(도연): 얼큰히 술에 취하는 모양.

철이 바뀌어 時運 [3]

눈을 강물 가운데로 돌리니
아득히 공자가 즐기던 맑은 기수沂水 생각나네.
그분들처럼 아이 어른이 함께 어울리어
한가히 바람 쐬며 읊조리면서 돌아오고 싶네.
나는 그분들의 고요한 삶 좋아하여
자나 깨나 마음 흔들리네.
다만 시대가 다른 것이 한이 되니
아득하여 그분들 뒤좇을 수 없기 때문일세.

延目¹⁾中流하니, 悠想淸沂²⁾로다.
童冠³⁾齊業⁴⁾하여, 閒詠以歸로다.
我愛其靜하여, 寤寐交揮⁵⁾로다.
但恨殊世⁶⁾하니, 邈不可追로다.

---

1) 延目(연목): 눈길을 연장시키다, 눈을 그곳으로 돌리다.
2) 沂(기): 강물 이름. 『논어』선진(先進)편에 보임. 다음 [해설]에 『논어』의 기수가 나오는 대목 인용할 것이니 참고 바람.
3) 童冠(동관): 아이와 어른. 옛날에 남자가 20세가 되면 관례(冠禮)를 치르고는 관을 쓰기 시작하였다. 따라서 '관'은 관을 쓰는 어른을 가리킴.
4) 齊業(제업): 함께 어울리다, 모두 같은 일을 하다.
5) 交揮(교휘): 계속 자신을 흔들다, 끊임없이 마음을 흔들다.
6) 殊世(수세): 시대가 다르다, 세대가 다르다.

이 시는 『논어』 선진先進편에 보이는 공자와 그의 제자들 사이의 대화의 정취를 바탕으로 하고 있는 것이다. 『논어』의 그 대목을 아래에 번역 인용하니 참고 바란다.

자로·증석·염유·공서화가 선생님을 모시고 앉아 있었는데, 공자께서 말씀하셨다.

"내가 얼마간 너희보다 나이가 많기는 하나 나를 꺼리지 마라. 모두들 늘 말하기를 자기를 몰라준다고 하는데, 만약 누가 그대들을 알아보고 써준다면 어떻게 하겠느냐?"

자로가 불쑥 나서며 말하였다.

"제후의 나라가 큰 나라들 사이에 끼어 있어 무력에 의한 침략을 당하고 있고, 다시 기근까지 겹쳐 있다 하더라도 제가 그 나라를 다스리면 3년 안으로 그 나라 사람들을 용감하게 만들고 또 올바른 길을 알도록 하겠습니다."

공자께서는 이 말을 듣고 빙그레 웃으셨다.

"구(염유)야, 너는 어떻게 하겠느냐?"

"사방 6, 70리 또는 5, 60리 되는 나라를 제가 맡아서 다스린다면, 3년 안으로 백성들을 풍족하게 할 수 있을 것입니다. 다만 예악은 다른 군자의 힘을 빌어야만 하겠습니다."

"적(공서화)아, 너는 어떻게 하겠느냐?"

"제가 할 수 있다는 뜻이 아니라 다음과 같은 것을 배우고자 합니다. 종묘의 제사와 제후들의 모임 때에 검은 예복과 예관을 차려 입고 작은 일을 도울 수 있기 바랍니다."

"점(증석)아, 너는 어떻게 하겠느냐?"

증석은 슬(瑟)을 타던 속도를 늦추다가 뎅그렁 멈추고는 슬을 밀어놓고 일어서서 대답하였다.

"저는 세 사람들의 생각과 다릅니다."

"무슨 상관이 있느냐? 각자가 제 뜻을 말하는 것인데!"

"늦은 봄에 봄옷을 지어 입고, 어른 대여섯 명과 아이들 예닐곱 명과 어울리어 기수에서 목욕을 하고 무우에서 바람을 쐬고 노래를 읊조리며 돌아오는 것입니다."
공자께서 깊이 탄식하시면서 "나도 점의 편을 들겠다."고 하셨다.

　　　　　　자로　　증석　　염유　　공서화　　　시좌　　　자왈　　이오일일장
　　　　　　子路 · 曾皙 · 冉有 · 公西華이, 侍坐러니, 子曰: 以吾一日長

호이　　　　　무오이야　　　　거칙왈　　불오지야　　　　여혹지이
乎爾로되, 毋吾以也하라. 居則曰: 不吾知也라 하나, 如或知爾면,

즉하이재
則何以哉아?

　　　　　자로솔이이대왈　　천승지국　　섭호대국지간　　　가지이사려
　　　　　子路率爾而對曰: 千乘之國이, 攝乎大國之間하여, 加之以師旅

　　　인지이기근　　　　유야위지　　　비급삼년　　　가사유용
하고, 因之以饑饉이라도, 由也爲之면, 比及三年에, 可使有勇이오,

차지방야　　　　부자신지
且知方也니이다. 夫子哂之하시니라.

　　　　구　　　이하여　　대왈　　방륙칠십　　　여오륙십　　　구야위지
　　　　求여! 爾何如아? 對曰: 方六七十이나, 如五六十에, 求也爲之면,

비급삼년　　　가사족민　　　여기례락　　　이사군자
比及三年에, 可使足民이오, 如其禮樂은, 以俟君子하리이다.

　　　　적　　　이하여　　대왈　　비왈능지　　원학언　　　　종묘지사
　　　　赤아! 爾何如아? 對曰: 非曰能之요, 願學焉이니이다! 宗廟之事

　　　여회동　　단장보　　　원위소상언
나, 如會同에, 端章甫하고, 願爲小相焉이니이다.

　　　　점　　　이하여　　고슬희　　　갱이　　　사슬이작　　　대왈　　이
　　　　點아! 爾何如아? 鼓瑟希라가, 鏗爾하고, 舍瑟而作하여, 對曰: 異

호삼자자지찬　　　　자왈　　하상호　　역각언기지야　　　왈
乎三子者之撰이니이다. 子曰: 何傷乎아? 亦各言其志也니라. 曰:

모춘자　　　춘복기성　　　관자오륙인　　동자륙칠인　　　욕호기
暮春者에, 春服旣成하고, 冠者五六人과, 童子六七人으로, 浴乎沂

　　　풍호무우　　　영이귀　　　　　부자위연탄왈　　오여점야
하고, 風乎舞雩하며, 詠而歸이니이다. 夫子喟然歎曰: 吾與點也로다.

철이 바뀌어 時運 [4]

아침이건 저녁이건
나는 내 움막에 쉬면서 지내리라.
화초와 약초가 줄지어 자라고 있고
나무숲과 대나무가 무성하게 우거져있네.
맑은 소리 나는 금이 책상 위에 가로놓여 있고
막걸리가 반 병 남아있네.
황제와 요임금 시대는 좇아갈 수 없는 옛일이라
서글픔 홀로 마음속에 느껴지네.

斯^사晨^신斯^사¹⁾夕^석으로, 言^{언2)}息^식其^기廬^려로다.
花^화藥^약分^분列^렬하고, 林^임竹^죽翳^예如^{여3)}로다.
淸^청琴^금橫^횡牀^상하고, 濁^탁酒^주半^반壺^호로다.
黃^황唐^{당4)}莫^막逮^체하니, 慨^{개5)}獨^독在^재余^여로다.

---

1) 斯(사): 조사.
2) 言(언): 조사.
3) 翳如(예여): 무성한 모양, 가리어져 어둑어둑한 모양.
4) 黃唐(황당): 황제(黃帝)와 도당(陶唐)을 다스렸다는 요(堯)임금. 두 분 모두 태곳적 성인임. 작자 도연명은 덕으로 세상을 다스리던 지극히 평화로웠던 옛날 성인의 시대를 꿈꾸고 있는 것이다.
5) 慨(개): 슬픔, 탄식이 나오게 하는 것.

이 시의 끝머리에서 도연명이 황제와 요임금 같은 성인이 다스리던 태곳적의 지극히 평화로웠던 시대를 꿈꾸면서 한숨짓고 있는 것은 자기 뜻대로 농촌에 숨어 살기가 어려웠기 때문만은 아닐 것이다. 그의 시대는 세상이 무척 어지러웠음으로 평화로움을 갈망하는 마음이 간절했을 것이다. 여하튼 언제나 가난하면서도 순박하고 깨끗한 손수 농사짓고 사는 어려운 생활을 꿈꾸고 있는 도연명의 마음이 무척 순수하게 느껴진다.

무궁화나무 榮木[1]

서(序): 「무궁화나무」는 늙어가고 있는 것을 생각하는 시이다. 날과 달은 지나가 벌써 여름이 돌아왔다. 총각 때 올바른 도에 대하여 배웠는데 머리가 희어지도록 이루어 놓은 것이라고는 없다.

영목   염장로야   일월추천   이부구하
榮木은, 念將老也니라. 日月推遷하여, 已復九夏[2]로다.
총각문도   백수무성
總角聞道어니, 白首無成이라.

싱싱하고 무성한 무궁화나무가
뿌리를 여기에 박고 있네.
아침엔 그 꽃으로 빛을 내더니
저녁 되자 이미 없어져 버렸네.
인생이란 잠시 동안 빌붙어 사는 것 같아

---

1) 榮木(영목): 『사해(辭海)』에 "영(榮)은 오동(梧桐)나무이다. 『이아(爾雅)』 석목(釋木)에도 '영(榮)은 동목(桐木)이다.' 고 하였는데, 주(注)에 '바로 오동나무이다.' 고 풀고 있다. 그러나 첫째 시에서 "아침엔 그 꽃으로 빛을 내더니, 저녁 되자 이미 없어져 버렸네." 하고 읊고, 둘째 시에서도 "많은 꽃 아침에 피어나더니, 한스럽게도 저녁 되자 없어지네." 하고 읊은 시의 내용과 맞지 않는다. 꽃이 아침에 피었다가 저녁에 지는 나무는 목근(木槿)이라고도 부르는 무궁화나무 뿐이다. 따라서 여기에서는 '영목'을 '무궁화나무'로 옮겼다. 『예기(禮記)』 월령(月令) 편에 "한여름 달(仲夏之月)에는… 무궁화 꽃이 핀다.(木槿榮)"고 기록되어 있는데, 도연명은 이로 말미암아 나무 이름을 착각한 것이 아닐까 한다. 무궁화나무라야 시의 서문에서 "늙어가고 있는 것을 생각하는 것"이라 한 시의 내용과 들어맞는다.

2) 九夏(구하): 여름철 90일. 유하(有夏)라고도 한다.

때때로 마음 초췌해지네.
조용히 곰곰이 생각해보니
마음속 서글퍼지네.

采采³⁾榮木이, 結根於玆라.
晨耀其華러니, 夕已喪之라.
人生若寄⁴⁾니, 顦顇⁵⁾有時라.
靜言孔念⁶⁾하니 中心悵而라.

싱싱하고 무성한 무궁화나무가
여기에 뿌리를 얹고 있네.
많은 꽃 아침에 피어나더니
한스럽게도 저녁 되자 없어지네.
곧음과 여림은 사람에게 달린 것이나
화와 복은 일정한 문도 없이 들어오네.
올바른 도가 아니라면 어찌 의존할 것이며
훌륭한 일이 아니라면 어찌 힘쓰겠는가?

采采榮木이 於玆托根이라.
繁華朝起러니, 慨⁷⁾暮不存어라.

---

3) 采采(채채): 싱싱하게 무성한 모양.
4) 寄(기): 기탁(寄託)하다, 남에게 빌붙어 지내는 것.
5) 顦顇(초췌): 애태우다, 가슴아파하다.
6) 孔念(공념): 곰곰이 생각하다, 골똘히 생각하다.
7) 慨(개): 개탄하다, 한하다.

貞脆⁸⁾由人이나 禍福無門이라.
匪道曷依며, 匪善奚敦⁹⁾고?

아아, 나라는 작은 인간,
고루하게 타고났네.
가버린 세월은 흘러갔는데도
하는 일은 옛날보다 나아지지 않네.
뜻을 둔 일 버리지 않는다면
편안히 날로 발전하게 되리라.
나의 품은 마음이여,
두렵고도 마음 아프네!

嗟子小子이, 稟茲固陋라.
徂年旣流나, 業不增舊라.
志彼不舍면 安此日富¹⁰⁾리라.
我之懷矣여, 怛焉¹¹⁾內疚¹²⁾로다.

옛 스승이 남기신 교훈을
내 어찌 저버리랴?

---

8) 貞脆(정취): 곧은 것과 여린 것.
9) 敦(돈): 힘쓰다, 노력하다.
10) 日富(일부): 날로 부해지다, 날로 발전하다.
11) 怛焉(달언): 슬퍼하는 모양, 두려워하는 것.
12) 內疚(내구): 속으로 병이 되다, 마음이 아프다.

사십이 되어도 이름이 알려지지 않는다면
그는 두려워할 것 없는 인간.
내 좋은 수레에 기름을 치고
내 명마에 채찍질하며 달린다면,
천 리 길 멀다 해도
어이 이르지 못하겠는가?

_{선사 유훈   여기운추}
先師¹³⁾遺訓을, 余豈云墜리오?
_{사 십 무 문   사 부 족 외}
四十無聞이면, 斯不足畏니라.
_{지 아 명 거   책 아 명 기}
脂我名車¹⁴⁾하고, 策我名驥¹⁵⁾면,
_{천 리 수 요   숙 감 부 지}
千里雖遙라도, 孰敢不至리오?

　　　영목榮木은 사전을 찾아보면 오동나무라고 되어있다. 그러나 이 시의 첫째 장과 둘째 장에서 앞머리에 모두 '그 나무의 꽃이 아침에 피었다가 저녁에 지는 것'을 읊고 있으니, 이 나무는 무궁화임이 분명하다. 따라서 시의 제목을 「무궁화나무」라고 옮기었다. 그래야 시의 뜻도 보다 잘 드러난다. 시인은 꽃이 아침에 피었다가 저녁이면 모두 져버리는 무궁화를 바라보면서 자신도 저 나무처럼 늙어만 가면서 이루어 놓은 것은 없음을 한탄하고 있는 것이다. 그러한 뜻을 도연명은 서문에 분명히 밝히고 있다.

▬■
　13) 先師(선사): 공자(孔子)를 가리킨다.
　14) 名車(명거): 좋은 수레.
　15) 名驥(명기): 좋은 명마.

전원으로 돌아와 歸園田居 [1]

젊어서부터 속세의 취향 없었고,
성격은 본시부터 산과 언덕 좋아했네.
먼지 그물 같은 벼슬살이에 잘못 떨어져
어느덧 30년의 세월 허송했네.
매인 새는 옛날 놀던 숲을 그리워하고,
웅덩이 물고기는 옛날의 넓은 연못 생각하는 법.
남녘 들 가에 거친 땅을 새로 일구고
못나고 소박한 성질을 지키려고 전원으로 돌아왔네.
10여 마지기 넓이의 집터에
8, 9칸의 초가 지으니,
느릅나무 버드나무 그늘이 뒤 추녀를 덮고,
복숭아나무 오야나무가 대청 앞에 늘어섰네.
아득히 멀리 사람들 사는 마을 보이고,
아스라이 동리 위엔 연기 서리었네.
깊숙한 골목에서 개 짖는 소리 들리고,
뽕나무 꼭대기에서 닭 우는 소리 들리네.
집안에 먼지나 쓰레기 없으니
텅 빈 방안에 여유 있는 한가함만이 있네.
오랫동안 새장 속에 갇혀 있다가
다시 자연 속으로 되돌아온 것일세.

$$\underset{\text{소 무 적 속 운}}{\text{少無適俗韻}}{}^{1)}\text{하고,} \quad \underset{\text{성 본 애 구 산}}{\text{性本愛邱山}}{}^{2)}\text{이라.}$$

$$\underset{\text{오 락 진 망 중}}{\text{誤落塵網}}{}^{3)}\text{中하여,} \quad \underset{\text{일 거 삼 십 년}}{\text{一去三十年}}{}^{4)}\text{이라.}$$

$$\underset{\text{기 조 련 구 림}}{\text{羈鳥}}{}^{5)}\text{戀舊林하고,} \quad \underset{\text{지 어 사 고 연}}{\text{池魚思故淵}}\text{이라.}$$

$$\underset{\text{개 황 남 야 제}}{\text{開荒}}{}^{6)}\text{南野際하고,} \quad \underset{\text{수 졸 귀 원 전}}{\text{守拙}}{}^{7)}\text{歸園田이라.}$$

$$\underset{\text{방 택 십 여 묘}}{\text{方宅十餘畝}}{}^{8)}\text{에,} \quad \underset{\text{초 옥 팔 구 간}}{\text{草屋八九間}}\text{하니,}$$

$$\underset{\text{유 류 음 후 첨}}{\text{榆柳蔭後簷}}\text{하고,} \quad \underset{\text{도 리 라 당 전}}{\text{桃李羅堂前}}\text{이라.}$$

$$\underset{\text{애 애 원 인 촌}}{\text{曖曖}}{}^{9)}\text{遠人村이오,} \quad \underset{\text{의 의 허 리 연}}{\text{依依}}{}^{10)}\text{墟里}{}^{11)}\text{煙이라.}$$

$$\underset{\text{구 폐 심 항 중}}{\text{狗吠深巷中}}\text{하고,} \quad \underset{\text{계 명 상 수 전}}{\text{雞鳴桑樹顚}}\text{이라.}$$

---

1) 適俗韻(적속운): 속된 취향(趣向)에 어울리다, 또는 속세에 어울리는 취향.
2) 邱山(구산): 언덕과 산. 자연을 가리킨다.
3) 塵網(진망): 먼지 그물. 속세의 관계(官界)를 가리킨다.
4) 三十年(삼십년): 도연명이 처음 관계에 발을 들여놓은 해가 태원(太元) 18년(393), 최후로 관직을 버린 것이 의희(義熙) 원년(405)이어서 그가 관계에 있은 지 꼭 13년이므로, 30년은 13년의 잘못이라 보는 이도 있다. 또 3은 유(蹂)의 잘못, 또는 이(已)의 잘못이라 주장하는 이도 있다. 그러나 30년은 정수(正數)가 아니라 오랜 세월을 형용하는 말로 받아들이는 게 좋을 듯하다.
5) 羈鳥(기조): 잡혀서 매여 있는 새.
6) 開荒(개황): 거친 땅을 일구는 것.
7) 守拙(수졸): 졸박(拙樸)함을 지키다. 졸(拙)은 사람의 힘이 가해지지 않은 졸렬한 듯이 소박하고 자연스러운 자기 본래의 상태를 뜻한다.
8) 畝(묘): 넓이의 단위. 옛날엔 사방 6자를 1보(步), 백 보를 1묘라 하였고, 진(秦)의 제도는 240보가 1묘였다.(『說文』)
9) 曖曖(애애): 멀어서 희미한 모양.
10) 依依(의의): 가는 연기가 줄지어 퍼지는 모양.
11) 墟里(허리): 동리.

戶庭無塵雜¹²⁾하니, 虛室¹³⁾有餘閒이라.
久在樊籠¹⁴⁾裏라가, 復得返自然이라.

이 시는 도연명이 41세 되던 해 겨울, 최후로 팽택령 彭澤令이란 벼슬을 내던지고 고향의 전원으로 돌아온 기쁨을 노래한 것이다. 이 「귀원전거」라는 제목 밑에 다섯 수의 시가 있다. 이 시는 그의 유명한 「귀거래혜사 歸去來兮辭」(제4부에 실림)라는 부賦와 비슷한 시기, 곧 42세 무렵의 작품일 것이다.

이 무렵 진晉나라 황제 孝武帝·安帝들은 주색에 빠지고 관리들은 부패하여 사회는 매우 어지러웠다. 도연명은 저저분한 사회와의 관계를 벗어나 전원으로 돌아왔던 것이다. 그는 영원히 변함없는 자연과 어긋나는 인간 사회에 환멸을 느꼈기 때문일 것이다. 그러면서도 고요한 산속이 아니고 개 짖는 소리가 들리고 닭 우는 소리가 한가하게 들리는 마을을 약간 벗어난 곳에 자리를 잡은 것은 그의 마음속에 도사린 인간애 人間愛 때문일 것이다. 그는 전원 속에서 인간의 본성과 합치되는 자연을 추구했던 것이다.

---

12) 塵雜(진잡): 먼지와 잡된 물건.
13) 虛室(허실): 텅 빈 고요한 방.
14) 樊籠(번롱): 새장. 구속된 관리생활을 가리킴.

전원으로 돌아와 歸園田居[1] [2]

들 밖은 사람의 접촉이 드물고
으슥한 골목엔 말 수레도 뜸하다.
대낮에도 사립문을 닫고 있으니
빈 방은 잡된 생각을 끊어 준다.
때때로 또 마을 모퉁이에서는
풀을 헤치며 서로 내왕하는데,
만나더라도 잡된 말은 없이
다만 뽕이나 삼대 자라는 것 얘기한다.
뽕나무와 삼대는 날로 자라났고,
나의 땅도 날로 넓어졌다.
언제나 두려운 것은 눈이나 싸락눈이 내리어
우거진 풀과 함께 시들어 버리는 걸세.

野外[2]罕[3]人事[4]하고, 窮巷[5]寡[6]輪[7]鞅[8]이라.

---

1) 歸園田居(귀원전거): 이것은 「귀원전거」 시 5수 중의 제2수로서 전원에 조용히 묻혀 농사에만 관심을 두고 있는 작자의 청정무구(淸淨無垢)한 생활과 마음가짐이 잘 나타나 있다.
2) 野外(야외): 성(城)의 교외. 농촌이 있는 곳.
3) 罕(한): 드물다.
4) 人事(인사): 사람들과의 관계.
5) 窮巷(궁항): '으슥한 골목', 결국 가난한 사람들이 사는 골목이었을 것이다.
6) 寡(과): 적은 것.

^{백 일 엄} ^{형 비}　　　^{허 실} ^{절 진 상}
白日掩⁹⁾荊扉¹⁰⁾하니, 虛室¹¹⁾絶塵想¹²⁾이라.

^시 ^{부 허 곡} ^중　　^{피 초} ^{공 래 왕}
時¹³⁾復墟曲¹⁴⁾中에, 披草¹⁵⁾共來往이러니,

^{상 견 무 잡 언}　　　^{단 도 상 마 장}
相見無雜言하고, 但道桑麻長이라.

^{상 마 일 이 장}　　　^{아 토 일 이 광}
桑麻日已長하고, 我土日已廣¹⁶⁾이라.

^{상 공 설 산} ^지　　^{영 락} ^{동 초 망}
常恐雪霰¹⁷⁾至하여, 零落¹⁸⁾同草莽¹⁹⁾이라.

　한적한 농촌에 묻혀 살고 있으면 세상의 명리名利로부터 마음이 멀어진다. 겉에서 보기에 가난하기는 하지만 외부로부터의 간섭을 벗어나 언제나 깨끗한 본연의 자기 자신을 지니고 있는 것이다. 도연명이 숨어 산다는 주변은 길이 있어도 사람의 내왕이 드물어 잡초가 우거졌고, 간혹 그 잡초를 헤치고 사람들이 내왕하기는

---

7) 輪(륜): 바퀴. 수레를 가리킴.
8) 鞅(앙): 말의 뱃대끈.
9) 掩(엄): 가리는 것. 닫는 것.
10) 荊扉(형비): 싸리문.
11) 虛室(허실): 살림살이가 거의 없는 텅 빈 조용한 방.
12) 塵想(진상): 진세(塵世)의 속된 생각. 공명심(功名心) 같은 것.
13) 時(시): 때때로.
14) 墟曲(허곡): 마을 모퉁이. 이 구절은 '시부허리인(時復墟里人)'으로 된 판본도 있다.
15) 披草(피초): 사람들의 내왕(來往)이 드물어 길에 우거진 잡초를 헤치는 것.
16) 廣(광): 땅을 개척(開拓)하여 넓어지는 것.
17) 霰(산): 싸락눈.
18) 零落(영락): 나무나 풀잎이 시들어 떨어지는 것.
19) 莽(망): 풀이 무성한 것.

하지만 서로 만나더라도 농사에 관한 얘기 밖에는 주고받지 않는다. 그곳의 농민들도 세상 일로 때가 묻지 않았기 때문이다. 도연명은 이러한 인간 본연의 맑고 깨끗하고 아무런 개인적인 욕심도 없는 경지를 찾아 전원으로 되돌아왔던 것이다.

전원으로 돌아와 歸園田居[1] [3]

남산 아래 콩을 심었더니,
풀만 무성하고 콩싹은 드물다.
이른 새벽에 잡초 우거진 밭을 매고,
달과 함께 호미 메고 돌아온다.
길은 좁은데 초목이 더부룩하니,
저녁 이슬이 내 옷을 적신다.
옷 젖는 것은 아까울 것 없으니,
다만 바라는 일이나 뜻대로 되기를!

種豆南山下하니, 草盛豆苗稀[2]라.
侵晨[3]理[4]荒穢[5]하고, 帶月[6]荷[7]鋤[8]歸라.

---

1) 歸園田居(귀원전거): 도연명이 전원으로 돌아와 살며 그 정취를 노래한 것이 이 시이다. 『도연명집(陶淵明集)』의 「귀원전거(歸園田居)」시 5수 중의 세 번째 시이다.
2) 稀(희): 드문 것.
3) 侵晨(침신): 이른 아침. 『연명집(淵明集)』엔 "신흥(晨興)"(아침에 일어나서)으로 된 판본도 있다.
4) 理(리): 손질을 하는 것.
5) 荒穢(황예): 황폐하여 잡초만 무성한 것. 우거진 잡초.
6) 帶月(대월): 달빛과 함께.
7) 荷(하): 짊어지다. 메다.
8) 鋤(서): 호미.

道狹草木長하니, 夕露沾⁹⁾我衣라.
衣沾不足惜이오, 但使願¹⁰⁾無違¹¹⁾라.

　『고문진보古文眞寶』에 싣고 있는 이 시의 제목 아래에는 "소인小人은 많고, 군자君子는 적음을 말한 것"이라 하였고, 시 본문의 주注에도 "전원에 콩을 심고 기르는 일은 잡초를 뽑아내고 매어주는 데에 달려있는 것처럼, 조정에서 현명한 사람을 쓰는 일은 소인들을 몰아내는 데에 달려있는 것과 같다는 것을 말한 것이다."라고 하였다.

　그러나 이런 해석은 지나치게 파고 든 결과인 것 같다. 이 시는 도연명의 전원에 돌아와서 살게 된 실상을 솔직히 그대로 읊은 것이다. 잡초가 무성한 밭으로 나가 김을 매고 달빛 아래 저녁 이슬을 맞으며 집으로 돌아오는 소박한 생활이 손에 잡히는 듯하다.

　끝 구절의 "옷 젖는 것은 아까울 것 없으니, 다만 바라는 일이나 뜻대로 되기를!" 하고, 읊은 곳의 도주陶澍의 주注에서는 탕한湯漢의 주를 인용하고 있는데, 소식蘇軾의 말이라 하며 "저녁 이슬이 옷을 적시기 때문에 그 소원이 어긋나게 된 자가 많다."라고 주注한 것도 시의 본 뜻을 올바로 이해하지 못한 말인 것 같다. 이 시는 비유가 아니라 소박한 자기 생활을 솔직히 그대로 노래한 것이라 보는 것이 옳을 것이다.

---

9) 沾(첨): 적시다.
10) 願(원): 바람. 도연명의 전원에서의 바람이란, 밭에 심은 콩이 잘 자라 많은 수확을 하는 것일 게다.
11) 無違(무위): 어긋남이 없는 것.

전원으로 돌아와 歸園田居 [4]

오랫동안 산과 물 떠나 다니느라
숲과 들의 즐거움 저버렸었네.
짐짓 자식과 조카들 데리고
잡목 헤치고 거친 땅 걸어보네.
언덕과 밭두둑 사이를 돌아다녀 보니
옛사람 살던 곳 완연하네.
우물과 부뚜막 옛 자리가 있고
뽕나무 대나무의 썩은 그루 남아있네.
나무꾼에게 물어보기를
"여기 살던 사람들 모두 어딜 갔소?"
나무꾼이 내게 말하기를
다 죽어 버리어 남은 사람이 없다네.
한 세대 안에 세상이 달라진다더니
그 말이 정말 헛되지 않네.
인생이란 허무하게 변하는 것이어서
끝내는 공허한 무로 돌아가게 되는 걸세.

_{구 거 산 택 유}　　_{낭 망 림 야 오}
久去山澤遊하고　浪莽¹⁾林野娛라.

---

1) 浪莽(낭망): 광대(廣大)한 모양. 소홀히 버려두는 것.

試攜子姪輩하고, 披榛²⁾步荒墟³⁾라.
徘徊邱隴⁴⁾間하고, 依依⁵⁾昔人居라.
井竈有遺處하고, 桑竹殘朽株라.
借問採薪者하노니, 此人皆焉如⁶⁾오?
薪者向我言하되, 死沒無復餘라.
一世異朝市라 하니 此語眞不虛라.
人生似幻化⁷⁾니, 終當歸空無라.

시인이 오랜만에 자식들과 조카들을 데리고 오랜만에 다시 돌아온 전원을 둘러본 느낌을 읊은 것이다. 농사짓는 사람들만이 살고 있는 시골인데 아름다운 풍경뿐만이 아니라 전에 사람들이 살던 무너진 집터 자리가 눈에 들어온다. 도연명이 "언덕과 밭두둑 사이를 돌아다녀 보니, 옛사람 살던 곳 완연하네. 우물과 부뚜막 옛 자리가 있고, 뽕나무 대나무의 썩은 그루 남아있네." 하고 읊고 있다. 옆에 지나가던 나무꾼에게 물어보니 여기 살던 사람들 모두

---

2) 榛(진): 잡목. 떨기나무.
3) 荒墟(황허): 황량한 고장. 거친 땅.
4) 邱隴(구롱): 언덕과 밭두둑.
5) 依依(의의): 여전한 모양, 완연한 모양.
6) 焉如(언여): 어디로 갔는가?
7) 幻化(환화): 환술(幻術) 같은 변화. 허무한 변화.

죽어버렸다고 대답하더라는 것이다. 도연명은 결국 "한 세대 안에 세상이 달라진다더니, 그 말이 정말 헛되지 않네." 하고, 어지러운 세상 속에 속절없이 전란에 휩싸여 죽어간 무고한 많은 백성들을 애도하고 있다. 전원으로 돌아왔지만 어지러운 세상은 여전히 시인의 마음 한편을 누르고 있는 것이다.

전원으로 돌아와 歸園田居 [5]

서글피 홀로 지팡이 짚고 돌아오면서
오르락내리락 잡목 우거진 골짜기 지나네.
산골짝 물은 맑고도 얕아
내 발을 씻을 만하네.
나의 새로 익은 술 거르고
한 마리 닭 잡고 이웃을 불렀네.
해가 져서 방 안 어두우니
싸리나무로 촛불 대신 밝히네.
기뻐지자 저녁 짧은 것이 아쉽고
어느새 다시 하늘이 밝아오네.

  창 한 독 책 환   기 구 력 진 곡
悵恨獨策¹⁾還이러니 崎嶇²⁾歷榛曲³⁾이라.
  산 간 청 차 천   가 이 탁 오 족
山澗淸且淺하니, 可以濯吾足이라.
  록 아 신 숙 주   척 계 초 근 국
漉⁴⁾我新熟酒하고 隻雞招近局⁵⁾이라.

---

1) 策(책): 지팡이를 짚는 것.
2) 崎嶇(기구): 울퉁불퉁한 것, 오르락내리락하는 것.
3) 榛曲(진곡): 잡목이 우거진 골짜기.
4) 漉(록): 술을 거르는 것.
5) 近局(근국): 가까운 이웃.

　　　　일 입 실 중 암　　　형 신　대 명 촉
　　　日入室中闇하니, 荊薪[6]代明燭이라.
　　　　환 래 고 석 단　　　이 부 지 천 욱
　　　歡來苦夕短하니 已復至天旭[7]이라.

　　　　　　　　　　❧

　　여기에서야 본격적으로 자기가 돌아와 살고 있는 전원의 맑고
아름다운 풍경과 이웃과 아무런 허물없이 함께 어울리어 술을 즐
기는 전원생활을 읊고 있다. 시인은 전원생활을 즐기기에 하루가
너무 짧아 밤을 도와 이웃과의 모임을 계속하고 있는 것이다.

---

6) 荊薪(형신): 말린 싸리나무.
7) 旭(욱): 해가 돋는 것, 날이 밝는 것.

이사를 하고 移居 [1]

전에 남촌에 살고 싶어 했던 것은
살기 좋은 곳이란 점괘 때문이 아니네.
깨끗한 마음을 지닌 분들이 많다는 얘기를 들었기에
자주 아침저녁으로 그분들과 어울리기를 바랐기 때문일세.
이런 생각 품은 지 여러 해가 되었는데
오늘에야 소망 따라 이사를 하게 되었네.
허름한 움막 어찌 반드시 넓어야만 하겠는가?
누울 자리 앉을 자리 가려주면 만족이지.
이웃 사람들 때때로 와서
지난날의 얘기로 떠들썩하면 좋지.
빼어난 글 지어 함께 즐기며 감상하고
의심스런 글 뜻은 함께 서로 풀어주지.

_{석 욕 거 남 촌}
昔欲居南村¹⁾이러니,   _{비 위 복 기 택}
非爲卜其宅²⁾이라.

_{문 다 소 심 인}
聞多素心人³⁾하고,   _{낙 여 삭 신 석}
樂與⁴⁾數⁵⁾晨夕이라.

---

1) 南村(남촌): 작자 도연명의 고향인 심양(潯陽, 지금의 江西省 九江縣) 근처에 있던 마을 이름.
2) 卜其宅(복기택): 살 집에 대하여 점을 치다. 복거(卜居).
3) 素心人(소심인): 소박한 마음을 지닌 사람. 깨끗한 마음의 사람.
4) 樂與(낙여): 즐겨 함께하다, 함께하기를 즐기다, 함께 하기를 바라다.
5) 數(삭): 자주.

懷此⁶⁾頗有年이러니, 今日從茲役⁷⁾이라.
회 차   파 유 년   금 일 종 자 역

敝廬⁸⁾何必廣고? 取足蔽牀席⁹⁾이라.
폐 려   하 필 광   취 족 폐 상 석

鄰曲¹⁰⁾時時來하여, 抗言¹¹⁾談在昔¹²⁾이라.
인 곡   시 시 래   항 언   담 재 석

奇文共欣賞¹³⁾하고, 疑義相與析¹⁴⁾이라.
기 문 공 흔 상   의 의 상 여 석

　전원시인 도연명이 이사를 한 감상을 읊은 시이다. 시인은 살 곳을 고를 적에 살기 좋은 집이나 살기 좋은 동리를 고르는 것이 아니라 깨끗한 마음을 지닌 사람들이 많이 사는 곳을 여러 해를 두고 골랐다. 살 집은 해진 움막이라도 상관이 없다. 집은 누울 곳과 앉을 곳을 가려주기만 하면 된다. 깨끗한 마음을 지닌 이웃들과 때때로 만나 지난 일을 얘기하며 자기가 지은 시를 함께 읽고 즐기며 감상할 수 있으면 그만이다. 도연명의 마음가짐 자체가 시인 것 같다.

6) 懷此(회차): 이런 생각을 품다.
7) 從茲役(종자역): 소망을 따라 이사하는 일을 하게 되다. 이 이사하는 일을 하게 되다.
8) 敝廬(폐려): 해어진 움막, 허름한 움막.
9) 蔽牀席(폐상석): 침대와 자리를 가리다. 누울 자리와 앉을 자리를 덮다.
10) 鄰曲(인곡): 이웃, 이웃 사람들.
11) 抗言(항언): 큰소리로 말하다. 떠들썩하다.
12) 在昔(재석): 옛일에 대하여. 지난 일들.
13) 欣賞(흔상): 기뻐하며 감상하다, 즐기고 감상하다.
14) 析(석): 분석하다, 해석하다.

이사를 하고 移居 [2]

봄과 가을에는 좋은 날이 많아
산에 올라가 새로운 시를 읊네.
집을 찾아다니면서 서로 불러내어
술 있으면 술 따라 잔을 권하네.
농사 일로 각자 돌아갔다가도
틈만 나면 언제나 서로를 생각하게 되네.
서로 생각이 나면 곧 옷 걸치고 나가서
얘기하고 웃고 하면서 싫증내는 일이 없네.
이러한 정취는 어찌하는 수가 없는 것,
갑자기 이곳을 떠나는 일은 없을 거네.
입고 먹을 것은 마땅히 잘 챙겨야 할 것이니
농사일에 힘쓰면 제대로 안될 일 없을 걸세.

春秋多佳日하니, 登高¹⁾賦新詩로다.
過門²⁾更相呼하여, 有酒斟酌³⁾之로다.

---

1) 登高(등고): 높은 곳에 오르다, 산에 오르다. 옛날 중국에서는 음력 9월 9일 중양절(重陽節)에 산에 올라 시를 읊으며(登高賦詩) 국화술을 마시는 풍습이 있었다.
2) 過門(과문): 다른 집 문을 찾아가다, 다른 집을 찾아가는 것.
3) 斟酌(짐작): 술잔에 술을 따르는 것.

農務各自歸라가, 閒暇輒⁴⁾相思로다.
相思則披衣⁵⁾하고, 言笑無厭時로다.
此理⁶⁾將不勝이니, 無爲忽去茲⁷⁾로다.
衣食當須紀⁸⁾니, 力耕不吾欺⁹⁾로다.

이사를 하고 읊은 두 번째 시에서는 이사 간 마을의 깨끗한 마음을 지닌 이웃들과의 생활 정취를 읊고 있다. 이 시에서 시인 스스로 "입고 먹을 것은 마땅히 잘 챙겨야 할 것이니 농사일에 힘쓰면 제대로 안 될 일 없을 걸세."하고 읊고 있는 것을 보면, 도연명은 전원생활을 하면서 술 마시고 시를 짓는 일만 한 것은 아닌 것 같다. 이웃 사람들처럼 농사일도 하면서 한가한 틈을 내어 이웃과 함께 어울렸던 것 같다. 그러나 아무래도 시나 읊다 보면 농사일에 전념할 수가 없어서 굶주리는 지경에까지 이르렀던 일도 있었던 것 같다.

---

4) 輒(첩): 문득, 언제나.
5) 披衣(피의): 옷을 걸치다. 옷을 입고 이웃 사람들을 찾아가는 것.
6) 此理(차리): 이러한 이치, 이처럼 즐기는 이유, 이러한 정취.
7) 去茲(거자): 이곳을 떠나다, 이런 생활을 버리다.
8) 紀(기): 챙기다. 주선하다.
9) 欺(기): 속이다, 배반하다. 뜻대로 되지 않는 것.

귀전원거 歸田園居[1]

동쪽 언덕에 씨를 뿌리니
싹이 나 밭둔덕에까지 가득 찼네.
호미 메고 다니기 진력나기도 하지만
막걸리로 잠시 즐거움에 잠기네.
해가 져 땔나무 수레를 챙기면,
햇빛 이미 기울어 길이 어둡네.
돌아가는 사람이 저녁 연기 바라보노라면,
어린아이들은 처마 밑에서 기다려 주네.
그대에게 묻노니 그래 가지고 무얼하려는 건가?
일평생에 반드시 할 일이 있을 터인데.
다만 뽕나무와 삼대 잘 자라고,
누에 치는 달엔 길쌈 잘할 수 있기 바랄 뿐이네.

---

1) 귀전원거(歸田園居): 『도정절집(陶靖節集)』에서 한자창(韓子蒼)은 '전원시 6수 중에서 맨 끝의 시는 곧 행역(行役)을 읊은 것이어서 앞 5수와 같지 않다. 근래 속본에서는 강엄(江淹: 444~505년)의 「종묘재동고(種苗在東皐)」시를 가져와 「귀원전거」 맨 끝머리 시라고 붙여 놓고 있다. 소동파(蘇東坡)도 이를 따라 잘못 알고 화작(和作)하였다.' 고 말하고 있다. 실은 『문선(文選)』 권31에 실려 있는 강엄(江淹)의 잡체(雜體) 30수 가운데 「도징군(陶徵君)의 전거(田居)」 시인 것이다. 강엄(字가 文通)은 양(梁)나라 시인으로 의고(擬古)를 잘하여 원작과 구별하기 힘들만큼 교묘(巧妙)한 작품을 지었다.

평소의 마음이 이와 같으니,

길을 닦아놓고 좋은 벗 안오는가 바라보네.

種苗在東皐²⁾하니, 苗生滿阡陌³⁾이라.
(종묘재동고)   (묘생만천맥)

雖有荷⁴⁾鋤⁵⁾倦⁶⁾이나, 濁酒聊自適이라.
(수유하 서 권)   (탁주료자적)

日暮巾⁷⁾柴車⁸⁾하니, 路暗光已夕이라.
(일모건 시거)   (노암광이석)

歸人⁹⁾望煙火하고, 稚子¹⁰⁾候¹¹⁾簷¹²⁾隙¹³⁾이라.
(귀인 망연화)   (치자 후 첨 극)

問君亦何爲¹⁴⁾오? 百年¹⁵⁾會¹⁶⁾有役¹⁷⁾이라.
(문군역하위)   (백년 회 유역)

---

2) 皐(고): 언덕.
3) 阡陌(천맥): 밭 사이의 둔덕길. 『풍속통(風俗通)』에 '남북(南北)으로 뻗은 둔덕을 천(阡)이라 하고, 동서(東西)로 뻗은 둔덕을 맥(陌)이라 한다. 하동(河東)에선 동서로 뻗은 것을 천이라 하고, 남북으로 뻗은 것을 맥이라 한다.'고 하였다.
4) 荷(하): 메다. 등에 지다.
5) 鋤(서): 호미.
6) 倦(권): 싫증나는 것.
7) 巾(건): 수레에 짐을 싣고 포장으로 덮어 싸는 것. 『주례(周禮)』 춘관(春官) 「건거(巾車)」의 주(注)에 '건(巾)은 옷을 입히는 것과 같다'고 하였다.
8) 柴車(시거): 땔나무를 실은 수레.
9) 歸人(귀인): 집으로 돌아오는 사람. 작자 본인.
10) 稚子(치자): 어린 자식들.
11) 候(후): 기다리다.
12) 簷(첨): 처마.
13) 隙(극): 틈.
14) 何爲(하위): '어째서 그렇게 노고를 하는가?'의 뜻.
15) 百年(백년): 사람의 평생을 가리킴.
16) 會(회): '반드시……하리라'는 뜻.
17) 有役(유역): 부림을 당함이 있는 것. 할 일이 있는 것.

但願桑麻成[18]하고, 蠶[19]月得紡績[20]이라.
　　단　원　상　마　성　　　　　잠　　월　득　방　적

素心[21]正如此니, 開逕望三益[22]이라.
　소　심　　정　여　차　　　개　경　망　삼　익

　　이 시는 도연명의 것이 아니라 강엄江淹의 작품임이 분명하다. 주 1)에서 인용한 것처럼 한자창韓子蒼은 「행역行役」을 노래한 것이라 하였는데 『도정절집陶靖節集』권4에서 도주陶澍는 한자창의 의견에 찬성 못하겠노라고 주를 달고 있다. 이들은 지나치게 시의 글 뜻을 따지기 때문에 올바른 시의 전체 뜻을 파악치 못하는 것 같다.

18) 桑麻成(상마성): 뽕이나 삼을 비롯한 작물이 잘 성장하는 것. 귀원전거(歸園田居)의 제2수에서도 '서로 만나도 잡된 말은 없고, 다만 뽕나무나 삼대 자라는 것을 얘기할 뿐' 이라 읊었다.
19) 蠶(잠): 누에. 잠월(蠶月)은 누에를 치는 달. 『시경(詩經)』 빈풍(豳風) 칠월(七月) 시에 '잠월(蠶月)엔 조상(條桑)한다' 하였다. 사조제(謝肇淛)의 『서오지승(西吳枝乘)』에선 '오흥(吳興)에선 사월(四月)을 잠월이라 한다.' 고 하였다.
20) 紡績(방적): 누에고치 실을 빼어 길쌈하는 것
21) 素心(소심): 평소의 마음, 본시부터 지닌 마음.
22) 開逕望三益(개경망삼익): 『삼보결록(三輔決錄)』에 '장후(蔣詡)는 자가 원경(元卿)인데 집 안의 대나무 아래 세 길을 열고 오직 구중(求仲)·양중(羊仲)과만 어울려 놀았다.' 고 했다. 도잠(陶潛)의 「귀거래사(歸去來辭)」에도 '세 가닥 길은 거칠어져 있으나 소나무와 국화는 아직도 그대로 있다.' 고 읊었다. 이를 근거로 후세 사람들은 세 가닥 길(三徑)을 숨어 사는 사람들의 사는 곳을 가리키는 말로 쓰이게 되었다. '개경(開逕)' 은 이 '삼경(三徑: 逕은 徑과 통함)' 을 열음을 뜻한다. '삼익(三益)' 은 『논어(論語)』 계씨(季氏)편에 "유익한 세 가지 벗이 있고, 해가 되는 세 가지 벗이 있다."고 한 말에 근거하여 '뜻이 맞는 좋은 벗' 곧 '깨끗한 친구' 를 가리킨다.

이는 동쪽 언덕에 씨 뿌리고 농사지으며 노동의 괴로움을 막 걸리로 잊는 농부를 통하여 은거한 사람의 심경을 읊은 것이다. 어두운 길에 나뭇짐을 싣고 돌아오면 집 문턱에서 반겨주는 아이들과 따뜻한 저녁밥도 그의 마음을 즐겁게 해준다. 남들은 농사일이 고되지 않느냐고 생각할지 모르지만 작물이 자라고 누에고치가 잘 되는 것만을 바라며 속세에서 잘 살고 출세하는 일이나 욕망을 잊기 때문에 그의 마음은 깨끗하다. 그리고 농부가 되어 있는 이 은거생활에 때때로 뜻이 맞는 깨끗한 사람들이 찾아와 작자의 긍지를 지켜준다.

 도연명의 시는 아니지만 얼마 되지 않은 시기에 그의 시를 본뜬 작품이 나왔고, 또 강엄의 다른 창작시들보다 뛰어난 듯하여 도연명의 영향을 증명한다는 뜻에서 이 시를 실었다. 혹은 도연명이 지은 것인지도 모를 일이다.

처음으로 진군참군이 되어 곡아를 지나가다가 지음 始作鎭軍參軍[1] 經曲阿[2]作

젊은 나이부터 마음을 세상 일 밖에 두어
생각은 책 읽고 글 쓰는 데에만 두어왔네.
칡베 옷 입고도 기뻐하며 만족하였고
자주 양식 떨어졌지만 늘 편안하였네.
때가 와서 구차하게도 뜻대로 되는 것으로 알고
말고삐 감아쥐고 한길 가에 쉬어보려 하였네.
지팡이 내던지고 아침에 여행길을 나섰으니
잠시 전원과는 멀어지게 된 것일세.
아득히 외로운 배 타고 떠나가니
끊임없이 다시 돌아가고픈 생각 가슴에 서리네.
내가 가는 곳 어찌 멀지 않다 하겠는가?
오르락내리락하면서 천여 리나 왔다네.
눈은 먼 길 달라지는 것이 지겨워졌고
마음은 산과 호수 있는 살던 곳으로 달려가네.

---

1) 鎭軍參軍(진군참군): 진군장군(鎭軍將軍)의 참군 벼슬. 이때 진군장군은 유유(劉裕)로 경구(京口, 지금의 鎭江縣)가 근무지였다.
2) 曲阿(곡아): 지금의 강소(江蘇)성 단양현(丹陽縣). 근무지인 경구로 가는 도중 곡아를 지나면서 지은 시이다.

구름 바라보노라니 높이 날아가는 새에게 창피하고
강물 앞에서는 놀고 있는 물고기에게 부끄럽네.
참된 생각은 처음부터 가슴속에 있었는데
세상일에 얽매이게 될 줄이야 뉘 알았겠는가?
잠시 되어가는 대로 맡겨 두고 있다가
언제 건 반고班固가 읊은 것 같은 움막으로 돌아가리라!

弱齡³⁾寄事外⁴⁾하여, 委懷⁵⁾在琴書⁶⁾라.
被褐⁷⁾欣自得하고, 屢空⁸⁾常晏如⁹⁾라.
時來苟宜會¹⁰⁾하니, 宛轡¹¹⁾憩通衢¹²⁾라.
投策¹³⁾命晨旅¹⁴⁾하여, 暫與園田疎라.

---

3) 弱齡(약령): 젊은 나이. 『예기(禮記)』 곡례(曲禮) 상편에 "20세를 약(弱)이라 한다"고 하였다.
4) 事外(사외): 세상일 밖, 속세의 밖.
5) 委懷(위회): 생각을 ---에 맡기다, 생각을 ---에 두다.
6) 琴書(금서): 금(현악기)과 책. 옛날 선비들은 흔히 서재에 금을 마련해 두고 책을 읽는 여가에 즐겼다. 따라서 선비의 생활을 "금과 책의 즐김(琴書之樂)"이라 말하였다.
7) 被褐(피갈): 삼베옷을 걸치다. 허름한 옷을 입고 있음을 표현하는 말임.
8) 屢空(누공): 자주 쌀독이 비는 것. 자주 양식이 떨어지는 것.
9) 晏如(안여): 편안한 것.
10) 苟宜會(구의회): 구차하게 뜻과 합치되다, 구차하게 뜻과 맞게 되다.
11) 宛轡(완비): 말고삐를 감아쥐다. '완'은 굽힌다는 뜻(『文選』 李善 注).
12) 通衢(통구): 사방으로 통하는 한길. 이 구절은 세상에 나가 벼슬살이하는 것에 비유한 것임.
13) 投策(투책): 지팡이를 내던지다. 벼슬을 하여 말을 타고 다니게 되었음으로 짚고 다니던 지팡이는 버리는 것이다.
14) 晨旅(신려): 아침에 여행을 떠나는 것, 아침에 길을 나서는 것.

眇眇[15])孤舟逝하니, 緜緜[16])歸思紆[17])라.
我行豈不遙아? 登降千里餘라.
目倦[18])脩塗[19])異하니, 心念山澤居라.
望雲慚高鳥하고, 臨水愧遊魚라.
眞想初在衿[20])하니, 誰謂形迹[21])拘아?
聊且憑化遷[22])이라가, 終反班生廬[23])리라!

　　도연명은 집안이 가난하여 먹고살기 위하여 젊었을 적에는 벼슬도 하였다. 처음엔 고을의 좨주祭酒가 되었다가 그만두고 지내다가 다시 진군장군鎭軍將軍의 참군參軍이 된 것은 도연명이 35세 때인 융안隆安 3년(39)인 것 같다(陶澍『陶靖節全集』注 참고). 이 시는 그가 임지인 경구京口로 가는 도중 곡아란 곳을 지나면서 지은

---

15) 眇眇(묘묘): 아득한 모양, 먼 모양. 작자가 벼슬하는 곳으로 타고 가는 배가 멀리 떠가고 있는 것임.
16) 緜緜(면면): 끊이지 않고 이어지는 모양.
17) 紆(우): 감기다, 서리다.
18) 目倦(목권): 눈이 권태로워지다, 보기가 지겨워지다.
19) 脩塗(수도): 먼 길, 먼 여행.
20) 初在衿(초재금): 처음부터 가슴속에 있다.
21) 形迹(형적): 몸의 움직임. 벼슬살이 같은 세상일을 위하여 몸을 움직이는 것.
22) 憑化遷(빙화천): 변화되어가는 대로 맡기는 것. 시간의 흐름에 맡겨두는 것.
23) 班生廬(반생려): 한(漢)나라 반고(班固)가 「유통부(幽通賦)」에서 읊고 있는 어질고 참된 사람이 숨어사는 움막을 뜻함.

시이다. 뒤에 다시 팽택령彭澤令을 하다가 벼슬을 내던지고 전원으로 돌아와 숨어 살게 되지만, 그는 이미 이 시에서도 자기의 뜻은 전원에 두고 있음을 분명히 하고 있다. 이 시를 "잠시 되어가는 대로 맡겨 두고 있다가, 언제 건 반고班固가 읊은 것 같은 움막으로 돌아가리라!" 하고 끝맺고 있지 않은가? 작자는 가족을 먹여 살리기 위하여 하는 수없이 마음에도 없는 벼슬자리로 나아가고 있는 것이다.

사천에 가서 놀며 遊斜川[1]

서(序): 신축년 정월 오일, 날씨는 맑고 온화하며 풍경은 한가하고 아름다워서 두서너 이웃들과 사천으로 놀러 나왔다. 길게 흐르는 강물을 마주 대하고 증성을 바라보니, 방어魴魚와 잉어가 저무는 햇빛 아래 비늘을 번득이며 뛰어오르고, 갈매기는 온화한 기운을 타고 펄럭이며 날고 있다. 저쪽 남쪽 언덕은 실질적인 명성이 알려진 지 오래여서 더 이상 그것 때문에 감탄하지는 않는다. 그러나 저 증성으로 말하면 곁에 기대이거나 닿은 곳 없이 홀로 물 가운데 빼어나 있어서 멀리 신령스런 산을 생각하게 한다. 그 좋은 이름이 사랑스러워 기꺼이 그것을 대하여도 부족하여 즉석에서 시를 읊어 세월이 가버리는 것을 슬퍼하고 나의 나이가 머물러 있지 않음을 서러워한다. 각각 나이와 사는 마을을 적고 또 시일을 기록한다.

辛丑[2] 正月五日에, 天氣澄和하고, 風物閒美하니, 與二三鄰曲[3]으로, 同遊斜川이라. 臨長流望曾城하니, 魴鯉[4]躍鱗於將夕하고, 水鷗乘和[5]以翻飛라. 彼南阜者는, 名實舊矣니, 不復乃爲嗟歎이라. 若夫曾城傍無依接하여, 獨秀中皐[6]하니,

---

1) 遊斜川(유사천): 도연명이 정월 초에 이웃 사람들과 고향 근처의 사천(斜川)으로 놀러갔던 일을 읊은 시. 여기에는 증성(曾城)과 증구(曾邱)라는 아름답게 우뚝 솟아있는 산도 있다. 정월 초부터 경치 좋은 곳을 찾아가 술을 마시고 있으니, 도연명이 얼마나 자연을 동경했는가 짐작이 가고도 남는다.
2) 辛丑(신축): 융안(隆安) 5년(401), 도연명은 37세.
3) 鄰曲(린곡): 이웃, 이웃 사람.
4) 魴鯉(방리): 방어와 잉어. 물고기 이름임.
5) 乘和(승화): 온화함을 타다, 온화한 기운을 타다.
6) 中皐(중고): 물속에 우뚝한 산.

遙想靈山이라. 有愛嘉名하니, 欣對不足이라. 率爾賦詩하여,
悲日月之遂往하고, 悼吾年之不留라. 各疏年紀鄕里하여, 以
紀其時日하노라.

새해가 되어 어느덧 닷새째가 되었으니
내 삶도 곧 끝장이 날 터이지.
이런 일 생각하니 가슴속 울렁거려
때에 맞춰 이 놀이를 하는 걸세.
기운은 온화하고 하늘은 맑으니
멀리 흘러가는 물 따라 차례대로 앉네.
약한 흐르는 물엔 무늬 있는 방어가 치닫고
한가한 골짜기엔 울며 나는 갈매기가 뽐내고 있네.
먼 호숫물 위로 눈을 돌려 보기도 하고
아득히 증구를 바라보기도 하네.
비록 아홉 겹으로 빼어나진 않았지만
둘러보아도 거기에 견줄만한 건 없네.
술병 들고 일행을 대하니
가득 잔에 따라 번갈아 주고받게 되네.
지금부터 뒤의 일은 알 수 없거니,
다시 이처럼 놀게 되겠는가?
잔을 드는 중에 초탈한 정을 멋대로 풀어놓고
영원한 인간의 걱정 잊어보네.
오늘의 즐김을 한껏 누릴 것이니
내일 일은 알 바가 아닐세.

開歲倏⁷⁾五日하니, 吾生行⁸⁾歸休라.
<small>개 세 숙 오 일　　　오 생 행 귀 휴</small>

念之動中懷하여, 及辰爲茲遊라.
<small>염 지 동 중 회　　　급 신 위 자 유</small>

氣和天惟澄하니, 班坐⁹⁾依遠流라.
<small>기 화 천 유 징　　　반 좌 의 원 류</small>

弱湍¹⁰⁾馳文魴하고, 閒谷矯¹¹⁾鳴鷗라.
<small>약 단 치 문 방　　　한 곡 교 명 구</small>

迥澤散游目하고, 緬然¹²⁾睇¹³⁾曾邱라.
<small>형 택 산 유 목　　　면 연 제 증 구</small>

雖微九重秀¹⁴⁾나, 顧瞻無匹儔¹⁵⁾라.
<small>수 미 구 중 수　　　고 담 무 필 주</small>

提壺接賓侶하니, 引滿更獻酬¹⁶⁾라.
<small>제 호 접 빈 려　　　인 만 갱 헌 수</small>

未知從今去니, 當復如此不아?
<small>미 지 종 금 거　　　당 부 여 차 불</small>

中觴¹⁷⁾縱遙情¹⁸⁾하고, 忘彼千載憂라.
<small>중 상 종 요 정　　　망 피 천 재 우</small>

---

7) 倏(숙): 어느덧, 벌써.
8) 行(행): 곧, 머지 않아.
9) 班坐(반좌): 차례대로 앉다, 줄지어 앉다.
10) 湍(단): 여울물. 흐르는 물.
11) 矯(교): 뽐내며 나는 것.
12) 緬然(면연): 아득한 모양, 실처럼 가는 모양.
13) 睇(제): 보다, 바라보다. 뒤의 증구(曾邱)는 서문에 보인 증성(曾城)이란 산을 가리킨다.
14) 九重秀(구중수): 증성산 아홉 겹으로 높이 솟아있다는 것이다. 『초사(楚辭)』 천문(天問)에 보이는 곤륜산(崑崙山)에 있다는 증성(增城)을 생각하며 이 구절을 읊고 있는 것이다.
15) 匹儔(필주): 짝. 대적할 만한 것, 견줄 만한 것.
16) 酬(수): 술잔에 술을 따라 손님에게 술을 권하는 것.
17) 中觴(중상): 술잔을 드는 가운데. 술잔을 비우면서.
18) 遙情(요정): 속세와는 먼 정. 초연한 감정.

且_{차극}極_{금조}今朝樂이니, 明_{명일비소구}日非所求[19]라.

　도연명이 전원으로 돌아와 전원생활을 본격적으로 노래한 시이다. 이웃 사람들과 고향 근처의 사천이란 강으로 놀러 갔던 일을 노래한 시이다. 사천 옆에는 증성이라는 산도 있다.
　다만 여기에서 크게 문제가 되는 것은 이 시의 서문 첫머리에 나오는 '신축'이라는 해(401, 도연명 37세)이다. 남송_{南宋} 때의 탕한_{湯漢}의 『주본_{注本}』에는 '축_丑'이 유_酉로 되어 있으니 신유_{辛酉}년은 송_宋 무제의 영초_{永初} 2년(421), 도연명이 57세가 되던 해이다.
　그런데 신축년은 도연명의 어머니가 돌아가시기 전이고, 시인의 서문을 보면 "시를 읊어 세월이 가버리는 것을 슬퍼하고 나의 나이는 머물러 있지 않음을 서러워한다."고 하였고, 시의 본문도 "새해가 되어 어느덧 닷새째가 되었으니, 내 삶도 곧 끝장이 날 터이지." 하고 시작하고 있다. 대체로 노년기로 접어들어 쓴 시라고 보는 것이 좋을 것 같다. 다만 증거가 확실하지 않아서 그대로 두었다. 그리고 시의 내용도 전원생활이 몸에 밴 사람의 노래인 것 같아 더욱 만년 작품이란 생각이 든다.
　작자 서문의 끝머리에는 "각각 나이와 사는 마을을 적고, 또 시일을 기록한다."고 하였는데 기록이 보이지 않으니 떨어져 없어진 것 같다.

---

19) 非所求(비소구): 추구하는 바가 아니다. 아무것에도 마음을 두지 않음을 뜻한다.

유채상 시의 운에 맞추어 和劉柴桑[1]

여산廬山으로 오라고 오래 전부터 당신이 불렀지만
무슨 일로 이제껏 주저하고 있는가?
오직 피붙이들과 친구들 때문에
아직도 차마 산속에 숨어살겠다고 말 못하는 거네.
좋은 날씨에 당신의 기특한 생각이 우러나
지팡이 짚고 서쪽 여산 찾아갔다오.
험한 길에는 돌아가는 사람 하나 없었고,
여기저기 무너진 터만이 보이더군요.
초가지붕은 벌써 잘 이어놓았고,
새로 일군 밭에서는 또 곡식 잘 기르고 있데요.
봄바람은 아직도 쌀쌀하지만
봄 막걸리는 배고픔과 피로 모두 풀어줄 거요.
여자 같은 묽은 술은 사내 같은 독한 것만은 못하지만
마음 위로받는 데에는 정말 없는 것보다 나을 것이오.

---

1) 劉柴桑(유채상): 유정지(劉程之). 그는 주속지(周續之)·도연명과 함께 그 당시 심양(潯陽)의 세 숨어 사는 사람(三隱)이라 일컬어졌다(蕭統「陶淵明傳」의거). 유정지는 자가 중사(仲思)이나 일찍이 채상현령(柴桑縣令)을 지낸 일이 있어 그렇게 부른다. 이는 유정지가 지은 시에 화작(和作)한 것이나 유정지의 시는 전해지지 않고 있다. 그는 만년에 12년 동안 여산 서림(西林)에 숨어 살다가 죽었다고 한다.

불안하고 복잡한 세상일은
세월 따라 모두 나와 멀어졌네.
농사짓고 천 짜는 일 쓰기에 알맞으면 그뿐
그보다 많아야 어디에 필요한가?
이대로 백 년이 지나가고 보면
몸이고 이름이고 모두 사라질 것을!

山澤^{산택}²⁾久^구見^견招^초어늘, 胡^호事^사³⁾乃^내躊^주躇^저오?
直^직爲^위親^친舊^구⁴⁾故^고로, 未^미忍^인言^언索^색居^거⁵⁾라.
良^양辰^신⁶⁾入^입奇^기懷^회⁷⁾하니, 挈^설杖^장還^환西^서廬^려⁸⁾라.
荒^황途^도無^무歸^귀人^인하고, 時^시時^시⁹⁾見^견廢^폐墟^허라.
茅^모茨^자¹⁰⁾已^이就^취治^치하고, 新^신疇^주¹¹⁾復^부應^응畬^여¹²⁾라.

---

2) 山澤(산택): 산과 호수. 이공환(李公煥)의 주에 의하면 여산(廬山)을 가리킨다. 전에 유정지가 도연명에게 여산으로 들어오라고 부른 적이 있다 한다.
3) 胡事(호사): 무슨 일로, 하사(何事).
4) 親舊(친구): 친족과 친구. 친한 친구들이라 볼 수도 있다.
5) 索居(색거): 세상으로부터 숨어 사는 것, 산과 호수 속에 숨어 사는 것.
6) 良辰(양신): 좋은 철. 날씨며 경치가 아름다워진 때.
7) 奇懷(기회): 기특한 생각. 여산으로 들어와 살기를 바라는 친구의 마음.
8) 西廬(서려): 서쪽 여산. 유정지가 있던 여산의 서림(西林).
9) 時時(시시): 때때로, 여기저기.
10) 茅茨(모자): 초가지붕. 풀이나 짚으로 지붕을 잇는 것.
11) 新疇(신주): 새로 일군 밭.
12) 畬(여): 일군지 3년 된 밭. 여기서는 이제 일군지 3년 쯤 되어 잘 경작하고 있다. 또는 곡식을 잘 가꾸고 있다는 뜻.

谷風[13] 轉淒薄[14]이로되, 春醪[15] 解饑劬[16]라.
弱女[17] 雖非男이나, 慰情良勝無라.
栖栖[18] 世中事는, 歲月共相疏라.
耕織稱[19] 其用이니, 過此奚所須[20]오?
去去[21] 百年外엔, 身名同翳如[22]리라.

 유정지라는 사람은 불교신자라 한다. 때문에 자연을 벗하여 깨끗이 사는 삶을 칭송하면서도 은근히 불교적인 생활방식에 대한 자기의 견해차이를 나타내 보이고도 있는 것 같다. 앞머리에서 "오직 피붙이들과 친구들 때문에, 아직도 차마 산속에 숨어살겠다고 말 못하는 거네." 하고, 읊고 있는 것도 은근히 가족도 버리고 출가하는 불교의 도를 닦는 방식을 거부하고 있는 것만 같다. 그리고

---

13) 谷風(곡풍): 동풍(東風). 봄바람.
14) 淒薄(처박): 쌀쌀하게 느껴지다, 쌀쌀하게 불어오다.
15) 春醪(춘료): 봄에 빚은 막걸리.
16) 饑劬(기구): 배고픔과 피로함. 굶주림과 수고로움.
17) 弱女(약녀): 약한 여자. 묽은 술에 비유한 말. 따라서 남자(男)는 '독한 술'을 가리킨다.
18) 栖栖(서서): 불안한 모양, 불안하고 복잡한 것.
19) 稱(칭): 알맞다, 어울리다.
20) 奚所須(해소수): 어느 곳에 필요한가?
21) 去去(거거): 그대로 지내는 것, 그럭저럭 세월을 보내는 것.
22) 翳如(예여): 가려진 모양, 어둑어둑한 모양, 알 수 없는 모양.

뒤에 자연 속으로 들어가서도 술 마시는 일을 기리면서 먹고 살기 위하여 농사 일 같은 노동을 하지 않을 수 없음을 노래한 것도 그런 뜻이 담기어 있는 것 같다.

계묘년 초봄에 농가에서 옛날을 그리며 癸卯歲[1] 始春懷古田舍[2] [1]

옛날에 남쪽의 밭을 개간하였는데,
지금 나이가 되도록 끝내 그 땅은 밟지도 않고 지내왔네.
먹을 것도 자주 떨어지고 식구도 늘었으니,
봄이 되었는데 어찌 가만히 있을 수가 있겠는가?
이른 아침에 내 수레를 챙기고
길을 나서니 정은 이미 속된 세상 아득해지네.
새들은 지저귀며 새로운 계절을 기뻐하고
시원한 바람은 깨끗한 기운 안겨주네.
가는 대나무가 거친 오솔길을 덮고 있고
땅은 사람들이 찾아오지 않아 호젓하게 되었네.
때문에 옛날의 숨어서 농사짓던 영감님처럼
의젓이 속된 세상으로는 다시 돌아가지 않으려네.
이치로 말하면 제대로 깨우친 이들에게 부끄럽지만

---

1) 癸卯歲(계묘세): 신축년, 진(晉) 안제(安帝)의 원흥(元興) 2년(403). 도연명이 39세 되던 해.
2) 懷古田舍(회고전사): 농가에서 옛날을 그리다. 작자 도연명은 한 해 전에 어머니 상을 당하여 장례를 치르기 위하여 벼슬하던 곳으로부터 집으로 돌아와 있었다. 집에서는 사촌 동생이 농사를 짓고 있었다. 아직 벼슬을 떠난 것은 아니었다.

내가 지닌 뜻이야 어찌 얇기만 하겠는가?

在昔開³⁾南畝로되, 當年⁴⁾竟未踐이라.
屢空⁵⁾旣有人⁶⁾이어늘, 春興豈自免⁷⁾고?
夙晨⁸⁾裝吾駕하고, 啓塗情已緬⁹⁾이라.
鳥弄歡新節¹⁰⁾하고, 泠風¹¹⁾送餘善¹²⁾이라.
寒竹¹³⁾被荒蹊하고, 地爲罕人遠¹⁴⁾이라.

---

3) 開(개): 개간하다. 새로 밭을 일구는 것.
4) 當年(당년): 지금 나이가 되도록. 장년(壯年).
5) 屢空(누공): 자주 쌀통이 비는 것, 자주 양식이 떨어지는 것.
6) 有人(유인): 집안에 사람이 늘어나는 것, 식구가 많아지는 것.
7) 豈自免(기자면): 어찌 스스로 면할 수 있겠는가?, 어찌 개간한 땅을 그대로 두고 농사 짓지 않을 수가 있겠는가?
8) 夙晨(숙신): 이른 아침, 새벽.
9) 緬(면): 멀어지다, 아득해지다. 속된 생각으로부터 멀어지는 것, 세상일이 아득히 여겨지는 것.
10) 新節(신절): 새로운 절기. 새로 바뀐 철.
11) 泠風(영풍): 시원한 바람.
12) 送餘善(송여선): 『장자(莊子)』 소요유(逍遙遊)편에 "열자는 바람을 타고 다니는데 두둥실 날렵하기만 하였다.(夫列子御風而行이러니, 泠然善也.)"라고 한 말에서 빌려온 표현이다. 따라서 이는 "날렵할" 수가 있는 "깨끗한 기운을 보내준다"는 뜻이다.
13) 寒竹(한죽): 싸늘한 대나무, 가는 대나무.
14) 罕人遠(한인원): 해석하기 어려운 대목이다. '사람들이 거의 오지 않아서 사람들로부터 멀어졌'고 풀었다.

시이식장옹
是以植杖翁¹⁵⁾은,　悠然¹⁶⁾不復返이라.
유연　　불부반

즉리괴통식
卽理愧通識¹⁷⁾이나,　所保¹⁸⁾詎¹⁹⁾乃淺고?
소보　거　내천

---

15) 植杖翁(식장옹): 막대기를 꽂아놓은 영감. 『논어』 미자(微子)편에 보이는 세상으로부터 숨어서 농사를 짓는 영감. '식' 자는 남송(南宋)의 주희(朱熹)가 『논어집주(論語集註)』에서 읽는 음을 "치(値)"라고 표시하고 있어 흔히 우리나라에서는 '치'로 읽고 있다. 땅에 '꽂는 것'이나 '심는 것'이 큰 차이도 없거니와 중국 사람들은 '직(直)' 자의 음을 따른 식(殖)·식(植)·치(値)·치(置)를 모두 Zhi라는 같은 음으로 읽고 있는데 우리만 여러 가지 음으로 읽고 있다.

16) 悠然(유연): 유유한 모양, 마음에 여유가 있는 모양.

17) 通識(통식): 모든 것을 제대로 다 아는 사람.

18) 所保(소보): 보존하고 있는 것, 내가 지니고 있는 뜻.

19) 詎(거): 어찌.

계묘년 초봄에 농가에서 옛날을 그리며 癸卯歲始春懷古田舍 [2]

옛날 스승님께서 남겨주신 가르침에 이르기를
올바른 도는 걱정하되 가난함은 걱정 말라 하셨네.
우러러보아도 아득하고 미치기 어려운 가르침이라
생각을 바꾸어 언제나 농사일하는 데에만 뜻을 두려고 하네.
쟁기를 잡고 제철 농사일을 반기고
기쁜 얼굴로 농사짓는 이들 격려하네.
평평하고 넓은 밭에는 멀리서 바람이 불어오고
잘 자란 곡식 싹은 새로운 기운 품고 있네.
비록 일 년 수확량을 헤아려 보지 않았지만
눈앞의 되어가는 일로 기뻐할 것이 많네.
밭 갈고 씨 뿌리다 가끔 쉬기도 하지만
길 가는 사람 중에 나루터 있는 곳 물어오는 이도 없네.
해가 지면 함께 어울리어 집으로 돌아와
술병 들고 가서 가까운 이웃들 위로해 주네.
길게 읊조리며 울타리 문을 닫고
그대로 농사짓는 백성이 되려네.

先師[1]有遺訓하니, 憂道[2]不憂貧이라.

---

1) 先師(선사): 옛날의 스승, 공자를 가리킨다.

瞻望$^{3)}$邈難逮하여, 轉$^{4)}$欲志長勤$^{5)}$이라.
秉耒歡時務$^{6)}$하고, 解顏$^{7)}$勸農人이라.
平疇$^{8)}$交遠風하고, 良苗亦懷新$^{9)}$이라.
雖未量歲功$^{10)}$이나, 卽事$^{11)}$多所欣이라.
耕種有時息이로되, 行者無問津$^{12)}$이라.
日入相與歸하여, 壺漿$^{13)}$勞近鄰이라.

2) 憂道(우도): 도를 걱정하다. 이 구절은 『논어』 위령공(衛靈公)편에 공자가 "군자는 도를 추구하지 먹을 것을 추구하지 않는다.--- 군자는 도나 걱정하지 가난을 걱정하지 않는다.(君子謀道로되, 不謀食이라.---君子·憂道로되, 不憂貧이라.)"고 한 말에서 인용한 것이다.
3) 瞻望(첨망): 우러러보다, 바라보다.
4) 轉(전): 돌리다. 생각을 바꾸는 것.
5) 長勤(장근): 언제나 부지런히 일하는 것, 오래도록 수고하는 것. 농사일을 하는 것을 가리킴.
6) 時務(시무): 철에 따른 일, 철에 따라 해야 할 농사일.
7) 解顏(해안): 기쁜 얼굴을 지니는 것, 좋은 빛의 얼굴을 지니는 것.
8) 平疇(평주): 평평하고 넓은 농사짓는 밭, 평평한 밭.
9) 懷新(회신): 새로운 기운을 품다, 새로운 싹이 돋아 생기를 품고 있는 것.
10) 歲功(세공): 한 해의 농작물 수확, 일 년 수확.
11) 卽事(즉사): 바로 눈앞의 일, 지금 되어가고 있는 일.
12) 行者無問津(행자무문진): 길 가는 사람 중에는 나루터 있는 곳을 묻는 이가 없다. 『논어』 미자(微子)편에 "장저(長沮)와 걸익(桀溺)이 나란히 밭을 갈고 있었다. 공자가 그 곁을 지나다가 자로(子路)를 보내어 나루터가 있는 곳을 물어보도록 하였다."는 얘기가 보인다. 장저와 걸익 두 사람은 세상으로부터 숨어 살면서 손수 농사를 짓고 살던 사람들이다. 도연명은 자기가 생각하는 이상적인 인물로 이들을 생각하고 자신을 그들에게 비유하고 있는 것이다. 그리고 나루터 있는 곳을 묻는 길 가는 사람이 없다는 것은 지금은 세상이 어지러워 공자 같은 성인은 전혀 볼 수가 없게 되었다는 뜻도 있다고 볼 수 있다.
13) 壺漿(호장): 한 병의 마실 것, 여기서는 한 병의 술.

長吟掩柴門¹⁴⁾하고, 聊爲隴畝民¹⁵⁾이라.

 작자 도연명이 37세 때(401) 강릉江陵에 머물고 있는 환현桓玄의 밑에서 벼슬을 하다가 휴가를 얻어 고향에 다녀온 뒤 다시 다음 해(402) 어머니 상을 당하여 농사짓는 고향 집으로 돌아와 이 시를 지은 것이다. 그는 이미 벼슬살이보다도 전에 일구어 놓은 땅이 있는 곳으로 돌아가 세상으로부터 숨어 살면서 농사나 지으려는 뜻을 갖고 있었다. 첫째 시에서는 자신이 일구어 놓은 땅이 있는 시골로 돌아가겠다는 마음을 읊고 있지만, 둘째 시에서는 어렵게 농사짓는 즐거움을 읊고 있다. 그리고 이 시를 "길게 읊조리며 울타리 문을 닫고, 그대로 농사짓는 백성이 되려네."라는 말로 끝맺고 있다. 벼슬을 그만두고 전원으로 돌아가겠다는 도연명의 마음은 이때에 이미 그의 가슴속에 분명히 도사리고 있었다. 도연명이 산 동진 시대는 매우 정치가 어지러웠던 시대였음으로 시인이 겪은 짧은 동안의 벼슬살이는 더욱 세상일로부터 그의 정을 멀어지게 하였을 것이다.

---

14) 柴門(채문): 울타리의 문, 싸리문.
15) 隴畝民 (롱묘민): 밭 하는 사람, 농사짓는 사람.

신축년 칠월 휴가를 끝내고 강릉으로 돌아가는 길에 밤에 도구로 가다가 지음 辛丑歲[1]七月赴假[2]還江陵[3]夜行塗口[4]

한가히 삼십 년 지내다 보니
마침내 세상일에는 어두워졌네.
『시경』·『서경』 읽으며 전부터 좋아하던 일 힘쓰고
숲과 들 속에 지내다 보니 세상일 생각 않게 되었네.
어찌하여 이런 것들 버리고 떠나
멀리 서쪽 형주에까지 오게 되었는가?
초가을 달 아래 삿대질 하면서
물가에서 친구들과 작별하네.
날 어두워 갈수록 싸늘한 바람 일고
밤 달빛은 맑고 휘영청 밝네.
훤하게 하늘은 드넓고
깨끗한 강물은 평평하네.

1) 辛丑歲(신축세): 신축년, 융안(隆安) 5년(401). 도연명이 37세 되던 해.
2) 赴假(부가): 휴가를 틈타서. 휴가를 끝내고 근무지로 돌아가는 것.
3) 江陵(강릉): 장강(長江) 상류의 있는 형주(荊州)의 중심 도시였다. 도연명은 융안 4년(400) 환현(桓玄)의 밑으로 옮기어 벼슬하고 있었다. 휴가를 얻어 고향으로 갔다가 다시 강릉으로 돌아가면서 도구를 향해 가다가 지은 시인 것이다.
4) 塗口(도구): 호북(湖北)성 무한(武漢) 가까이에 있던 땅 이름.

갈 길 생각하느라 잠 이루지 못하고
밤중인데도 그대로 홀로 가고 있네.
임금의 관심 끄는 노래하는 것은 내가 할 일이 못 되고,
내가 바라는 것은 숨어 농사짓는 일일세.
벼슬 내던지고 고향으로 돌아가
벼슬하는 일에 매이지 말아야지.
초라한 초가집에서 참됨을 길러서
착한 사람으로 자신이 알려지기 바라네.

閑居三十載하니, 遂與塵事冥⁵⁾이라.
詩書敦⁶⁾宿好⁷⁾하고, 林園無世情이라.
如何舍⁸⁾此去하고, 遙遙至西荊⁹⁾고?
叩栧¹⁰⁾新秋月하며, 臨流別友生이라.
涼風起將夕¹¹⁾하니, 夜景¹²⁾湛¹³⁾虛明이라.

---

5) 塵事冥(진사명): 티끌세상 일에는 어두워지다. 세상일로부터 멀어지다.
6) 敦(돈): 두터이 하다, 노력하다, 힘쓰다.
7) 宿好(숙호): 전부터 좋아하던 일, 오래 두고 좋아해온 일.
8) 舍(사): 버리다. 사(捨)의 뜻.
9) 西荊(서형): 서쪽 형주(荊州), 강릉(江陵)은 형주의 중심 도시였다. 동진(東晉)의 도읍은 건강(建康, 지금의 南京)이었음으로 형주는 서쪽이 된다.
10) 叩栧(고예): 삿대를 두드리다. 삿대질을 하는 것, 또는 뱃전을 두드리는 것으로 볼 수도 있다.
11) 將夕(장석): 저녁이 되어가고 있는 것, 날이 어두워가고 있는 것.
12) 夜景(야경): 밤 경치, 여기서는 밤의 달빛.
13) 湛(잠): 맑은 것.

昭昭¹⁴⁾天宇¹⁵⁾闊하고, 皛皛¹⁶⁾川上平이라.
懷役¹⁷⁾不遑寐하고, 中宵尚孤征이라.
商歌¹⁸⁾非吾事요, 依依¹⁹⁾在耦耕²⁰⁾이라.
投冠²¹⁾旋舊墟²²⁾하여, 不爲好爵縈²³⁾이라.
養眞衡茅²⁴⁾下하여, 庶²⁵⁾以善自名이라.

환현桓玄 밑에서 벼슬하다가 휴가를 얻어 고향 심양潯陽으로

---

14) 昭昭(소소): 훤하게 밝은 모양.
15) 天宇(천우): 하늘, 천공(天空).
16) 皛皛(효효): 새하얀 모양. 밝은 모양.
17) 懷役(회역): 일을 생각하다, 갈 일을 생각하는 것.
18) 商歌(상가): 옛날 춘추(春秋)시대에 위(衛)나라의 영척(寧戚)이란 사람이 나라를 잘 다스린다는 제(齊)나라 환공(桓公)의 관심을 끌기 위하여 환공이 지나가는 길가의 수레 앞에서 '상가'를 불렀다 한다. '상'은 추성(秋聲)의 가락이라 한다. 따라서 "상가는 나의 일이 아니라"고 하는 것은 자신은 임금의 관심을 끌려는 짓은 하지 않겠다는 뜻이다.
19) 依依(의의): 매우 흠모하는 모양, 잊지 못하는 모양.
20) 耦耕(우경): 짝지어 밭을 가는 것, 농사를 짓는 것. 이 말은 『논어』 미자(微子)편에 "장저와 걸익이 나란히 밭을 갈고 있었다.(長沮桀溺, 耦而耕.)"고 한 말의 표현을 빌린 것이다.
21) 投冠(투관): 벼슬을 내던지는 것.
22) 舊墟(구허): 옛날 살던 곳, 고향.
23) 縈(영): 얽히다, 감기다.
24) 衡茅(형모): 형문모옥(衡門茅屋). 싸릿문을 달고 풀로 지붕을 이은 초라한 움막.
25) 庶(서): 바라다, 원하다.

가서 쉰 다음 다시 근무지인 강릉江陵으로 배를 타고 돌아가는 도중 도구라는 곳으로 향하여 가다가 지은 시이다. 거듭 벼슬을 하기 전 30년 동안을 책이나 읽고 시나 지으면서 자연 속에 벼슬살이와는 전혀 다른 한가한 생활을 하여 왔음을 강조하고 있다. 때문에 자신은 늘 전원으로 돌아가 참되고 깨끗한 생활을 추구할 것임을 거듭 노래하고 있는 것이다. 도연명은 전원시인으로 처음부터 타고난 사람인 것만 같다.

기유년 구월구일 己酉¹⁾歲 九月九日²⁾

어느덧 가을 이미 깊어
싸늘한 바람에 이슬 날리네.
뒤엉킨 풀들은 다시 더 자라지 않고
뜰의 나무는 쓸쓸히 홀로 시들어 가네.
맑은 기운이 나머지 더위조차 깨끗이 씻어 내니,
아득히 하늘 끝 높아졌네.
슬피 울던 매미도 이젠 소리 잠잠해지고,
무리진 기러기 구름 사이에 울며 가네.
만물 변화하여 모든 것이 잇따라 달라지고 있으니,
인생인들 어찌 시름 없으랴!
옛부터 누구에게나 죽음 있었으니
그것을 생각하면 마음속 조여지네.
무엇으로 내 이런 감정 위로할 것인가?
막걸리나 스스로 즐겨 보는 수밖에.
천 년의 일은 알 바 아니고
우선 오늘만이라도 길게 살아 봐야지.

---

1) 己酉(기유): 도잠이 45세 되던 의희(義熙) 5년(409).
2) 九月九日(구월구일): 중양절(重陽節)이라 하여, 중국에는 옛날부터 등고(登高)하는 습관이 있었다.

靡靡³⁾秋已夕⁴⁾하니, 凄凄⁵⁾風露交⁶⁾라.
蔓草⁷⁾不復榮하고, 園木空自凋⁸⁾라.
淸氣澄餘滓⁹⁾하니, 杳然¹⁰⁾天界高라.
哀蟬無留響하고, 叢雁¹¹⁾鳴雲霄라.
萬化相尋異¹²⁾어늘, 人生豈不勞리오?
從古皆有沒이니, 念之中心焦¹³⁾라.
何以稱¹⁴⁾我情고? 濁酒且自陶¹⁵⁾라.
千載非所知요, 聊以永今朝라.

---

3) 靡靡(미미): 더디게 움직이는 모양, 여기서는 세월의 흐름을 형용한 말.
4) 夕(석): 저물다. 가을이 깊어지다.
5) 凄凄(처처): 쌀쌀하고 매서운 모양.
6) 風露交(풍로교): 바람과 이슬이 엇섞이다. 매서운 바람에 차가운 이슬이 날리는 모양을 형용한 말.
7) 蔓草(만초): 무성하게 뒤엉킨 풀.
8) 凋(조): 시들다.
9) 餘滓(여재): 남은 찌꺼기. 남은 여름의 더위를 가리킴.
10) 杳然(묘연): 아득히 먼 모양.
11) 叢雁(총안): 떼 지어 나는 기러기.
12) 相尋異(상심이): 서로 잇따라 달라지는 것, 모든 것이 쉬지 않고 변화해 가는 것.
13) 焦(초): 애타는 것.
14) 稱(칭): 어울리다, 만족시키다, 위로하다.
15) 陶(요): 기뻐하다, 즐기다.

중년에 접어든 도연명이 깊은 가을 중양절重陽節의 감회를 노래한 시이다. 그는 아름다운 계절보다도 자연의 변화 속에 함께 늙어 죽지 않으면 안될 인생의 슬픔을 느끼면서, 그 슬픔을 초탈超脫하기 위하여 술을 마신다. 덧없는 인생에 대한 슬픔은 이미 한漢대부터 중국 시의 가장 중요한 서정의 주제가 되어왔다.

이러한 슬픔의 극복은 남북조南北朝로 들어와 불교가 크게 유행하면서 비로소 이루어진다. 윤회輪廻나 내세來世를 모르던 이전의 중국인들에게 인생의 숙명은 무엇보다도 큰 문제가 되지 않을 수가 없었을 것이다.

경술년 구월 중에 서쪽 밭에서 올벼를 수확하고 庚戌歲¹⁾九月中於西田穫早稻

사람은 살면서 올바른 도를 따라야 하는 법이로되,
옷을 입고 음식을 먹는 것이 진실로 삶의 바탕일세.
그 누가 전혀 그런 일에 힘쓰지 않고
스스로 편안함을 추구할 수가 있겠는가?
봄이 되어 하여야 할 농사일을 잘 다스리면
그 해의 수확 어느 정도 풍성하리라.
아침에 나가 밭에서 거리낌 없이 가볍게 일을 하다가
해가 지면 쟁기를 둘러메고 돌아오네.
산속에는 서리와 이슬 많이 내리고
바람과 기운도 평지보다는 일찍 싸늘해지네.
농사짓는 사람이 어찌 고생스럽지 않겠는가?
그 고난은 면할 수가 없는 것이네.
온몸이 정말로 피로하게 되니
별다른 병이나 걸리지 않기 바라네.
세수하고 몸을 씻은 다음 처마 밑에 쉬면서
말술을 마시며 가슴과 얼굴을 펴네.

---

1) 庚戌歲(경술세): 경술년, 진(晉)나라 안제(安帝)의 의희(義熙) 6년(410). 도연명이 46세 되던 해.

먼 옛날 숨어서 농사짓던 장저長沮와 걸익桀溺의 마음이
천 년을 두고 나에게 이어지고 있네.
다만 언제나 지금과 같기를 바라나니
몸소 농사짓는 것은 한탄할 일이 아닐세.

人生歸有道²⁾하니, 衣食固其端³⁾이라.
<small>인생귀유도　　　　　의식고기단</small>

孰是都不營⁴⁾하고, 而以求自安고?
<small>숙시도불영　　　　　이이구자안</small>

開春理常業⁵⁾하니, 歲功⁶⁾聊⁷⁾可觀⁸⁾이라.
<small>개춘리상업　　　　　세공　료　가관</small>

晨出肆⁹⁾微勤¹⁰⁾하고, 日入負耒¹¹⁾還이라.
<small>신출사　미근　　　　일입부뢰　환</small>

山中饒¹²⁾霜露하고, 風氣亦先寒이라.
<small>산중요　상로　　　　풍기역선한</small>

田家¹³⁾豈不苦오? 弗獲¹⁴⁾辭此難¹⁵⁾이라.
<small>전가　기불고　　　　불획　사차난</small>

---

2) 歸有道(귀유도): 올바른 도가 있는 곳으로 돌아가다, 올바른 도를 따르다. 도에 의지하다.
3) 其端(기단): 그 발단. 인생의 바탕. 삶의 출발.
4) 不營(불영): 경영하지 않다, 옷과 음식을 얻기 위한 농사짓는 일을 하지 않는 것.
5) 常業(상업): 일정한 일, 꼭 해야 할 일. 농사일.
6) 歲功(세공): 한 해의 업적, 한 해의 수확.
7) 聊(료): 얼마간, 어느 정도.
8) 可觀(가관): 볼만 하다, 괜찮다, 풍성하다.
9) 肆(사): 거리낌 없이, 마음대로.
10) 微勤(미근): 가볍게 일을 하다. 약간 노동을 하다.
11) 耒(뢰): 쟁기.
12) 饒(요): 넉넉하다, 많다.
13) 田家(전가): 농가(農家), 농사짓는 사람.
14) 弗獲(불획): 얻지 못하다, 할 수 없다.
15) 辭此難(사차난): 이러한 어려움을 사양하는 것, 농사 일하는 고난을 겪지 않는 것.

^{사 체} ^{성 내 피}　^서　^{무 이 환}　^간
四體¹⁶⁾誠乃疲하니, 庶¹⁷⁾無異患¹⁸⁾干¹⁹⁾이라.

^{관 탁}　^{식 첨 하}　　^{두 주}　^산　^{금 안}
盥濯²⁰⁾息簷下하여, 斗酒²¹⁾散²²⁾襟顔²³⁾이라.

^{요 요}　^{저 익}　^심　^{천 재}　^{내 상 관}
遙遙²⁴⁾沮溺²⁵⁾心이, 千載²⁶⁾乃相關이라.

^{단 원 상 여 차}　　^{궁 경 비 소 탄}
但願常如此니, 躬耕非所歎이라.

　　작자 도연명이 벼슬을 내던지고 전원으로 돌아온 지 5년이 되는 46세 때 작품이다. 서쪽 밭에서 올벼를 수확하고 나서 스스로 농사지은 뿌듯한 마음을 노래한 것이 이 시이다. 도연명은 전원으로 돌아와 깨끗한 삶을 추구하고는 있지만 먹고 살기 위하여 짓는 농사일이 쉽지는 않았던 것 같다. 그 스스로 "농사짓는 사람이 어찌 고생스럽지 않겠는가? 그 고난은 면할 수가 없는 것이네." 하고 읊고 있다. 그러나 일이 끝난 뒤 세수를 하고는 말술로 일에 지친

---

16) 四體(사체): 사지(四肢). 두 손과 두 발, 온몸.
17) 庶(서): ---을 바라다.
18) 異患(이환): 이상한 병, 특별한 병.
19) 干(간): 걸리다, 병에 걸리는 것.
20) 盥濯(관탁): 세수를 하고 몸을 씻는 것. '관'은 대야에 물을 받아놓고 손과 얼굴을 씻는 것. '탁'은 물로 몸이나 발을 씻는 것.
21) 斗酒(두주): 한 말의 술.
22) 散(산): 흩다, 펴다.
23) 襟顔(금안): 가슴과 얼굴, 마음과 얼굴.
24) 遙遙(요요): 먼 모양, 아득한 모양.
25) 沮溺(저익): 장저(長沮)와 걸익(桀溺)의 두 사람. 농사를 지으면서 세상으로부터 숨어살던 사람들 이름. 『논어』미자(微子)편에 보인다.
26) 千載(천재): 천 년.

몸의 피로를 풀고 "다만 언제나 지금과 같기를 바라나니, 몸소 농사짓는 것은 한탄할 일이 아닐세." 하고 읊으면서 옛날에 농사지으면서 세상으로부터 숨어서 깨끗이 살던 장저와 걸익의 생활을 본뜨는 기쁨으로 시를 끝맺고 있다.

병진년 팔월에 하손의 농가에서 추수를 하고 丙辰¹⁾歲八月中於下潠²⁾田舍³⁾穫

가난한 살림 농사지어 살아가는데
힘을 다하여 동쪽 숲 모퉁이 밭에서 일해 왔네.
봄 농사 고되다고 말도 못하고
언제나 농사 잘 되지 않을까 두려워해 왔네.
농사 돌보는 관원이 풍년을 돌보러 나오게 되었는데
나와 어울리고 싶다고 알려 왔네.
굶주리던 놈이 처음 배불리 먹은 것을 기뻐하며
몸단장을 하고는 닭이 울기를 기다렸네.
노를 들어 고요한 호수를 가로질러
배를 몰고 맑은 골짜기 따라 돌아다녔네.
울창한 거친 산속에서는
잔나비 소리가 한가롭고도 슬프게 들려왔네.
슬픈 바람은 고요한 밤을 아끼는 것 같았으나
숲 속의 새들은 아침이 밝는 것을 기뻐하였네.
내가 이러한 생활해 온 지

---

1) 丙辰(병진): 진(晉)나라 의희(義熙) 12년(416). 도연명 52세 되던 해.
2) 下潠(하손): 작자 고향의 동리 이름.
3) 田舍(전사): 농가, 농사짓는 집.

열두 해의 가을 맞이하고 있네.
몸도 나이 따라서 이미 늙기는 하였지만
하고자 했던 일은 그릇되지 않았네.
먼 옛날 대바구니 짊어지고 다니던 영감님께 감사드리니
그래도 영감님 본떠서 살아가게 되었네요.

貧居依稼穡⁴⁾하니, 戮力⁵⁾東林隈⁶⁾로다.
不言春作⁷⁾苦하고, 常恐負所懷⁸⁾로다.
司田⁹⁾眷¹⁰⁾有秋¹¹⁾하여, 寄聲¹²⁾與我諧¹³⁾로다.
飢者¹⁴⁾歡初飽하고, 束帶¹⁵⁾候鳴鷄로다.
揚楫¹⁶⁾越平湖하여, 汎¹⁷⁾隨淸壑迴로다.

----

4) 稼穡(가색): 곡식을 심고 거두는 것, 농사를 짓는 것.
5) 戮力(육력): 힘을 다하다, 노력을 기울이다.
6) 隈(외): 모퉁이, 굽이진 곳.
7) 春作(춘작): 봄에 농사일을 하는 것. 봄 일.
8) 所懷(소회): 품고 있는 것, 바라는 일. 농사짓는 사람이기 때문에 바라는 일이란 농사가 잘 되는 것, 곧 풍년이 드는 것이다.
9) 司田(사전): 농사일을 돌보는 관리.
10) 眷(권): 돌보다, 시찰하다.
11) 有秋(유추): 가을에 풍년이 든 것.
12) 寄聲(기성): 소식을 알리다, 말을 전하다.
13) 諧(해): 어울리다, 화합하다.
14) 飢者(기자): 굶주리던 자. 작자 자신을 가리키는 말임.
15) 束帶(속대): 띠를 매다, 몸단장을 하다. 외출 준비를 하는 것.
16) 揚楫(양즙): 배의 노를 젓는 것.
17) 汎(범): 배를 타고 물 위를 떠가는 것.

鬱鬱(울울)[18]荒山裏(황산리)에, 猿聲閑且哀(원성한차애)로다.
悲風愛靜夜(비풍애정야)하고, 林鳥喜晨開(임조희신개)[19]로다.
曰(왈)[20]余作此來(여작차래)하여, 三四(삼사)[21]星火(성화)[22]頹(퇴)[23]로다.
姿(자)[24]年逝(년서)[25]已老(이로)로되, 其事(기사)[26]未云乖(미운괴)로다.
遙事荷蓧翁(요사하조옹)[27]하노니, 聊(요)[28]得從君棲(득종군서)로다.

앞 시에 보인 장저長沮와 걸익桀溺 및 이 시에 보인 하조옹荷蓧翁은 다 같이 『논어』 미자편에 보이는 농사를 지으면서 세상으로부

---

18) 鬱鬱(울울): 울창한 모양. 나무가 우거진 모습.
19) 晨開(신개): 아침 해가 밝는 것.
20) 曰(왈): 조사임.
21) 三四(삼사): 12번. 도연명은 의희(義熙) 원년(405)에 팽택령(彭澤令)을 그만 두고 「귀거래사」를 읊으며 전원으로 돌아왔기 때문에 이 시를 지을 때에는 그가 손수 농사를 짓기 시작한지 12년이 되는 해이다.
22) 星火(성화): 화성(火星). 28수(宿) 중의 심수(心宿) 3성(星) 중의 하나.
23) 頹(퇴): 무너지다, 사라지다. 화성은 초가을에 남쪽 하늘에 나타났다가 한가을에는 서쪽으로 옮겨가 보이지 않게 된다. 따라서 화성이 한 번 사라진다는 것은 일 년이 지나가는 것을 뜻한다. 『시경』 빈풍(豳風) 칠월(七月) 시에서도 "칠월류화(七月流火)"라는 구절이 보인다.
24) 姿(자): 모습, 몸.
25) 逝(서): 세월이 흘러가는 것.
26) 其事(기사): 그의 일, 그가 하는 일. 농사를 가리킨다고 보아도 된다.
27) 荷蓧翁(하조옹): 대바구니를 짊어진 영감. 『논어』 미자(微子)편에 보임. 공자의 제자 자로(子路)가 길을 잃고 가다가 '막대기에 대바구니를 달아 짊어지고 있는 노인'을 만났을 때, 이 영감은 공자를 "사지도 수고롭히지 않고, 오곡도 분별 못하는 사람"이라 비판하고 있다.
28) 聊(요): 어느 정도, 그래도.

터 숨어서 깨끗하게 살아가는 현명한 사람들이다. 공자도 이들을 훌륭한 사람들이라 보았기 때문에 『논어』에 이들의 행적이 남아있음은 더 말할 필요도 없다. 도연명도 벼슬을 버리고 전원으로 돌아와 살면서 이들을 본받으리라고 마음먹었던 것이다. 그러나 시에서 자신을 "굶주리던 놈"이라 부르고 있고, 또 "봄 농사 고되다고 말도 못하고 언제나 농사 잘 되지 않을까 두려워해 왔네." 하고 노래하고 있으니 전원생활은 고되고도 무척 어려웠다. 그런데도 깨끗하고 맑은 생활을 추구한 시인의 뜻은 우러러 볼 수밖에 없다.

독산해경 讀山海經[1]

초여름 초목 자라나니
집을 둘러싼 나무 울창하네.
새들이 몸 의탁할 곳 있음 기뻐하듯
나도 역시 내 움막 사랑하네.
밭 갈고 또 씨 뿌리고 나서는
돌아와서는 때때로 내 책을 읽네.
깊숙한 골목길은 관리들의 발길 드물고
친구들 수레조차도 멀리 돌아오게 하네.
즐거이 얘기하며 봄 술 따라 마시다가
우리 뜰 안의 채소를 뜯기도 하네.
보슬비 동녘으로부터 몰려오면
시원한 바람도 함께 실려 오네.
그러면 목천자전 穆天子傳을 뒤적이다가
산해경 山海經 그림을 들추어 보기도 하네.
잠깐 동안에 우주를 다 돌아보게 되니

---

1) 山海經(산해경): 중국 고대의 지리서(地理書). 옛 사방의 산천과 함께 그곳의 기괴한 초목과 조수(鳥獸) 및 선인(仙人)들의 생활까지 씌어 있는 환상적인 책이다. 확실한 작자나 저작연대는 알 수 없으며, 전체 18편으로 이루어져 있다. 진(晉)나라 곽박(郭璞)이 주를 쓰고 또 도찬(圖贊)을 지었는데, 지금은 산해경도는 없어지고 찬(贊)만이 전해지고 있다. 도연명은 도(圖)와 찬을 모두 읽었던 듯하다.

이것이 즐겁지 않다면 또 무얼 하겠는가?

孟夏草木長하니, 繞屋樹扶疏[2]라.
衆鳥欣有託하고, 吾亦愛吾廬라.
旣耕亦已種하고, 時還讀我書라.
窮巷隔深轍[3]이오, 頗廻故人車라.
歡言酌春酒하고, 摘我園中蔬라.
微雨從東來하니, 好風與之俱라.
汎覽周王傳[4]하고, 流觀山海圖[5]라.
府仰[6]終宇宙어늘, 不樂復何如오?

---

2) 扶疏(부소): 나뭇가지들이 무성한 모양.
3) 深轍(심철): 깊게 파인 수레바퀴 자국. 옛날 초나라의 광인(狂人) 접여(接輿)의 집에 초나라 임금이 세자로 하여금 많은 금을 싣고 가서 벼슬하기를 권하였다. 접여는 물론 그 제의를 거절하였으나 집앞에는 '깊은 수레바퀴 자국'이 남아 있었다 한다(『韓詩外傳』). 여기에서는 관리들의 내왕, 또는 관리 생활을 비유하고 있다.
4) 周王傳(주왕전): 주(周)나라 목왕(穆王)이 세상을 유람한 견문을 적어 놓은 『목천자전(穆天子傳)』. 작자는 알 수 없으며, 내용은 선인(仙人)과 선경(仙境)에 관한 환상적인 기록들이 많다.
5) 山海圖(산해도): 「산해경도(山海經圖)」. 지금은 「도」는 없어지고 곽박이 지은 「도찬(圖贊)」만이 전한다.
6) 府仰(부앙): 몸을 굽혔다 다시 젖혀 우러르는 것. 몸을 굽혔다 펴는 동작을 하는 짧은 동안.

이 시도 도연명의 소박하고 참된 전원생활을 노래한 작품이다. 전원 속에서 속세의 이익이나 출세하려는 마음을 버리고 책과 더불어 깨끗이 살아가는 도연명의 모습이 잘 그려져 있다. 이 시는 본래 13수로 이루어져 있다.

의고 擬古 [1]

싱싱하게 창 밑엔 난초가 자라고 있고,
죽죽 뜰 앞엔 버드나무 늘어져 있네.
옛날 그대와 이별할 적엔,
오래 떠나 있으리라 생각도 못했었네.
집 나선 만리 타향의 나그네가
도중에서 좋은 벗을 만나,
말도 건네기 전에 마음이 먼저 취하였는데,
술잔을 주고 받은 때문이 아닐세.
난초 마르고 버드나무도 시들었으니,
마침내 떠날 적의 언약 어기고 말았네!
여러 젊은이들 고맙네!
우리의 사귐이 성실하지 않단 말인가?
의기는 사람의 목숨도 바치게 하는 것인데,
멀리 떨어져 있은들 또 무슨 상관 있으랴?

榮榮¹⁾窓下蘭이오, 密密²⁾堂前柳라.
(영영 창하란) (밀밀 당전류)

初與君別時엔, 不謂行當久라.
(초여군별시) (불위행당구)

---

1) 榮榮(영영): 무성한 모양, 싱싱한 모양.
2) 密密(밀밀): 빽빽한 모양. 버들가지가 축축 늘어진 모양.

^{출문만리객}
出門萬里客이, ^{중도봉가우}
中道逢嘉友하여,

^{미언심선취}
未言心先醉니, ^{부재접배주}
不在接杯酒라.

^{난고류역쇠}
蘭枯柳亦衰하니, ^{수령차언부}
遂令此言負라.

^{다사제소년}
多謝諸少年하나니, ^{상지불충후}
相知不忠厚라.

^{의기경인명}
意氣傾人命³⁾이니, ^{이격부하유}
離隔復何有리오?

   이 시는 친구와 이별을 하고 멀리 타향에 와 다른 친구들을 사귀어 잘 지내고 있는 사람이 옛 친구들에게 곧 돌아가겠다고 한 약속을 못 지킨 것을 가슴 아파하는 내용이다. 시인은 옛 친구들의 변함없는 우정과 의기를 높이 평가하며 두터운 우정을 다짐하고 있다. 하맹춘何孟春의 주에서는 망해 버린 진晉나라를 옛 친구에 비유하며 노래한 것이라 하였는데, 지나친 상상인 듯하다. 시 주제의 파악은 끝 네 구절의 풀이에 달려 있는데 그 해석이 학자에 따라 모두 다르다. 뒤에 인용한 송나라 소식蘇軾의 화시和詩까지 참고하더라도 여기의 필자의 번역이 가장 시인의 뜻을 제대로 이해한 것이라 여겨진다. 소식도 이 시에 화하여 넘치는 고아한 우정을 노래하였다. 오랫동안 헤어진 뜻 맞는 친구를 낮잠 속에서 만나고 난 뒤 정말로 그 친한 벗이 찾아온 것 같은 기쁨을 노래하고 있다. 우정 이외에도 작자의 초탈한 생활관과 높은 기품을 지닌 사람됨이 잘 나타나 있다.

---

3) 傾人命(경인명): 사람의 목숨을 기울이게 하다, 사람의 목숨을 바치게 하다.

【참고】

도연명 의고시에 화함 和陶淵明擬古[1]

소식 蘇軾

어떤 손이 우리 집 문을 두드리고
문 앞 버드나무에 말을 매놓네.
빈 뜰에는 참새들만 지저귀고 있고,
문은 닫혀 있어 손은 오랫동안 서서 있네.
주인은 책을 베고 누워
자기 평생의 벗을 꿈꾸다가,
갑자기 문 두드리는 소리 듣고,
한 잔에 취해 있던 술이 놀라 깨어 버리네.
바지를 거꾸로 입고 일어나 손에게 인사하는데,
꿈에서나 깨어서나 우정 멀리해온 것이 부끄럽기만
　　하네.
앉아 하는 얘기엔 옛날 일 지금 일이 뒤섞이니,
대답을 못하여 얼굴만 더욱 뜨거워지네.

---

1) 和陶淵明擬古(화도연명의고):『도정절집(陶靖節集)』권4엔「의고(擬古)」시 9수가 있는데 이것은 그 중의 제1수에 화작(和作)한 것이다. 이 시는『동파시집(東坡詩集)』권31에 실려 있다.

내게 어느 곳에 갔다 왔는가 묻기에
나는 어딘지도 모를 곳에 갔다 왔노라 대답했다네.

有客扣²⁾我門하여, 繫³⁾馬門前柳라.
　유 객 구　　아 문　　　　계　마 문 전 류

庭空鳥雀⁴⁾噪⁵⁾요, 門閉客立久라.
　정 공 조 작　　조　　　　문 폐 객 립 구

主人枕書臥하여, 夢我平生友라가,
　주 인 침 서 와　　　　몽 아 평 생 우

忽聞剝啄⁶⁾聲하고, 驚散⁷⁾一盃酒⁸⁾라.
　홀 문 박 탁　　성　　　　경 산　　일 배 주

倒裳⁹⁾起謝客¹⁰⁾하니, 夢覺¹¹⁾兩愧負¹²⁾라.
　도 상　　기 사 객　　　　　몽 각　　량 괴 부

坐談雜今古¹³⁾하니, 不答顏愈厚¹⁴⁾라.
　좌 담 잡 금 고　　　　　부 답 안 유 후

---

2) 扣(구): 두드리다.
3) 繫(계): 잡아매다.
4) 雀(작): 참새.
5) 噪(조): 많은 새들이 지저귀는 것.
6) 剝啄(박탁): 『한문(韓文)』 권4 「박탁행(剝啄行)」에 '박박탁탁(剝剝啄啄), 어떤 손님이 문앞에 왔다' 했는데, 제주(題注)에 '박탁(剝啄)은 문을 두드리는 소리' 라 하였다. 곧 '똑똑' 또는 '탁탁' 문을 두드리는 소리.
7) 驚散(경산): 놀라서 술기가 달아나는 것.
8) 一盃酒(일배주): 한 잔의 술을 마신 취기(醉氣)를 가리킨다.
9) 倒裳(도상): 치마나 바지를 거꾸로 입는 것. 곧 당황한 모양을 나타낸 것.
10) 謝客(사객): 손님에게 인사하는 것.
11) 夢覺(몽각): 꿈꿀 때와 깨었을 때.
12) 兩愧負(량괴부): 양(兩)은 몽각 상태의 두 가지를 말하며, '꿈에서나 깨어나서 모두 우정을 저버렸던 것을 부끄러이 여긴다'는 뜻.
13) 坐談雜今古(좌담잡금고): 내객(來客)이 고금(古今)에 통달한 박학(博學)임을 나타내는 말임.
14) 顏愈厚(안유후): 얼굴이 더욱 두터워진다. 곧 얼굴이 더욱 뜨거워진다는 뜻.

問我何處來오? 我來無何有[15]라.
_{문 아 하 처 래}　　_{아 래 무 하 유}

---

15) 無何有(무하유):『장자(莊子)』 소요유(逍遙遊)편에 '지금 그대는 큰 나무가 있는데 그 쓸 곳 없음을 걱정하고 있다. 어찌 그것을 무하유(無何有)의 고을 광막(廣漠)한 들에 심고 그 옆에 하는 일 없이 왔다갔다 소요(逍遙)하다 그 밑에 누워 자지 않는가?' 고 하였다. 따라서 '무하유(無何有)'란 무하유지향(無何有之鄕), 아무것도 거리낌이나 할 일이 없는 허무(虛無)・무위(無爲)・자연(自然)의 고장을 말한다. 여기서 동파(東坡)가 '자기는 무하유에서 왔노라' 고 말한 것은 의식이나 욕망을 떠난 잠나라에서 왔다는 뜻임. 「오창좌수시(午窓坐睡詩)」에서도 동파는 잠드는 것을 '무하유에 이르른다' 고 표현하고 있다.

의고 擬古 [2]

집을 떠나려고 일찍이 수레 채비를 서두르는데
무종에 갈 일이 있기 때문일세.
그대에게 묻노니 지금 무얼 하러 가는 건가?
장사 때문도 아니고 전쟁 때문도 아닐세.
듣건대 전자태라는 분이 있었는데
그분은 절의가 매우 뛰어난 분이였다네.
그분은 오래 전에 이미 돌아가셨으나
그 고장 사람들은 그의 습성에 익혀졌다네.
살아서는 세상에 높은 이름 알려지고
죽은 뒤에는 그의 본이 영원히 전해지고 있네.
미친 듯이 눈앞만 보고 뛰어다니는 자들 본받지 말게나!
겨우 백 년 안에 끝나는 인생인 것을!

　　사 가 숙 엄 가　　　당 왕 지 무 종
　　辭家夙嚴駕[1]하니, 當往至無終[2]이라.
　　문 군 금 하 행　　　비 상 부 비 융
　　問君今何行고? 非商復非戎[3]이라.

---

1) 夙嚴駕(숙엄가): 아침 일찍이 수레 채비를 하다.
2) 無終(무종): 땅 이름. 지금의 하북성(河北省) 계현(薊縣). 뒤에 보이는 절의
　　의 사람 전자태(田子泰)의 고향이다.
3) 戎(융): 나라의 방위, 전쟁.

闻유전자태　　　　절의위사웅
聞有田子泰⁴⁾하니,　節義爲士雄⁵⁾이라.
　　　사인구이사　　　　향리습기풍
　　斯人久已死로되,　鄕里習其風이라.
　　　생유고세명　　　　기몰　전무궁
　　生有高世名하고,　旣沒⁶⁾傳無窮이라.
　　　불학광치자　　　　직　재백년중
　　不學狂馳子⁻⁷⁾하라!　直⁸⁾在百年中이라!

　　　　　　　　　　❦

　　지금은 전자태 같은 절의에 뛰어난 사람을 볼 수가 없다. 그는 죽었지만 그의 고향 사람들은 지금도 어느 정도 그를 본받아 살아가고 있다. 도연명이 살던 세상은 무척 어지러웠다. 그는 어지러운 세상을 개탄하면서 그 속에서 깨끗하게 살아가기 위하여 전자태의 풍도를 가서 배우려는 것이다. 도연명의 무척 힘들고 고되지만 소박하고 깨끗한 삶을 추구하는 마음이 무척 돋보인다.

----

4) 田子泰(전자태): 전주(田疇), 그의 자가 자태. 절의에 뛰어났던 사람으로 무종이란 곳이 그의 고향이다.
5) 士雄(사웅): 선비들 중 뛰어난 사람, 매우 뛰어난 훌륭한 사람.
6) 旣沒(기몰): 죽은 뒤, 죽은 다음.
7) 狂馳子(광치자): 자기의 당장의 이익을 위하여 미친 듯이 뛰어다니는 자.
8) 直(직): 바로, 사람의 일 모두가.

의고 擬古 [3]

한 봄에 제철의 비 내리니
우레도 동쪽 모퉁이에서 울리기 시작하네.
여러 겨울 잠 자던 것들도 땅속에서 놀라 깨어나고
풀과 나무는 모두 새싹을 틔우네.
펄펄 제비가 다시 날라 와
쌍쌍으로 우리 움막으로 오네.
전에 만든 옛 둥지 그대로 있으니
모두 이전 살던 곳으로 돌아가네.
내가 떠나온 뒤로
우리 집 마당은 날로 잡초 우거져 거칠어졌지.
내 마음은 돌을 굴리듯이 쉽게 바꿀 수도 없는데
그대들 생각으로는 나 보기에 어떠한가?

仲春遘¹⁾時雨하니, 始雷發東隅로다.
衆蟄²⁾各潛駭³⁾하고, 草木從橫舒⁴⁾로다.

---

1) 遘(구): 만나다. 봄비가 내리는 것을 만났다는 뜻임.
2) 蟄(칩): 겨울잠을 자는 것, 겨울잠을 자는 동물들.
3) 潛駭(잠해): 땅속에서 놀라다.
4) 舒(서): 펴지다. 새싹이 솟아나는 것.

翩翩⁵⁾新來燕이, 雙雙入我廬로다.
_{편 편 신 래 연   쌍 쌍 입 아 려}

先巢故尙在하니, 相將還舊居로다.
_{선 소 고 상 재   상 장 환 구 거}

自從分別來로, 門庭日荒蕪⁶⁾로다.
_{자 종 분 별 래   문 정 일 황 무}

我心固匪石⁷⁾이어늘, 君情定何如오?
_{아 심 고 비 석   군 정 정 하 여}

  이 시가 무얼 읊은 것이냐는 문제로 옛날부터 학자들의 논의가 복잡하였다. 대체로 봄이 되어 다시 옛집을 찾아드는 제비들을 보면서 자기 집으로 돌아가지 못하고 객지에 있는 자기의 처지를 한탄한 것으로 보면 될 것이다. 끝 구절에서 "그대들 생각으로는 나 보기 어떠한가?" 하고 제비들에게 묻고 있는 시인의 말에 시의 뜻이 다 실려 있는 것으로 보인다.

---

5) 翩翩(편편): 새가 나르는 모양, 펄펄.
6) 荒蕪(황무): 황폐하고 거칠어지다, 잡초가 우거져 거칠어지다.
7) 我心匪石(아심비석): 『시경』 패풍(邶風) 백주(柏舟) 시에 "내 마음 돌이 아니니, 굴릴 수도 없다.(我心匪石이니, 不可轉也로다.)" 하고 읊은 표현을 빌린 것이다. 자기 마음은 돌을 굴리듯이 간단히 바꿀 수가 없다는 말이다.

의고 擬古 [4]

높다란 백 척의 누각 위에서는
사방이 깨끗이 바라보이네.
저녁이면 구름이 돌아들어와 머물고
아침이면 날아다니는 새들의 집이 되네.
산과 강물이 눈 가득히 들어오고
넓은 들판은 각별히 널따랗게 보이네.
옛날부터 벼슬과 명예를 다투던 자들은
기운을 다하여 이런 자리를 다투었는데,
백 년도 못 가서 하루아침에
모두가 북망산 무덤 속에 묻혀 버렸네.
산의 소나무 잣나무는 사람들이 모두 베어가 버리고
높은 봉분만이 울퉁불퉁 남아있네.
무너진 무덤에는 남은 주인도 없게 되었으니
죽은 혼은 어디에 떠다니고 있는가?
사람들의 영광과 부귀는 정말 귀중한 것이라 하나
또한 슬프고 가슴 아픈 것이기도 하네.

迢迢¹⁾百尺樓는, 分明望四荒이라.
暮作歸雲宅이오, 朝爲飛鳥堂이라.

---

1) 迢迢(초초): 높은 모양, 먼 모양.

山河滿目_{산하만목}中이오, 平原獨茫茫_{평원독망망}²⁾이라.

古時功名士_{고시공명사}이, 慷慨_{강개}³⁾爭此場_{쟁차장}이러니,

一旦百歲後_{일단백세후}엔, 相與還北邙_{상여환북망}⁴⁾이라.

松柏爲人伐_{송백위인벌}하고, 高墳互低昻_{고분호저앙}이라.

頹基_{퇴기}⁵⁾無遺主_{무유주}하니, 遊魂在何方_{유혼재하방}고?

榮華誠足貴_{영화성족귀}로되, 亦復可憐傷_{역부가련상}⁶⁾이라.

첫 구절의 "높다란 백 척의 누각"은 세상 사람들이 가장 좋아하는 높은 벼슬과 많은 부를 누리는 세상에서의 지위를 상징하는 것 같다. 사람들은 높은 벼슬과 부를 차지하려고 살아가면서 무척 애를 쓴다. 사람들은 부귀를 영화로운 것이라 여기고 일생을 그것을 위해 바친다. 그러나 백 년도 못 되는 사람의 한평생에 벼슬이나 부유함이 무슨 뜻을 지니는가? 모두가 허무한 것. 시인은 참되고 깨끗한 삶을 언제나 추구하고 있는 것이다.

---

2) 獨茫茫(독망망): 각별히 널따랗다, 특히 아득하다.
3) 慷慨(강개): 의기가 복받치는 모양, 흥분하여 기운을 내는 모양.
4) 北邙(북망): 북망산. 낙양(洛陽) 변두리에 있는 산 이름. 동한(東漢)에서 위(魏)나라 진(晉)나라에 이르는 동안 임금이나 대신들이 이 산에 많이 묻히어 유명하다.
5) 頹基(퇴기): 무너진 무덤, 무너진 무덤 자리.
6) 憐傷(련상): 슬프고 가슴 아픈 것.

의고 擬古 [5]

동녘에 한 선비 있는데
입은 옷 언제나 허술하고,
굶기를 남 밥 먹듯 하며
한 개의 관冠을 10년 쓰고 있네.
고생스럽기 이에서 더할 수 없겠으나
언제나 즐거운 얼굴빛이라네.
나는 그 사람을 만나보고자
아침 일찍 길 떠나 강물 건너고 관문關門 지나가니,
푸른 소나무 길 양쪽에 자라 있고
흰구름 그의 집 추녀 끝에 걸려 있네.
내가 일부러 찾아온 뜻 알고는
금琴을 들어 나 위해 뜯어주는데,
처음엔 「별학別鶴」이란 곡조로 나를 놀래이고
다음엔 「고란孤鸞」이란 곡조 들려주네.
바라건대 그대 곁에 나를 머물게 하여
지금부터 이 해 다 가도록 함께 살게 해주기를!

東方有一士하니, 被服常不完하고,
三旬¹⁾九遇食하여, 十年²⁾著一冠이라.

---

1) 三旬(삼순): 30일. 공자의 손자인 자사(子思)는 '삼순에 아홉 끼의 밥밖에 못 먹었다'(『說苑』)고 한 고사에서 인용한 표현으로, 굶기를 밥 먹듯 한다는 뜻.

辛勤³⁾無此比나, 常有好容顔이라.
我欲觀其人하여, 晨去越河關⁴⁾하니,
靑松夾路生하고, 白雲宿簷端이라.
知我故來意하고, 取琴爲我彈이러니,
上弦⁵⁾驚別鶴⁶⁾이오, 下絃操孤鸞이라.
願留就君住하여, 從今至歲寒⁷⁾이라.

남 보기에는 헐벗고 굶주리면서도 언제나 즐거운 얼굴빛으로 금琴을 벗하고 살아가는 '동녘의 선비'는 바로 도잠이 추구하던 자화상自畫像일 것이다. 금은 옛부터 책과 함께 중국 선비들의 필수품이었고, 도연명은 언제나 줄이 없는 소금素琴을 어루만지면서 의연히 자기 생활을 즐겼다 한다.

제목인 「의고」는 '옛날의 시를 본떠 지은 작품'임을 뜻한다. 후한後漢 이후 도연명이 살았던 위진魏晉 시대는 물론 남북조南北朝에 이르기까지 중국에는 의고의 시를 짓는 풍조가 크게 성행하였다.

---

2) 十年(십년):『장자(莊子)』양왕(讓王)편에 증자(曾子)는 10년 동안 한 벌의 옷으로 살아 관(冠)을 바로잡으려 하면 관끈이 끊어졌다고 한 데서 빌어온 표현.
3) 辛勤(신근): 애쓰고 고생하는 것.
4) 河關(하관): 황하(黃河)와 관문(關門).
5) 上弦(상현): 첫 곡. 따라서 하현(下絃)은 다음 곡.
6) 別鶴(별학): 고란(孤鸞)과 함께 옛날 금곡(琴曲) 이름.
7) 歲寒(세한): 이 해 추운 계절. 연말(年末)을 가리킨다.

의고 擬古 [6]

푸르게 우거진 골짜기의 나무는
겨울이고 여름이고 언제나 이러하네.
해마다 서리도 맞고 눈도 맞고 하여 왔는데
누가 철을 모른다고 하겠는가?
세상의 얘기를 듣는데 싫증이 나서
친구들과 함께 임치를 찾아가려는 것이네.
그곳 직하에는 말 잘하는 선비들이 많다기에
그들에게 나의 의문을 해결해 달라고 하려는 것이었지.
짐을 싸기 시작한 지 여러 날이 되었고
이미 집사람에게도 떠나겠다는 말을 하였네.
막 떠나려다 집 문 나서기를 멈추고는
돌아와 앉아서 다시 스스로를 생각해 보네.
갈 길이 먼 것은 두렵지 않으나
다만 사람들이 나를 속일까 두려워졌다네.
만약 그들과 뜻이 맞지 않는다면
내내 세상의 비웃음꺼리가 될 것일세.
이러한 마음 자세히 얘기하기 어려워
당신들 위해 이 시를 짓는 것일세.

蒼蒼[1)]谷中樹는, 冬夏常如玆라.

1) 蒼蒼(창창): 푸르고 무성한 모양.

年年見霜雪^{연년견상설}이어늘, 誰謂不知時^{수위부지시}오?

厭聞^{염문}²⁾世上語^{세상어}하여, 結友到臨淄^{결우도림치}³⁾라.

稷下^{직하}⁴⁾多談士^{다담사}하니, 指彼^{지피}⁵⁾決吾疑^{결오의}라.

裝束旣有日^{장속기유일}하고, 已與家人辭^{이여가인사}라.

行行^{행행}⁶⁾停出門^{정출문}하고, 還坐更自思^{환좌갱자사}라.

不畏道里長^{불외도리장}이로되, 但畏人我欺^{단외인아기}라.

萬一不合意^{만일불합의}면, 永爲世所嗤^{영위세소치}⁷⁾라.

伊懷^{이회}⁸⁾難具道^{난구도}니, 爲君作此詩^{위군작차시}라.

세상일에 어려움이 많다고 생각되어 도연명은 한때 현명한 사람들이 많이 모여 있다는 제齊나라 임치에 찾아가 그곳 직하의 여

---

2) 厭聞(염문): 듣는 것이 싫증이 나다.
3) 臨淄(임치): 춘추전국시대 제(齊)나라의 도읍. 지금의 산동성(山東省)에 있는 도시.
4) 稷下(직하): 전국시대 제나라에서는 지식인들을 우대하여 그들 도읍인 임치의 직하에 그들을 모아놓고 자유로이 연구하고 토론케 하였다. 여기에 모여 들었던 사람들을 세상에서는 직하선생(稷下先生)이라 불렀다. 여기의 "말 잘하는 선비"인 담사(談士)가 바로 직하선생이다.
5) 指彼(지피): 그들에게 지도를 받다, 그들에게 부탁하다.
6) 行行(행행): 보통은 '길을 가는 모습', 그러나 여기서는 '길을 떠나려고 움직이기 시작하는 것'을 뜻한다고 봄이 좋다.
7) 嗤(치): 비웃다.
8) 伊懷(이회): 이러한 마음. 그러한 생각.

러 선비들에게 가르침을 받아볼까 생각도 하여 보았다. 그러나 막 제나라로 떠나려는 순간에 지금 사람들은 세상일을 추구함에 있어서 옛날 선비들과는 크게 달라져 있음을 깨닫게 된다. 세상의 높은 벼슬과 명예를 추구하는 그들을 만났다가는 오히려 자신이 세상 사람들로부터 비웃음이나 사게 될 거라는 것이다. 그러니 헐벗고 굶주리는 한이 있더라도 손수 농사지어 밥 먹고 살면서 깨끗하고 소박한 삶을 이어가려는 것이다.

의고 擬古 [7]

해 지자 하늘엔 구름 한 점 없는데,
봄바람은 부채질하듯 가볍고 부드럽다.
고운 임은 맑은 밤을 좋아하여
새벽까지 술마시며 노래하네.
노래를 끝내고 긴 탄식을 하는데,
그 모습 너무도 사람을 감동케 하네.
구름 사이의 달은 밝기도 할시고,
나뭇잎 속의 꽃은 곱기도 할시고.
한때의 아름다움이 없는 것은 아니지만,
오래 가지 못하니 이를 어쩌면 좋단 말인가?

日暮天無雲하고, 春風扇微和¹⁾라.
佳人²⁾美淸夜하여, 達曙³⁾酣且歌라.
歌竟⁴⁾長歎息하니, 持此⁵⁾感人多라.

---

1) 扇微和(선미화): 부채질을 하듯 가볍고 부드럽게 바람이 부는 것.
2) 佳人(가인): 미인. 여기서는 그리운 사람, 애인 또는 친구.
3) 達曙(달서): 새벽이 되도록.
4) 竟(경): 끝, 끝내다.
5) 持此(지차): 이것을 가지고, 이러한 모양으로.

皎皎⁶⁾雲間月이오, 灼灼⁷⁾葉中華라.
豈無一時好⁸⁾리오, 不久當如何오?

『도연명집』 권4 「의고擬古」 9수首 중의 일곱 번째 시이다.

시간은 쉴 새 없이 흐르고 있어 아름다운 청춘은 짧다는 내용을 주제로 삼고 있는 시이다. 시간이 아까워서 밤을 새우며 즐겨보지만, 근본적으로 인간이 지닌 숙명을 극복하지는 못한다.

원元 대의 유리劉履 같은 학자는 『선시보주選詩補注』 권5에서 "이 시는 아마도 원희元熙 초년(419년)의 작품일 것이다. '해가 진다(日暮)'는 것은 진晉 나라가 몰락해 가고 있는 것에 비유한 것이다. '하늘엔 구름 한 점 없고(天無雲)' '바람이 가볍고 부드럽다(風微和)'는 것은 공제恭帝가 한때 개명開明 하여 빛을 발하는 듯한 정치를 한 데에 비유한 것이다. '맑은 밤(淸夜)……' 한 것은……" 하고, 이 시를 도연명이 그때의 시국을 노래한 것이라 풀이하고 있다. 중국의 학자들 사이에는 이런 식의 풀이를 하는 이들이 적지 않으나, 아마도 작자의 본뜻은 아닐 듯싶다.

---

6) 皎皎(교교): 달이 밝은 모양.
7) 灼灼(작작): 꽃이 만발한 모양, 꽃이 많이 피어있는 모양.
8) 豈無一時好(기무일시호): 어찌 한때의 아름다움이야 없겠는가? 사람이건 꽃이건 짧은 한때의 아름다움은 있다는 것이다.

돌아오는 새 歸鳥

팔팔 날며 돌아오는 새
아침에 숲을 떠났었지.
멀리 이 세상 밖으로 날아가도 보고
가까이 구름 덮힌 산봉우리에도 쉬어 봤네.
부드러운 바람 알맞지 않으면
나래 푸덕이며 마음 내키는 대로 날아다니네.
친구 돌아보고 울면서
그림자 맑은 그늘 속으로 사라지네.

翼翼^{익 익}¹⁾歸鳥^{귀 조}는, 晨去於林^{신 거 어 림}하여,
遠之八表^{원 지 팔 표}²⁾하고, 近憩雲岑^{근 게 운 잠}³⁾이라.
和風弗洽^{화 풍 불 흡}⁴⁾이면, 翻翮求心^{번 핵 구 심}⁵⁾이라.
顧儔相鳴^{고 주 상 명}하고, 景庇^{영 비}⁶⁾淸陰이라.

---

1) 翼翼(익익): 본시는 말이 건장한 모양(『詩經』 小雅 采芑鄭箋). 단, 여기서는 새가 펄펄 나는 모양을 형용한 말로 보아야 한다.
2) 八表(팔표): 팔방(八方)의 밖, 이 세상 밖.
3) 雲岑(운잠): 구름 덮인 높은 산봉우리.
4) 洽(흡): 화하다, 알맞게 불다.
5) 求心(구심): 본래의 마음을 구하다, 곧 자기의 참된 마음이 시키는 대로 날아가는 것을 뜻한다.
6) 景庇(영비): 그림자로 가려지다, 그림자가 가려지다. 새의 모습이 맑은 그늘 속으로 사라짐을 형용한 말.

팔팔 날며 돌아오는 새
위아래로 가벼이 나네.
비록 놀 생각 없어도
숲만 보면 정이 끌리네.
구름 만나면 위아래로 피해 날며
지저귀면서 돌아오네.
먼 길 정말 아득하지만
본성이 좋아하니 버리지 않고 가네.

翼翼歸鳥는, 載⁷⁾翔載飛로다.
雖不懷游나, 見林情依라.
遇雲頡頏⁸⁾하여, 相鳴而歸라.
遐路誠悠나, 性愛無遺⁹⁾로다.

팔팔 날며 돌아오는 새
숲을 보면 그 위를 맴도네.
어찌 하늘 가는 길 생각하는 것일까?
옛 살던 곳 온 게 기쁜 것일세.
비록 옛 친구 없어도
여러 새소리 언제나 어울리고 있네.

---

7) 載(재): 어조사.
8) 頡頏(힐항): 새가 위로 날았다 아래로 날았다 하는 것.
9) 無遺(무유): 버림이 없다, 빠트림이 없다. 여기서는 멀리 숲으로 날아갔다 오는 새가 그 습성을 잊지 않고 꼭 지킨다는 뜻.

해 저물면 기운 맑아지니
의연히 그곳이 그리워지는 거지.

翼翼歸鳥는, 相林徘徊하니,
豈思天路리오? 欣及舊棲로다.
雖無昔侶[10]나, 衆聲每諧라.
日夕氣淸하니, 悠然其懷라.

팔팔 날며 돌아오는 새
찬 가지에 나래 접고 있네.
지금 노는 곳 넓은 숲 아니고
묵는 곳은 숲의 잔 나뭇가지일세.
내일 아침 바람 맑게 일면
예쁜 울음소리로 계속 어울리리라.
주살이 여기에 무슨 소용 있으랴,
지쳤거늘 어찌 그런 번거로운 생각하리?

翼翼歸鳥는, 戢羽[11]寒條로다.
游不曠林이오, 宿則森標[12]로다.
晨風淸興하면, 好音時交라.

---

10) 昔侶(석려): 옛 친구들.
11) 戢羽(즙우): 나래 깃을 거두다.
12) 森標(삼표): 숲의 나뭇가지 끝.

　　　　증격　　해시　　　　이권　안로
　　繒繳[13]奚施이오, 已卷[14]安勞[15]오?

　　이 시는 사언四言이다. 도잠의「문집」제1권에는 사언시가 여러 편 실려 있는데 사언은『시경詩經』의 형식을 계승한 것이어서 아무래도 오언五言보다는 단정하고 우아한 경향을 지닐 수밖에 없게 된다. 그러나 이 시는 이전의 다른 어떤 사언시보다도 개성적이고 새롭고 싱싱하다.
　　도연명은 이 시에서 새에 자기 이상을 걸고 있다. 먼 곳까지 날아갔다 숲으로 되돌아오고, 숲만 보면 그 위를 빙빙 도는 새는, 바로 전원을 사랑하는 도연명의 모습을 느끼게 한다. 자기를 해칠 주살 같은 것이 있는지 모르지만 그런 것에는 신경을 쓸 여유도 없다는 것이다. 숲이 있는 아름다운 자연 속에 유유히 살아가기만 하면 그만이라는 것이다.

---

13) 繒繳(증격): 줄살, 화살에 줄이 달린 것. 옛날에 새를 쏘아 잡는 데 썼다.
14) 卷(권): 권(倦)의 뜻, 지치다.
15) 安勞(안로): 어찌 수고를 할까? 곧 줄살 같은 인간들의 위해(危害)는 생각할 필요도 없다는 말.

구일한거 九日閑居

서(序): 나는 한가히 지내고 있어 중구(重九)라는 이름을 사랑한다. 가을 국화는 뜰에 가득한데 막걸리를 마련할 방도가 없어서, 부질없이 구월 달의 국화를 몸에 꽂고서 시를 통해 회포를 기탁하는 바이다.

余^여閒^한居^거하여, 愛^애重^중九^구之^지名^명이라. 秋^추菊^국盈^영園^원이나, 而^이持^지醪^료靡^미由^유하여, 空^공服^복九^구華^화하고, 寄^기懷^회於^어言^언이라.

세상 사는 동안은 짧은데 뜻은 늘 많아서
사람들은 오래 사는 것 좋아하네.
날과 달은 철따라 찾아오는데
세상 풍속으로 모두 9월 9일을 좋아하네.
이슬 싸늘해지고 따스한 바람 멈추었고
기운은 맑고 천체의 빛 밝아졌네.
떠나 버린 제비들은 그림자도 남기지 않고,
찾아오는 기러기들 소리 들려오네.
술은 온갖 걱정 없애주고
국화는 쇠해가는 나이를 막아 준다네.
어찌하여 초가집의 선비라 하여
부질없이 철이 변하는 것을 보고만 있겠는가?
먼지 덮인 술잔은 텅 빈 술독이 부끄럽고
싸늘한 꽃은 공연히 스스로 피어있네.

옷 앞자락 여미고 홀로 한가히 노래부르니
아득히 깊은 정이 우러나네.
숨어 사는 데는 본시 즐거움 많다고 하였거늘
오래 지나다 보면 어찌 뜻 이룰 날 없을까?

世短¹⁾意常多하니, 斯人樂久生²⁾이라.
日月依辰³⁾至하니, 擧俗愛其名⁴⁾이라.
露淒⁵⁾暄風⁶⁾息하고, 氣澈⁷⁾天象⁸⁾明이라.
往燕無遺影하고, 來雁有餘聲이라.
酒能祛⁹⁾百慮하고, 菊爲制頹齡¹⁰⁾이라.
如何蓬廬¹¹⁾士이 空視時運傾¹²⁾이리오?

---

1) 世短(세단): 세상 사는 동안이 짧은 것.
2) 樂久生(락구생): 오래 살기를 즐기다, 오래 사는 것을 좋아하다.
3) 辰(신): 때, 철.
4) 其名(기명): 그 이름, 중구(重九)라는 이름. 앞의 작자 서문에서 "나는 중구(重九)라는 이름을 사랑한다" 하였다. 옛사람들은 9월 9일을 중구 또는 중양절(重陽節)이라 부르며, 술병을 들고 산에 올라가 계절을 즐기는 풍습이 있었다.
5) 淒(처): 싸늘해지다, 차가워지다.
6) 暄風(훤풍): 따스한 바람.
7) 澈(철): 맑다.
8) 天象(천상): 하늘의 해와 달과 별들. 천체.
9) 祛(거): 물리치다, 쫓아내다.
10) 制頹齡(제퇴령): 쇠약해가는 나이를 제어하다, 쇠해지는 나이를 막아주다.
11) 蓬廬(봉려): 초가집, 움막.
12) 時運傾(시운경): 시절의 운행이 기울다. 시절이 변하여 9월 9일이 된 것을 뜻한다.

塵爵¹³⁾恥虛罍¹⁴⁾요, 寒華¹⁵⁾徒自榮이라.
斂襟¹⁶⁾獨閑謠하니, 緬焉¹⁷⁾起深情이라.
棲遲¹⁸⁾固多娛니, 淹留¹⁹⁾豈無成고?

　　작자 도연명은 시골의 외진 농촌인 전원에 묻혀 깨끗한 삶을 추구하면서 생활은 궁핍을 면치 못했던 것이다. 가난이 두려웠다면 전원으로 돌아오지도 않았을 것이다. 9월 9일 중양절重陽節은 모두 술병을 들고 친한 벗들과 더불어 근처 산에 올라가 맑은 가을 철을 즐기는 날이다. 도연명의 집 뜰에 국화는 잔뜩 피었는데 산에 올라가서 마실 술 한 병이 그에게는 없다. 그러나 도연명은 여전히 한적을 즐기며 중구重九의 맑은 계절을 맞이하고 있는 것이다.

---

13) 塵爵(진작): 먼지가 앉아 있는 술잔. 오랫동안 술을 마시지 못했음을 뜻함.
14) 虛罍(허뢰): 빈 술통, 빈 술독.
15) 寒華(한화): 차가운 꽃. 국화를 가리킨다.
16) 斂襟(염금): 옷 앞자락을 여미다. 자세를 바로잡는 것을 뜻한다.
17) 緬焉(면언): 생각이 아득한 모양, 생각이 멀고 아득한 것.
18) 棲遲(서지): 숨어 사는 것, 아무 일도 하지 않고 편히 지내는 것(『詩經』陳風 衡門).
19) 淹留(엄류): 오랫동안 머물러 있는 것, 오랫동안 그대로 지내는 것.

심부름꾼에게 묻는 말 問來使[1]

그대는 산중으로부터 왔으니
얼마 전에 천목산을 떠나온 거겠지.
우리 집은 남산 아래에 있는데,
지금은 몇 포기의 국화가 자라있노?
장미 잎은 진작 나왔을 테고,
가을 난초는 향기롭게 피어 있겠지.
돌아가 산중엘 가면,
산중에는 술이 익고 있을 게라.

爾[2]從山中來하니, 早晚[3]發[4]天目[5]이라.
  이 종산중래   조만 발 천목
我屋南山下에, 今生幾叢[6]菊고?
  아 옥남산하   금생기총   국

---

1) 問來使(문래사): 도연명이 전에 팽택현령(彭澤縣令)을 하고 있을 때 향리(鄕里)로부터 심부름 보낸 사람이 왔다. 이 시는 향리로부터 온 심부름꾼에게 산중(山中)의 자기 집 모양을 물으며 은근히 산중의 집을 그리는 정을 노래한 것이다. 이 시는 『도연명집』 권4, 「사시(四時)」 시의 앞에 실려 있으나, 탕한(湯漢)은 그 제하(題下)에 만당(晚唐) 사람이 이태백(李太白)의 「감추(感秋)」 시를 보고 위작(僞作)한 것이라 주(注)를 달고 있다.
2) 爾(이): 너. 내사(來使)를 가리킴.
3) 早晚(조만): 곧, 얼마 전.
4) 發(발): 출발.
5) 天目(천목): 산 이름. 절강성(浙江省) 항주부(杭州府) 임안현(臨安縣)의 서쪽에 있는 도교(道教)의 영산(靈山). 도연명의 향리와는 관계가 없으며 또 그가 가본 일도 없는 곳이다. 이 점이 이 시의 위작임을 의심케 한다.
6) 叢(총): 떨기.

薔薇⁷⁾葉已抽⁸⁾요, 秋蘭⁹⁾氣當馥¹⁰⁾이라.
<small>장 미 엽 이 추　　추 란 기 당 복</small>

歸去來山中¹¹⁾하면, 山中酒應熟¹²⁾이리라.
<small>귀 거 래 산 중　　산 중 주 응 숙</small>

　　고향으로부터 온 심부름꾼에게 물어본 말이지만, 이미 이 시에는 전원으로 돌아가고픈 뜻이 강하게 나타나 있다.
　　홍매洪邁(1123~1202년)의 『용재수필容齋隨筆』 5집 권1 문고거조問故居條에 "도연명의 「문래사」 시는 그의 여러 시집 중에 모두 실려 있지 않다. 오직 조문원晁文元의 집안에 전해온 판본家本에만 들어 있다. 천목산天目山은 도연명이 살던 곳에 있는 산이 아닌 듯하다. 이백李白은 「감추感秋」 시에서 "도연명이 수령 벼슬을 그만두고 전원으로 돌아오니(陶令歸去來), 그의 농사짓는 집에는 술이 응당 잘 익어 있을 것이네.(田家酒應熟)" 하고 읊고 있는데, 바로 도연명의 이 시의 구절을 응용하여 지은 것이다."고 하였다.

---

7) 薔薇(장미): 덩굴장미.
8) 抽(추): 잎새가 삐져나오는 것.
9) 秋蘭(추란): 난초(蘭草)의 별종(別種)으로 가을에 피는 것.
10) 當馥(당복): 당연히 향기로울 것이다.
11) 歸去來山中(귀거래산중): 도연명에게 「귀거래(歸去來)」 사(辭)가 있어 이곳에서도 '내(來)'자를 조사(助詞)로 보는 이가 있으나, '내산중(來山中): 산중으로 온다(간다)'로 연결시켜 읽음이 옳을 것이다.
12) 熟(숙): 익다.

【2부】

술과 시

음주 飮酒 [1]

서(序): 나는 한가히 살아 기쁜 일이 적은데, 거기에 가을밤은 이미 길어졌다. 우연히 좋은 술이 생겨 마시지 않는 저녁이란 없는데, 그림자를 돌아다보며 홀로 마시다 보면 어느덧 다시 취하게 된다. 취하게 된 뒤에는 그때마다 몇 구절의 시를 지어 스스로 즐겼다. 시를 적은 종이가 마침내 많아지고, 글에 차례가 없기에 친구에게 그것을 다시 쓰도록 하여 즐기고 웃을 거리로 삼는 바이다.

余閒居寡歡이오, 兼秋夜已長이라. 偶有名酒하여, 無夕不飮이러니, 顧影獨盡하여, 忽焉復醉라. 旣醉之後엔, 輒題數句自娛라. 紙墨遂多나, 辭無詮次하여, 聊命故人書之하여, 以爲歡笑爾라.

쇠락과 영달은 정해져 있지 않고
그 두 가지가 번갈아가며 함께 찾아 온다네.
소평邵平이 오이밭에서 일하는 것이
어찌 동릉후東陵侯 적 만이야 했겠는가?
추위와 더위 서로 뒤바뀌고 있는데
사람들의 생활도 늘 그와 같은 거라네.
통달한 사람은 그런 이치를 터득하고
그것을 다시는 의심치 않는다네.
문득 한통의 술을 놓고

밤낮으로 기꺼이 함께 즐기네.

衰榮無定在¹⁾하고, 彼此更共之라.
邵生²⁾瓜田中이, 寧似東陵時리오?
寒暑有代謝³⁾하고, 人道每如玆라.
達人解其會⁴⁾하고, 逝將⁵⁾不復疑라.
忽與一樽酒로, 日夕歡相持라.

　　도연명의 음주철학을 잘 드러내고 있는 시이다. 인간 세상의 영화로움과 곤궁함은 마치 계절 따라 추위와 더위가 엇바뀌어지는 거나 같은 것이다. 높은 벼슬을 하며 부유하게 잘 사는 자도 언젠가는 몰락하여 가난에 쪼들리는 삶을 살게 된다. 이런 원리에 통달한 사람은 그러한 세상살이를 모두 초월하여, 언제나 술을 마시며 자연 속에 녹아든 즐거운 생활을 한다는 것이다.

---

1) 定在(정재): 정해져 있는 곳, 정해진 위치.
2) 邵生(소생): 한(漢)나라 초의 소평(邵平). 그는 본시 진(秦)나라의 동릉후(東陵侯)였는데, 진나라가 망한 뒤에는 평민이 되어 가난해져서 장안(長安)의 성 동쪽에서 오이를 길렀다. 그의 오이는 맛이 좋아 세상 사람들은 그 오이를 동릉과(東陵瓜)라 불렀다 한다(李公煥 注 引「蕭何傳」).
3) 代謝(대사): 서로 바뀌는 것.
4) 會(회): 이치.
5) 逝將(서장): 조사. '그것에 대하여' 정도의 가벼운 뜻을 나타낸다.

음주 飮酒 [3]

올바른 도가 없어진 지 천 년이 되어 가는데
사람들은 그의 마음을 딴 곳에 쓰네.
술이 있어도 마시려 들지 않고
오직 세상의 명예만을 추구하네.
내 몸이 귀중한 까닭은
어찌 한평생에 있지 아니한가?
한평생은 또 얼마나 갈 수 있는가?
빠르기 번갯불에 번쩍 놀라는 것 같지 않은가?
어슬렁거리다가 백 년 동안에
그래가지고 무얼 이루려는 것일까?

道喪向千載어늘, 人人惜¹⁾其情이라.
有酒不肯飮하고, 但顧世間名이라.
所以貴我身이, 豈不在一生고?
一生復能幾오? 倏如²⁾流電驚이라.
鼎鼎³⁾百年內에, 持此欲何成고?

---

1) 惜(석): 아끼다, 아끼어 딴 곳에 쓰는 것.
2) 倏如(숙여): 빠른 모양.
3) 鼎鼎(정정): 게으름피우며 서서히 움직이는 모양, 어슬렁거리기만 하는 모양.

『도정절집 陶靖節集』 권3에 실려 있는 「음주」 시 20수 가운데의 제3수. 올바른 도도 행해지지 않게 된 세상에서 술도 마시지 않고 세상의 명예와 부귀만을 추구하는 어리석은 인간들을 꼬집은 것이다. 술은 올바른 도가 행해지게 하지는 못하지만 적어도 세상의 명리로부터 초연할 수 있게는 하는 것이라 믿은 것이다.

음주 飮酒 [4]

허전한 무리를 잃은 새가
날은 저무는데 홀로 날아다니네.
왔다갔다 돌아다니며 정해진 머물 곳 없어
밤마다 우는 소리 더욱 슬퍼지네.
거센 소리는 맑고 먼 곳 생각하는 듯,
왔다갔다하면서 어디에 의지하려 하는 건지?
마침 외로이 서 있는 소나무 있어
날아와서 날개 죽지 접고 깃드네.
세찬 바람에 잘 자란 나무 없는데
이 나무 그늘만은 유독 엷지 않네.
몸을 의탁할 좋은 곳 이제 얻었으니
천년토록 저버리지 않으리라.

栖栖¹⁾失群鳥이, 日暮猶獨飛라.
徘徊無定止하여, 夜夜聲轉悲²⁾라.
厲響³⁾思淸遠하니, 去來何所依오?

---

1) 栖栖(서서): 불안한 모양, 허전한 모양.
2) 轉悲(전비): 더욱 슬퍼지다.
3) 厲響(여향): 사나운 울림, 거센 소리.

인 치 고 생 송　　　　염 핵　요 래 귀
因値孤生松하여, 　斂翮⁴⁾遙來歸라.

경 풍 무 영 목　　　　차 음 독 불 쇠
勁風無榮木이어늘, 　此蔭獨不衰라.

탁 신 이 득 소　　　　천 재 불 상 위
託身已得所하니, 　千載不相違리라.

「음주」 시인데도 술 마신다는 말은 한마디로 나오지 않는다. 「음주」 시 20수 중에 술에 관한 말이 한마디도 보이지 않는 시가 반수에 이른다. 술에 취하였을 때의 생각이나 느낌을 읊은 것이라 보아야 할 것이다. 무리를 잃은 새는 도연명 자신에게 비유한 것이고, 외로운 소나무는 자기의 깨끗한 뜻을 꿋꿋이 뒷받침해 주는 그의 술에 비유한 듯하다.

---

4) 斂翮(염핵): 날갯죽지를 거두다, 날개를 접다.

음주 飮酒 [5]

사람 사는 데로부터 떨어진 곳에 움막 엮어놓았으나
시끄럽게 수레 말 몰고 찾아오는 이 없네.
그대에게 묻노니 어찌 그러할 수가 있는가?
마음이 먼 경지에 있으니 사는 땅은 자연 외지게 되네.
동녘 울타리 아래 국화 꺾어 들고
어엿이 남산을 바라보노라면,
산 기운은 날 저물며 더욱 아름답고
나는 새들 어울리어 보금자리 찾아 돌아가고 있네.
이런 가운데 참된 뜻 있거늘
이를 설명하려다가 문득 말을 잊고 마네.

結廬¹⁾在人境²⁾하니, 而無車馬³⁾喧이라.
問君何能爾오? 心遠地自偏⁴⁾이라.
采菊東籬下하여, 悠然⁵⁾見南山이라.

---

1) 結廬(결려): 움막을 짓다, 초라한 집을 엮어 만들다.
2) 人境(인경): 사람들이 사는 마을에서 약간 떨어진 곳.
3) 車馬(거마): 수레나 말을 타고 찾아오는 사람들. 수레나 말을 타고 다니는 사람이라면 당시에는 대개가 관리들이었다.
4) 偏(편): 편벽되다, 한편으로만 치우치다.
5) 悠然(유연): 어엿이, 마음에 여유가 있는 모양.

山氣日夕佳요, 飛鳥相與還이라.
此中有眞意하니, 欲辨⁶⁾已忘言이라.

　이 시는 『도연명집 陶淵明集』에는 보통 「음주 飮酒」 시 20수 가운데의 제5수로 들어 있지만, 소명태자 昭明太子의 『문선 文選』에는 「잡시 雜詩」란 제목 아래 이 한 수만이 들어 있다. 어떻든 이 시에는 전원 속에 묻혀 잡된 생각을 버리고 술 마시고 시를 지으면서 깨끗이 살아가는 도연명의 생활태도가 잘 그려져 있다.
　특히 이 중의 "동녘 울타리 아래 국화 꺾어 들고, 어엿이 남산을 바라본다.(采菊東籬下, 悠然見南山.)"고 읊은 구절은 송대 문호 소식 蘇軾이 칭찬한 이래로 명구로 널리 알려져 있다. 맨 끝머리에서 자기의 이러한 참된 뜻을 설명하려 하다가도 "문득 할 말을 잊는다"고 한 것은 자기를 잊고 자연과 어울리어 지내는 도연명의 생활철학을 잘 드러내 보여주고 있다. 그것은 「연이어 비오는 날에 홀로 술 마시며 (連雨獨飮)」 시의 "하늘을 잊는다"고 한 말과도 통하는 것이다.

---

6) 辨(변): 분별하다, 분별하여 설명하다.

음주飮酒 [6]

모든 행동은 동기가 천만 가지인데
그릇되고 올바른 것을 누가 미리 알겠는가?
옳은 것과 그릇된 것은 진실로 상대적인 것인데도
덮어놓고 남들 따라 함께 칭찬도 하고 비난도 하네.
전국戰國시대에는 이런 일 흔하였으나
이치를 제대로 아는 사람은 그런 짓 않을 걸세.
어이구! 세상의 어리석은 자들이어!
그러니 당연히 깨끗이 숨어살던 옛 분들 따라야지.

行止[1] 千萬端[2]이어늘, 誰知非與是리오?
是非苟相形[3]이어늘, 雷同[4]共譽毀[5]라.
三季[6]多此事로되, 達士[7]似不爾[8]라.

1) 行止(행지): 행동거지(行動擧止). 사람들의 모든 행동.
2) 千萬端(천만단): 천만 가지 발단, 천만 가지 동기. 무한히 많은 계기.
3) 相形(상형): 서로가 이루어지게 하다. 상대적인 존재인 것.
4) 雷同(뇌동): 자기 주견은 없이 남들을 따라 행동하는 것. 부화뢰동(附和雷同) 하는 것.
5) 譽毀(예훼): 칭찬하는 것과 비난하는 것.
6) 三季(삼계): 삼대(三代)의 끝머리. '삼대'는 태곳적의 하(夏)나라와 은(殷)나라 및 주(周)나라임. 이 나라들을 세운 우(禹)임금 · 탕(湯)임금과 문왕(文王) 및 무왕(武王)은 성왕(聖王)이라고 알려져 있다. 이 '삼대의 끝머리'란 결국 동주(東周)의 말엽인 극히 어지러웠던 전국(戰國)시대(B.C. 453–B.C. 221)을 가리킨다.

$\underset{돌}{咄}\underset{돌}{咄}^{9)}\underset{속}{俗}\underset{중}{中}\underset{우}{愚}$여! $\underset{차}{且}\underset{당}{當}\underset{종}{從}\underset{황}{黃}\underset{기}{綺}^{10)}$리라.

이 시도 「음주」시 제6수이지만 술 마시는 얘기는 한 마디도 보이지 않는다. 속된 세상 사람들처럼 명예나 이익 같은 것을 좇아 버둥거리면서 살지 않고 깨끗이 살아가겠다는 것이다. 이것은 곧 그가 술 마시고 시나 지으면서 살아가려고 하는 것은 속된 세상 사람들처럼 지저분하게 살지 않고 깨끗이 살아가는 방법임을 말해주고 있는 것이다. 곧 도연명이 언제나 술을 즐기면서 이러한 「음주」시를 읊고 있는 것은 깨끗한 삶을 추구하기 위한 것이다.

---

7) 達士(달사): 모든 이치에 통달한 선비. 올바른 이치를 제대로 아는 사람.
8) 似不爾(사불이): 그렇지 않을 것 같다, 그렇지 아니할 것이다.
9) 咄咄(돌돌): 꾸짖는 뜻 또는 한탄스럽다. 어처구니가 없다. 슬프다는 뜻이 담긴 감탄사. 어이구!
10) 黃綺(황기): 한(漢)나라 초기에 고조(高祖) 유방(劉邦)이 벼슬을 주려고 불러도 가지 않고 상산(商山)에 숨어 수염과 눈썹이 하얗게 되도록 깨끗이 살았다는 이른바 상산사호(商山四皓) 중 하황공(夏黃公)과 기리계(綺里季)의 두 사람. 벼슬을 하지 않고 깨끗이 세상으로부터 숨어 사는 사람들을 아울러 이르는 말임.

음주 飮酒 [7]

가을 국화 빛깔이 아름다워
이슬 적시며 꽃을 따다가,
이 시름 잊게 하는 술에 띄워 마시며,
나의 세상 버린 정을 더 멀어지게 한다.
한잔 술을 홀로 들고는 있지만,
잔이 다하면 술병은 스스로 기울어진다.
해 지고 모든 움직임 쉬게 되자
깃드는 새도 숲 속으로 울며 날아간다.
동쪽 툇마루 아래 휘파람 불며 거니니,
또다시 이 삶이 뿌듯하게 여겨진다.

秋菊有佳色하니, 裛露[1]掇其英[2]하여,
汎[3]此忘憂物하여, 遠我遺世情[4]이라.
一觴[5]雖獨進이나, 盃盡壺自傾이라.

---

1) 裛露(읍로): 읍(裛)은 읍(浥)과 통하여. 이슬에 젖는 것.
2) 掇其英(철기영): 그 꽃을 따다, 그 꽃을 꺾다.
3) 汎(범): 띄우다.
4) 遺世情(유세정): 세상을 버린 정. 속세를 잊은 감정.
5) 觴(상): 술잔.

日入群動息⁶⁾하니, 歸鳥趨林鳴이라.
嘯傲⁷⁾東軒下하니, 聊⁸⁾復得此生이라.

이 시에는 도연명이 좋아하던 술과 국화에 대한 그의 정이 잘 드러나 있다.

작자는 이슬 머금은 깨끗한 국화꽃을 따서 술에 띄우고 홀로 잔을 기울이고 있다. 잔이 비면 다시 자연스럽게 술병이 기울어져 술이 다시 잔에 채워진다. 이렇게 하는 사이 해가 지자 숲 속으로 날아가는 새들의 울음소리만이 들려온다. 이런 가운데 아무런 거리낌없이 자유로운 몸가짐으로 있노라면 진실한 삶의 기쁨이 가슴 속으로부터 솟아오른다. 도연명은 완전히 자연 속에 융화되어 아무런 바람이나 욕구도 없는 인간 본연의 모습으로 살아가고 있는 것이다.

---

6) 羣動息(군동식): 여러 움직임이 쉬다, 곧 만물이 고요해짐을 뜻한다.
7) 嘯傲(소오): 휘파람 불면서 아무 거리낌없이 행동하며 노니는 것.
8) 聊(요): 또, 또한.

음주 飮酒 [8]

푸른 소나무 동쪽 뜰에 있는데,
온갖 풀 모습은 다 사라졌네.
된서리에 다른 초목들 다 시들었는데도
우뚝이 높은 가지 드러내고 있네.
숲에 연이어 있음을 사람들 깨닫지 못할 정도로
홀로 선 많은 나무 중에서도 기특하네.
술병 가져다가 차가운 가지에 걸어놓고
멀리 바라보는 일 되풀이 하네.
우리 삶이란 꿈이나 환상 같은 건데,
무엇 때문에 속세의 굴레에 매어 지내는가?

靑松在東園하니, 衆草沒其姿라.
凝霜1)殄2)異類이로되, 卓然3)見高枝라.
連林人不覺이나, 獨樹4)衆乃奇라.
提壺5)挂寒柯하고, 遠望時復爲라.

---

1) 凝霜(응상): 엉긴 서리, 된서리.
2) 殄(진): 죽이다, 시들다.
3) 卓然(탁연): 우뚝한 모양.
4) 獨樹(독수): 홀로 선 나무, 홀로 자란 나무.
5) 壺(호): 술병.

_{오 생 몽 환 간}　　_{하 사 설　진 기}
吾生夢幻間을, 何事繼[6]塵羈[7]아?

이 시에서 푸른 소나무는 은근히 자신에 견주고 있는 듯하다. 소나무가 된서리에도 홀로 초연하듯, 어지러운 속세에서도 자신은 술 마시며 초연히 살아가겠다는 것이다. 시인의 모습이 소나무보다도 더 깨끗하고 우뚝하다.

---

6) 繼(설): 매이다, 얽매이다.
7) 塵羈(진기): 먼저 세상의 굴레. 속세의 구속.

음주 飮酒 [9]

이른 아침 문 두드리는 소리 듣고서
바지 거꾸로 입고 나가 직접 문을 여네.
누구신지요 하고 물었더니
나를 좋아하는 한 농부였네.
술병 들고 멀리 찾아보러 왔는데
나를 시세로부터 벗어난 사람이라고 생각하는 것 같네.
"초가 지붕 밑에 누더기 차림은
고상한 생활이라 할 수가 없소.
온 세상 모두 함께 어울리는 것이 좋으니
선생도 세상의 흙탕물 함께 휘젓고 지냅시다!"
"영감님 말씀 깊이 감사드리나
타고난 기질이 남과 어울리지 못하오.
고삐에 얽매이는 삶을 본떠도 좋겠으나
자기를 어기는 것이 어찌 미혹된 일 아니겠소?
그러니 함께 이 술이나 즐기십시다.
내 수레는 돌릴 수가 없답니다!"

淸晨聞叩門하고, 倒裳¹⁾往自開라.
問子爲誰與하니, 田父有好懷라.

---

1) 倒裳(도상): 바지를 거꾸로 입는 것. 급히 서두름을 형용한 말임.

壺漿²⁾遠見候러니, 疑我與時乖라.
襤縷³⁾茅簷⁴⁾下는, 未足爲高栖⁵⁾라.
一世皆尙同⁶⁾하니, 願君汨⁷⁾其泥라.
深感父老言이나, 稟氣⁸⁾寡所諧라.
紆轡⁹⁾誠可學이나, 違己詎¹⁰⁾非迷오?
且共歡此飮이어다, 吾駕不可回니라!

술병을 들고 찾아온 농부와의 대화를 통하여 자신의 음주철학을 노래한 시이다.『초사楚辭』에 실린「어부사漁父辭」를 떠올리게 하는 시이다.「어부사」에서도, 강호를 방랑하는 굴원屈原에게 어부가 "세상 사람들이 모두 혼탁하다면, 어째서 그 흙탕물을 휘저어 그 물결이 일어나게 하지 않소? 여러 사람들이 모두 취하여 있다면, 어째서 그 술지게미라도 먹고 그걸 짠 묽은 술이라도 마시지 않소?"하고 말하고 있다.

---

2) 壺漿(호장): 漿(장)이 담긴 병. 장은 옛날 음료의 일종이나, 여기서는 술을 가리킨다.
3) 襤縷(남루): 누더기 옷, 누더기 옷을 입다.
4) 茅簷(모첨): 초가집 추녀, 초가 지붕.
5) 高栖(고서): 고상하게 생활하다. 고귀하게 살다.
6) 尙同(상동): 함께 어울려 같은 행동을 하는 것을 숭상하는 것.
7) 汨(골): 어지럽히다, 휘젓다.
8) 稟氣(품기): 타고난 기질.
9) 紆轡(우비): 고삐에 얽매이다. 세속에 얽매이는 것. 세속적인 생활을 하는 것을 뜻함.
10) 詎(거): 어찌.

음주 飮酒 [14]

오랜 친구가 내 취미를 알고는
술병을 들고 찾아와 주네.
싸릿대를 펴놓고 소나무 밑에 앉아
여러 잔 따라 마시니 어느덧 또 취하네.
영감쟁이들 제멋대로 떠들게 되니
술 따라 올리는 차례도 없어졌네.
내가 있다는 것도 깨닫지 못하게 되었는데
어찌 물건 귀하다는 것 알겠는가?
얼큰하여 있는 곳도 모르게 되었으니
술 속에 있는 깊은 맛을 알게 되네.

故人賞¹⁾我趣²⁾하여, 挈壺³⁾相與至로다.
班荊⁴⁾坐松下하고, 數斟⁵⁾已復醉로다.
父老⁶⁾雜亂言하니, 觴酌⁷⁾失行次⁸⁾로다.

---

1) 賞(상): 흔상(欣賞). 알고 좋아하는 것.
2) 趣(취): 취미. 정취(情趣).
3) 挈壺(설호): 술병을 들고, 술병을 가지고.
4) 班荊(반형): 싸릿대를 펴다, 싸릿대를 땅에 깔다.
5) 數斟(삭짐): 자주 술을 잔에 따르다. 술 여러 잔을 따라 마시다.
6) 父老(부로): 영감쟁이들. 마을의 어른들.
7) 觴酌(상작): 잔에 술을 따르다. 술을 따라 잔을 돌리다.
8) 失行次(실행차): 차례를 잃다. 술을 올리는 차례도 모르게 되는 것.

^{불 각 지 유 아} ^{안 지 물 위 귀}
不覺知有我어늘, 安知物爲貴리오?

^{유 유 미 소 류} ^{주 중 유 심 미}
悠悠⁹⁾迷所留¹⁰⁾하니, 酒中有深味로다.

「음주」 시는 모두 20수인데, 그 중 10수는 술 마실 적의 정경을 읊은 것이고, 다른 10수는 직접 술 마시는 것을 노래한 것이 아니다. 특히 이 시에서는 친구 및 마을 영감들과 어울리어 술 마시는 즐거움을 노래하고 있다. 도연명에게는 홀로 술을 마시는 정경을 노래한 시들도 적지 않다. 술은 홀로 마시면 홀로 마시는 즐거움이 있고 친구들이나 가까운 사람들과 어울리어 함께 마시면 함께 마시는 즐거움이 있다.

---

9) 悠悠(유유): 술에 취하여 여유가 있는 모양. 얼큰히 취한 모양.

10) 所留(소류): 머물고 있는 곳. 자기가 있는 곳.

음주 飮酒 [16]

젊었을 적에는 사람들과의 접촉이 드물었고
좋아하는 것이 유가儒家의 육경六經이었네.
어느덧 나이 40에 가까워지고 있는데
우물쭈물하다 보니 마침내 이루어 놓은 것 하나도 없네.
끝내 궁하게 지낼 수밖에 없는 절조를 지니고 있노라니
배고픔과 헐벗음 실컷 겪어왔네.
해진 움막에는 슬픈 바람 몰아치고
거친 잡풀이 앞마당을 덮었네.
해진 옷 걸치고 긴 밤을 보내려는데
아침 닭은 울 낌새도 없네.
세상에는 맹공孟公 같은 이도 없으니
끝내 내 참된 마음은 가려지고 말겠네.

少年罕人事[1]하고, 游好[2]在六經[3]이러라.

---

1) 罕人事(한인사): 사람들과의 접촉이 드물다. 세상 사람들과 어울리는 일이 드물다.
2) 游好(유호): 애호(愛好). 좋아하는 것.
3) 六經(륙경): 유가의 여섯 가지 경전. 곧 『시경』·『서경』·『역경(易經)』·『예경(禮經)』·『악경(樂經)』·『춘추(春秋)』. 『예경』은 『예기(禮記)』·『주례(周禮)』·『의례(儀禮)』의 삼례(三禮)를 말하지만, 『악경』은 없어졌다고도 하고 『예기』의 「악기(樂記)」가 바로 그것이라는 이도 있다.

$\overset{\text{행 행}}{行行}$⁴⁾$\overset{\text{향 불 혹}}{向不惑}$⁵⁾이로되, $\overset{\text{엄 류}}{淹留}$⁶⁾$\overset{\text{수 무 성}}{遂無成}$이라.

$\overset{\text{경 포}}{竟抱}$⁷⁾$\overset{\text{고 궁 절}}{固窮節}$⁸⁾하니, $\overset{\text{기 한 포 소 경}}{饑寒飽所更}$⁹⁾이라.

$\overset{\text{폐 려 교 비 풍}}{敝廬交悲風}$하고, $\overset{\text{황 초 몰 전 정}}{荒草沒前庭}$이라.

$\overset{\text{피 갈}}{披褐}$¹⁰⁾$\overset{\text{수 장 야}}{守長夜}$로되, $\overset{\text{신 계 불 긍 명}}{晨鷄不肯鳴}$이라.

$\overset{\text{맹 공}}{孟公}$¹¹⁾$\overset{\text{부 재 자}}{不在玆}$하니, $\overset{\text{종 이 예 오 정}}{終以翳吾情}$¹²⁾이라.

---

4) 行行(행행): 어느덧. 지나다가 보니.
5) 不惑(불혹): 『논어』 위정(爲政)편에서 공자가 "나는 열다섯 살에 배움에 뜻을 두고, 서른 살에는 자립하였으며, 마흔 살에는 미혹되는 일이 없었다.(吾十有五志於學, 三十而立, 四十而不惑.)"이라 하였다. 이를 근거로 40세를 '불혹'이라 한다.
6) 淹留(엄류): 우물쭈물하는 것. 목적도 없이 세월만 보내는 모습.
7) 竟抱(경포): 끝까지 안고 있다, 끝내 지니고 있었다.
8) 固窮節(고궁절): 『논어』 위령공(衛靈公)편에 공자가 "군자도 본시 궁해질 수 있지만, 소인은 궁해지면 곧 함부로 행동한다.(君子固窮, 小人窮斯濫矣.)"라고 한 말에서 인용한 표현이다. 곧 '군자로서 궁해질 수밖에 없는 절조'를 뜻한다.
9) 飽所更(포소경): 배부르도록 겪은 바이다. 실컷 경험한 일이다.
10) 披褐(피갈): 삼베옷을 걸치다. 허름한 옷을 걸치다.
11) 孟公(맹공): 동한(東漢) 때의 유공(劉龔), 자가 맹공임(『後漢書』 蘇竟傳 의거). 진(晉)나라 때의 황보밀(皇甫謐)이 지은 「고사전(高士傳)」을 보면 장중울(張仲蔚)이라는 고결한 선비가 있었는데, 무척 가난하여 살고 있는 움막에는 쑥대와 잡초가 우거져 있었다 한다. 세상 사람들은 그의 재능과 깨끗한 마음을 알아보지 못하였으나, 오직 '맹공'인 유공만은 그를 알아보고 늘 찾아다녔다 한다. 도연명은 자신을 '장중울'에게 비기고, 세상에는 자기의 참뜻을 알아줄 '맹공' 같은 사람이 없어서 자기는 이 세상에 끝내 알려지지 못하고 그대로 묻혀버릴 것이라는 것이다.
12) 吾情(오정): 나의 정절, 나의 참 마음.

역시 전원 속에 숨어서 깨끗이 살아가는 자기 생활 정취를 노래한 시이다. 술은 이처럼 깨끗한 생활을 위하여 마시는 것임을 거듭 강조하는 셈이다. 다만 이 시에서는 숨어 사는 생활의 헐벗고 굶주리는 어려움을 짙게 드러내고 있다. 그 스스로는 "세상에는 맹공孟公 같은 이도 없으니, 끝내 내 참된 마음은 가려지고 말겠네." 하고 궁한 생활에서 나오는 어려운 감정을 드러내고 말았지만, 사실은 후세까지도 깨끗하고 품격 높은 그의 생활 정취와 자연 속의 참된 정을 노래한 그의 시는 많은 사람들로부터 찬탄을 자아내게 하였다.

음주 飮酒 [19]

옛날에는 오랜 굶주림이 괴로워서
쟁기 내던지고 가서 벼슬살이 시작했네.
생활을 위한 것이었지만 절조를 지키지 못하였고
헐벗음 굶주림은 굳이 나를 따라왔네.
이때 서른 살이 되어가고 있었으니
마음속에는 부끄러움 많았네.
마침내는 곧고 꼿꼿한 성질 따라서
벼슬 버리고 농사짓는 마을로 돌아왔네.
어느덧 세월은 흘러
훌쩍 또 십이 년이 지났네.
세상의 갈 길은 복잡하고 아득하여
양주 같은 사람도 갈림길 앞에 멈춰 서서 울었겠지.
비록 돈 뿌리며 즐길 것은 없다고 해도
막걸리가 있어서 믿을 만하네.

疇昔¹⁾苦長飢하니, 投耒去學仕²⁾라.
將養³⁾不得節하고, 凍餒固纏己⁴⁾라.

1) 疇昔(주석): 옛날. 지난날.
2) 學仕(학사): 벼슬살이를 시작하다.
3) 將養(장양): 가족을 부양하는 것. 생활하는 것.
4) 纏己(전기): 나를 묶다. 나를 얽어매다.

是時向立年⁵⁾하니, 志意多所恥라.
遂盡介然分⁶⁾하여, 拂衣⁷⁾歸田里라.
冉冉⁸⁾星氣⁹⁾流하여, 亭亭¹⁰⁾復一紀¹¹⁾라.
世路廓悠悠¹²⁾하니, 楊朱¹³⁾所以止라.
雖無揮金事로되, 濁酒聊¹⁴⁾可恃라.

 이 시에서 첫머리에 "옛날에는 오랜 굶주림이 괴로워서, 쟁기 내던지고 가서 벼슬살이 시작했네." 하고 읊은 것은 도연명이 주좨주 州祭酒가 되었던 29세 때의 일일 것이다. 그래서 이어 "이때 서른 살이 되어가고 있었으니, 마음속에는 부끄러움 많았네." 하고 읊고 있는 것이다. 그리고 "마침내는 곧고 꼿꼿한 성질 따라서, 벼슬 버리고 농사짓는 마을로 돌아왔네."라고 한 것은 벼슬을 다 버리고

---

5) 立年(립년): 『논어』 위정(爲政)편에서 공자가 나는 "서른 살에는 자립을 하였다(三十而立)."고 한 말을 근거로, 서른 살을 뜻함.
6) 介然分(개연분): 곧고 꼿꼿한 자기의 분수, 곧고 깨끗한 성질.
7) 拂衣(불의): 벼슬을 그만두는 것.
8) 冉冉(염염): 모르는 사이에 움직이는 모양. 어느듯.
9) 星氣(성기): 계절, 시절.
10) 亭亭(정정): 높이 솟은 모양. 훌쩍.
11) 一紀(일기): 12년을 이르는 말.
12) 廓悠悠(곽유유): 넓고도 복잡하여 알 수 없는 것.
13) 楊朱(양주): 전국(戰國)시대의 '사람은 자기만을 위하면 된다'는 주장을 한 사상가. 그는 길을 가다가 갈림길 앞에서 어디로 가야 옳은지 몰라 울었다 한다(『淮南子』 說林訓).
14) 聊(료): 얼마간, 잠시. 그래도.

「귀거래사」를 부르며 고향으로 돌아온 그가 41세 되던 해의 일을 읊은 것이다. 다시 "어느덧 세월은 흘러, 훌쩍 또 십이 년이 지났네." 한 것은 여기에 12년을 더 보탠 도연명이 53세 되던 때를 말할 것이다. 그리고 여기의 「음주」시는 대부분이 이 무렵에 지은 것이라 보면 될 것이다.

이 시를 통해서도 작자 도연명은 벼슬살이에도 전혀 만족을 못하고 있지만, 손수 농사짓고 사는 생활에도 많은 어려움이 있음을 드러내 보이고 있다. 그러나 술 마시는 일에 관하여는 오직 끝머리에 한 마디 "막걸리가 있어서 믿을 만하네." 하고 읊고 있는 것이 특히 강한 인상을 심어준다.

음주 飮酒 [20]

복희伏羲와 신농神農 씨는 나보다 오래 전의 분들이어서
온 세상엔 참됨으로 돌아가려는 이가 적네.
노나라의 공자란 노인이 무척 애쓰시어
이런 풍조를 고쳐 참되게 만드셨네.
봉황새는 날아들지 않았지만
세상 풍조가 한때 새로워졌었네.
그러나 공자의 영향도 점점 약해져서
미친 진나라 시대까지 생기게 되었네.
『시경』과 『서경』은 또 무슨 죄가 있어서
하루아침에 재로 만들었던가?
세심한 여러 늙은 분들이
정말 성실히 경전 전하는 일을 하셨는데,
어째서 오랜 시대가 흐르기는 하였지만
육경六經 가운데 하나도 잘 아는 이가 없는가?
하루 종일 수레 몰고 이익 찾아 달리고 있지만,
올바른 공부하는 방법을 묻는 이는 보지 못했네.
만약 다시 유쾌히 술 마시지 않는다면,
공연히 머리 위의 건巾만을 소용없는 것으로 만드리라.
다만 그릇됨이 많음을 한하노니,
그대는 마땅히 술 취한 사람 받아들여야 하느니라.

희농   거 아 구   거 세 소 복 진
羲農¹⁾去我久하니, 擧世少復眞²⁾이라.

급급   로중수   미봉 사기순
汲汲³⁾魯中叟⁴⁾이, 彌縫⁵⁾使其淳이라.

봉조 수부지   예악잠 득신
鳳鳥⁶⁾雖不至로되, 禮樂暫⁷⁾得新이라.

수사 철미향   표류 체광진
洙泗⁸⁾輟微響하니, 漂流⁹⁾逮狂秦¹⁰⁾이라.

시서 역하죄   일조성회진
詩書亦何罪오? 一朝成灰塵¹¹⁾이라.

구구   제로옹   위사 성은근
區區¹²⁾諸老翁¹³⁾이, 爲事¹⁴⁾誠慇懃¹⁵⁾이어늘,

---

1) 羲農(희농): 복희(伏羲)와 신농(神農). 옛 황제들.
2) 少復眞(소복진): 참됨으로 회복되는 사람이 적다. 곧 진실한 인간 본연의 모습으로 되돌아가는 이들이 적다는 뜻.
3) 汲汲(급급): 쉬지 않고 애쓰는 모양.
4) 魯中叟(로중수): 노나라의 노인, 곧 공자(孔子)를 가리킴.
5) 彌縫(미봉): 해진 곳을 깁다. 잘못된 곳을 보충하는 것.
6) 鳳鳥(봉조): 봉황새. 태평성세에만 나타나는 새여서 태평성세를 가리킴.
7) 暫(잠): 잠시, 한때.
8) 洙泗(수사): 수수(洙水)와 사수(泗水). 산동성(山東省) 곡부(曲阜)에 흐르고 있는 강물 이름으로 공자의 학문을 가리킨다.
9) 漂流(표류): 물에 떠서 흘러가다. 역사가 자연의 섭리대로 흘러감을 뜻한다.
10) 狂秦(광진): 미친듯한 진나라. 진시황(秦始皇)이 포학한 정치를 폈던 일을 가리킨다.
11) 成灰塵(성회진): 재와 먼지가 되다. 진시황이 천하의 책들을 모아 분서(焚書)했던 일을 가리킴.
12) 區區(구구): 잔일에까지 모두 마음을 쓰는 모양. 세심한 모양.
13) 諸老翁(제로옹): 여러 노인들. 『시경(詩經)』을 전한 제(齊)나라 원고생(轅固生), 『서경(書經)』을 전한 제남(濟南)의 복생(伏生), 『예기(禮記)』를 전한 노(魯)나라의 고당생(高堂生) 등 한(漢) 초의 학자들을 가리킨다(『漢書』 儒林傳).
14) 爲事(위사): 일을 하는 것. 여기서는 위의 여러 학자들이 유가의 경전을 열심히 연구하여 세상에 전하는 것을 가리킴.
15) 慇懃(은근): 공을 들이는 것. 성실하게 노력하는 것.

如何絶世¹⁶⁾下엔, 六籍¹⁷⁾無一親고?
終日馳車走¹⁸⁾로되, 不見所問津¹⁹⁾이라.
若復不快飮이면, 空負頭上巾²⁰⁾이라.
但恨多謬誤²¹⁾니, 君當恕醉人²²⁾이라.

「음주」시 20수 중의 끝 작품이다. 태곳적 사람들은 마음이 순박했었는데, 역사가 흐르고 사회가 개명됨에 따라 그 순박함이 소멸되어갔다. 중간에 공자 같은 분이 나와 세상을 예의(禮)와 음악(樂)으로 바로잡고 사람들에게 어짊(仁)과 의로움(義)을 가르치려 하기도 하였다. 그러나 다시 진시황 같은 폭군이 나와 심지어 공자가 편찬하여 사람들에게 가르친 육경六經까지도 불태워 버렸다. 한

---

16) 絶世(절세): 오랜 세대가 흐르는 것. 먼 후세를 가리킴.
17) 六籍(육적): 육경(六經). 시(詩)·서(書)·역(易)·예(禮)·악(樂)·춘추(春秋)의 여섯 가지 유가의 경전.
18) 馳車走(치거주): 명리(名利)를 추구하느라 수레를 몰고 이리저리 달리는 것.
19) 問津(문진): 나루터 있는 곳을 묻다.『논어(論語)』미자(微子)편에 공자가 길을 가다가 자로(子路)를 시켜 밭을 갈고 있는 장저(長沮)와 걸익(桀溺)에게 가서 나루터가 있는 곳이 어딘가를 묻는 대목이 있다. 이를 바탕으로 '진리를 탐구하는 행위', '올바른 학문을 추구하는 것'을 '문진(問津)'이라 표현하게 되었다.
20) 頭上巾(두상건): 머리 위의 두건. 도연명은 두건으로 술을 걸러 마시기도 하였다 한다.
21) 謬誤(류오): 잘못. 그릇됨.
22) 恕醉人(서취인): 술취한 사람은 용서하라. 술취한 사람은 그래도 순수한 편이기 때문이다.

漢나라 초기에는 많은 학자들이 나와 다시 육경을 연구하고 그 책들을 세상에 전하였지만, 세상에는 그 경전들을 올바로 공부하려는 사람들이 하나도 없다.
　　인간 본연의 순박함을 잃고 세상의 명예와 부귀를 추구하기에 모두가 바쁘다. 이런 세상에 어찌 술조차도 안 마실 수가 있겠는가? 술이라도 통쾌히 마시어 인간 본연의 모습에 접근하도록 해야만 할 거라는 것이다. 술에라도 취하고 보면 인간의 속된 명예와 자기 이익을 추구하는 욕심을 그래도 좀 멀리할 수 있게 된다는 것이다. 「음주」시의 결론이라 할 수도 있는 내용이다.

연이어 비오는 날에 홀로 술 마시며
連雨獨飮[1)]

태어났으면 반드시 죽음으로 돌아가게 되는 것,
옛날부터 그렇게 말하여 왔다.
세상에 적송자赤松子 왕자교王子喬 같은 선인이 있었다지만
지금 그들이 어디에 있는가?
늙은 친구들이 내게 술을 보내주며
마시면 신선 된다고 말하더군.
시험 삼아 마셔 보니 온갖 잡된 감정 멀어지고,
거듭 잔을 기울이노라니 갑자기 하늘까지도 잊게 된다.
하늘이야 어찌 이곳에서 사라지겠는가?
진실함에 몸을 맡기고 내세우는 게 없기 때문이네.
구름 사이의 학처럼 이상한 나래가 나서
우주宇宙를 잠깐 사이에 돌아오는 기분이다.
내가 이 외로움을 간직한 이래
여기에 힘써 오기 40년,
육체는 벌써 노쇠하였지만
이 마음 그대로 있으니 다시 무슨 말을 하겠는가?

---

1) 連雨獨飮(연우독음): 여러 날 비가 계속되는데 홀로 들어앉아 술을 마시는 것. 비가 여러 날 계속되자 사람들의 내방이 끊기어 홀로 술 마신다는 뜻으로 '연우인절독음(連雨人絶獨飮)'으로 된 판본도 있다.

運生²⁾會³⁾歸盡⁴⁾이니, 終古謂之然이라.
世間有松喬⁵⁾라 하나, 於今定⁶⁾何間⁷⁾고?
故老贈余酒하고, 乃言飮得仙이라.
試酌百情⁸⁾遠하고, 重觴忽忘天⁹⁾이라.
天豈去此哉아? 任眞¹⁰⁾無所先¹¹⁾이라.
雲鶴有奇翼하여, 八表¹²⁾須臾¹³⁾還이라.
自我抱茲獨하여, 僶俛¹⁴⁾四十年이라.
形骸¹⁵⁾久已化나. 心在復何言이리요?

---

2) 運生(운생): 삶을 영위하는 것.
3) 會(회): 반드시 ……하게 된다는 뜻.
4) 歸盡(귀진): 다함으로 돌아가다, 곧 죽음을 뜻한다.
5) 松喬(송교): 적송자(赤松子)와 왕자교(王子喬). 두 사람 모두 옛날의 전설적인 선인(仙人)임.
6) 定(정): 꼭, 결국.
7) 何間(하간): 어디, 어느 곳.
8) 百情(백정): 여러 가지 번거로운 감정.
9) 天(천): 하늘, 여기서는 자기 주위의 모든 자연 만물을 대표함.
10) 任眞(임진): 진실함에 맡기다. 자기 자신을 인간 본연(本然)의 자연스런 경지에 두는 것.
11) 無所先(무소선): 앞세우는 바가 없다. 꼭 부귀나 명예 같은 것을 얻으려고 애쓰지 아니함을 뜻한다.
12) 八表(팔표): 팔방(八方)의 밖, 우주(宇宙)를 뜻함.
13) 須臾(수유): 잠깐 동안, 잠시 동안.
14) 僶俛(민면): 민면(黽勉)으로도 쓰며 힘쓰는 것. 노력하는 것.
15) 形骸(형해): 육체.

이 시에서 "거듭 잔을 기울이노라니 하늘까지도 잊게 된다."고 한 것은 술을 통해서 이루어지는 이른바 '무아지경 無我之境'을 뜻한다. '하늘을 잊는다'는 것은, 곧 자기 주위의 모든 존재를 잊고 자기 자신까지도 잊게 된다는 것이다. 도연명은 도가에서 얘기한 이러한 지극히 높은 경지에 도달하기 위하여 연이어 비오는 날 홀로 술잔을 기울였던 것이다. 그의 술 마시는 까닭이 바로 여기에 있었다고 해야 할 것이다.

곽주부의 시에 화작함 和郭主簿[1]

우거진 대청 앞 숲은
한여름의 맑은 그늘 담고 있네.
남풍이 철따라 불어오고
회오리바람이 내 옷 앞자락 열어 제치네.
교유 그만두고 가서 한가히 누워있으면서
앉아서나 일어서서나 금과 책 손에서 떠나지 않네.
남새밭의 채소는 푸짐하게 자라고
옛 곡식이 지금까지 쌓여있네.
자기 생활 영위에는 정말 한도가 있으니
지나치게 풍족한 것은 바라는 바 아닐세.
차조 찧어서 맛있는 술 담가
술 익으면 내가 스스로 따라 마시네.
어린 아들놈 내 곁에서 노는데
말 배운다는 것이 제소리도 잘 내지 못하네.
이런 일은 정말로 매우 즐거워서
잠시 그로 인하여 벼슬살이 같은 것 다 잊어버리네.

---

1) 主簿(주부): 벼슬 이름. 옛날에는 관청마다 거의 어디에나 있었으며 장부를 관리하는 낮은 벼슬이다. 여기의 곽주부가 어떤 사람인지는 알 수 없다. 그러나 시의 내용으로 보아 역시 전원을 즐기며 술을 좋아하여 그런 뜻을 시로 노래하던 사람이었던 듯하다.

아득히 멀리 흰 구름 바라보노라니
옛일이 어찌 그리 절실하게 그리운가?

藹藹²⁾堂前林은, 中夏貯淸蔭이라.
凱風³⁾因時來하고, 回飇⁴⁾開我襟이라.
息交逝閒臥하고, 坐起弄書琴이라.
園蔬有餘滋⁵⁾하고, 舊穀猶儲今이라.
營己⁶⁾良有極⁷⁾이니, 過足非所欽⁸⁾이라.
舂⁹⁾秫¹⁰⁾作美酒하여, 酒熟吾自斟¹¹⁾이라.
弱子戱我側하니, 學語未成音이라.
此事眞復樂하니, 聊用忘華簪¹²⁾이라.
遙遙望白雲하니, 懷古一何深고?

---

2) 藹藹(애애): 성다(盛多)한 모양. 초목이 우거진 모양.
3) 凱風(개풍): 남풍(南風)의 별명.
4) 回飇(회표): 회오리바람.
5) 餘滋(여자): 매우 잘 자라다. 여유있게 불어나다.
6) 營己(영기): 자기 생활을 영위하는 것.
7) 有極(유극): 한계가 있다. 한도가 있다.
8) 欽(흠): 공경하다, 좋아하다, 바라다.
9) 舂(용): 절구질하다. 찧다.
10) 秫(출): 차조.
11) 斟(짐): 술을 따르다, 술을 따라 마시다.
12) 華簪(화잠): 벼슬아치의 차림새. 벼슬살이.

곽주부가 어떤 사람인지는 전혀 알 수가 없다. 도연명의 고향에서 주부라는 벼슬을 하는 곽씨 성을 가진 사람으로 도연명과 뜻이 통하는 사람이었을 것이다. 그의 시에 화작한 두 수 중 이 앞의 것은 여름철을 배경으로 하여 자신의 전원생활의 우아한 정취를 노래하고 있다. 뒤의 시는 배경이 가을이다.

곽주부의 시에 화작함 和郭主簿 [2]

온화한 윤택이 춘삼월과 똑같은
맑고 서늘한 가을철이 되었네.
이슬 내리어 떠다니는 먼지도 없고
하늘은 높은데 깨끗한 경치가 맑네.
언덕과 뫼뿌리 위로 빼어난 봉우리 솟아있으니
멀리 바라보면 모두가 기묘하기 짝이 없네.
향기로운 국화 수풀 사이에 피어 빛을 내고
푸른 소나무는 바위 위에 늘어서 있네.
이런 곧고 빼어난 모습 마음에 품고 있으니
우뚝히 서리 무릅쓰고 호걸이 되네.
술잔 입에 문 채 숨어 산 사람 생각하니
천 년 만에 그분 법도 행하는 셈이구나.
평소 마음에 챙기고 있으면서도 그것을 펴지는 못하고,
어정어정 좋은 세월 다 보내누나!

　　和澤¹⁾周²⁾三春이오, 淸凉素秋節³⁾이라.
　　(화택)　(주)　(삼춘)　　　(청량소추절)

---

1) 和澤(화택): 날씨의 온화함과 햇빛의 광택.
2) 周(주): 두루 같다. 거의 같다.
3) 素秋節(소추절): 가을철.

露凝無游氛^{노응무유분}⁴⁾하고, 天高肅景^{천고숙경}⁵⁾澈^철이라.
陵岑聳逸峯^{능잠용일봉}하며, 遙瞻皆奇絶^{요첨개기절}이라.
芳菊開林耀^{방국개림요}하고, 靑松冠巖列^{청송관암렬}이라.
懷此貞秀姿^{회차정수자}하니, 卓^탁⁶⁾爲霜下傑^{위상하걸}이라.
銜觴念幽人^{함상념유인}하니, 千載撫爾訣^{천재무이결}⁷⁾이라.
檢素^{검소}⁸⁾不獲展^{불획전}하고, 厭厭^{염염}⁹⁾竟良月^{경량월}이라.

앞의 시와는 달리 이 시의 배경은 가을로 변하고 있다. 하늘은 맑고 산과 들도 시원한 데 그 속에 피어있는 국화꽃과 잎이 시들지 않고 홀로 푸른 소나무가 특히 아름답고 빼어난다. 곧고 깨끗한 자신과 비슷하다고 생각하고 시인은 각별히 이 꽃과 나무를 좋아했을 것이다.

---

4) 氛(분): 기운. 여기서는 공중에 떠다니는 먼지 같은 것.
5) 肅景(숙경): 깨끗한 경치.
6) 卓(탁): 우뚝한 것.
7) 爾訣(이결): 그분의 법도. 그러한 방법.
8) 檢素(검소): 평소 마음에 챙기다. 소박함을 챙기다.
9) 厭厭(염염): 어정어정. 생각없이 지내는 모양.

술을 끊다 止酒[1]

거처는 도시에 사는 것 그만두고
왔다갔다 거닐면서 한가히 지내네.
앉는 곳은 겨우 높은 그늘 아래뿐이고,
걷는 것은 겨우 사립문 안에서이네.
좋아하는 맛은 겨우 남새밭 아욱뿐이고,
큰 기쁨은 겨우 어린 자식들뿐이네.
평생 술을 끊지 않고 있으니
술을 끊으면 기쁨의 정이란 없기 때문일세.
저녁에 끊으면 편히 자지를 못하고
아침에 끊으면 일어나지를 못한다네.
오랫동안 매일 끊으려 했지만
제대로 살아갈 수가 없어 끊지 못하였네.
부질없이 끊는 게 즐겁지 않다는 것만 알고
끊는 것이 자기에게 이롭다는 것은 믿지 않았네.
비로소 끊는 것이 좋다는 것을 깨닫고서
오늘 아침에야 정말로 끊었네.

---

1) 止酒(지주): 술을 끊다. 도연명은 실제로 평생 동안 술을 끊지 않았다. 그토록 술을 좋아하면서도 술을 끊어야겠다는 생각은 여러 번 해본 듯하다. 술을 마시는 행위 자체가 창조적인 것은 되지 못하고, 또 과음하다 보면 그것이 몸에는 해롭지 않은가 의구심도 갖게 되었던 듯하다. 어떻든 이 시를 통하여 시인의 인간적인 한 단면을 보게 된다.

이로부터 한 번 끊었으니
죽을 때까지 끊어보리라.
맑은 얼굴은 전의 모습 지니게 될 것이니
어찌 천만년 사는 데 그치겠는가?

居止次²⁾城邑하고, 逍遙³⁾自閒止라.
坐止高蔭下하고, 步止蓽門⁴⁾裏라.
好味止園葵⁵⁾요, 大懽止稚子라.
平生不止酒니, 止酒情無喜라.
日日欲止之나, 營衛⁶⁾止不理라.
徒知止不樂하고, 未知止利己라.
始覺止爲善하고, 今朝眞止矣라.
從此一止去하여, 將止扶桑⁷⁾涘⁸⁾리라.
淸顔止宿容⁹⁾이리니, 奚止千萬祀¹⁰⁾리오?

---

2) 次(차): 머무는 것.
3) 逍遙(소요): 왔다갔다 산책하는 것.
4) 蓽門(필문): 싸리문.
5) 園葵(원규): 남새밭의 아욱.
6) 營衛(영위): 생활 기능, 살아가는 일.
7) 扶桑(부상): 해 돋는 곳에 있다는 나무 이름. 그 옆에 해가 매일 목욕한다는 양곡(暘谷)이 있다(『山海經』海外東經).
8) 涘(사): 물가. '부상의 물가'란 환상적인 먼 곳으로, 자신이 죽어갈 곳을 가리킨다.
9) 宿容(숙용): 전의 모습. 옛날의 얼굴.
10) 千萬祀(천만사): 천만년.

소통 蕭統이 "도연명의 시 속에는 매 편마다 술이 있다."(『淵明集』序)고 했듯이 도연명은 시와 함께 술로 일생을 보낸 시인이다. 거의 모든 시에서 술을 마시는 것을 찬미하고 있는데 유독 이 시에서만은 술을 끊겠다는 노래를 하고 있다. 도연명은 이 시에서 "부질없이 끊는 게 즐겁지 않다는 것만 알고, 끊는 것이 자기에게 이롭다는 것은 믿지 않았네. 비로소 끊는 것이 좋다는 것을 깨닫고서, 오늘 아침에야 정말로 끊었네." 하고 읊고 있다. 다시 뒤에 소개할 「육체·그림자·정신의 문답(形影神)」시의 정신의 풀이(神釋)에서는 "늙은이나 젊은이나 다 같이 죽을 것이니, 현명하고 어리석음을 더 따질 게 없게 된다. 매일같이 술에 취해 있으면 이런 것을 잊게 될런지 모르지만, 그러나 그것은 목숨을 재촉하는 짓이 아닐까?" 하고 노래하고 있다. 시인은 늘 술을 마음껏 마시지만 때때로 술병에 시달리어 술을 끊어야겠다는 생각을 했던 것 같다. 이 시의 형식상의 특징의 하나는 매 구절마다 '끊는다' 또는 '멈춘다'는 뜻의 '지 止' 자가 들어있는 것이다. 매 구절마다 '지'자를 넣고 있는 것을 보면, 도연명은 정말로 술을 끊은 것이 아니라 장난삼아 지은 시인 것도 같다.

  이 시는 48세나 49세 때에 지은 것인데, 53세 무렵의 작품이라 생각되는 「음주」시 첫 번째 수의 서문에서 "나는 한가히 지내면서 기쁜 일이 적은데, 거기에 가을 밤은 이미 길어졌다. 우연히 좋은 술이 생기어 마시지 않는 저녁이란 없다." 하였고, 앞에 소개한 58세 무렵의 작품인 「독산해경」에서도 "즐거이 얘기하며 봄 술 따라 마시다가, 우리 뜰 안의 채소를 뜯기도 하네." 하고 읊고 있으니 시인은 죽을 때까지 완전히 술을 끊지는 못한 것이다. 그러나 「술을 끊다」시를 지은 뒤로는 아마도 폭음은 삼갔을 것으로 여겨진다.

잡시 雜詩[1] [1]

인생은 뿌리도 꼭지도 없이
길 위에 먼지처럼 날아다니는 것.
흩어져 바람 따라 굴러다니니,
이것은 이미 무상無常한 몸이라.
땅 위에 태어나면 모두가 형제이니,
어찌 반드시 골육骨肉만을 따지랴?
기쁜 일이 생기면 마땅히 즐겨야만 하는 것이니,
한 말의 술이라도 받아놓고 이웃을 모은다.
한창 때는 다시 오지 않고,
하루에 새벽이 두 번 있기는 어려운 것.
때를 놓치지 말고 마땅히 힘써야만 하는 것이니,
세월은 사람을 기다려 주지 않는다.

人生無根[2]蔕[3]하여, 飄[4]如陌[5]上塵이라.
分散逐風轉[6]하니, 此已非常身[7]이라.

---

1) 雜詩(잡시): 도연명의 「잡시(雜詩)」 12수(首) 가운데의 제1수.
2) 根(근): 뿌리.
3) 蔕(체): 꼭지. 근체(根蔕)가 없다는 것은 일정하게 믿고 있을 만한 근거가 없다는 뜻. 사람이란 내일 어찌될런지 모르는 것이다.
4) 飄(표): 바람에 날리는 것.
5) 陌(맥): 가로(街路)의 뜻.
6) 逐風轉(축풍전): 바람이 부는 데 따라 굴러다닌다는 뜻.
7) 非常身(비상신): 인생은 무상(無常)하다는 뜻.

落地⁸⁾爲兄弟니, 何必骨肉親⁹⁾고?
得歡當作樂이니, 斗酒¹⁰⁾聚¹¹⁾比鄰¹²⁾이라.
盛年¹³⁾不重來요, 一日難再晨¹⁴⁾이라.
及時當勉勵¹⁵⁾어다, 歲月不待人이라.

이 시 가운데에서도 끝의 네 구절은 특히 격언으로서도 널리 알려졌다. 이것은 도연명이 무상한 인생에 대한 감개를 통하여 얻어진 처세훈이다. '때를 놓치지 말고 힘써라, 세월은 사람을 기다려 주지 않는다.' 그리고 세상을 살아가는 데 있어서 너무 이해관계에만 얽매어 아귀다툼을 할 필요가 없다. 자기의 몸가짐만 바르면 온 세상 사람들과 모두 형제처럼 지낼 수 있다는 것이다. 그러니 될수록 여럿이 즐기며 귀중한 시간을 뜻있게 보내라는 것이다.

---

8) 落地(낙지): 땅 위에 태어나는 것. 세상에 인간으로 태어나는 것.
9) 骨肉親(골육친): 혈통(血統)이 같은 친척만을 찾는 것. 같은 혈육을 타고나야만 형제로 아는 것. 『논어(論語)』 안연(顔淵)편에 '자하(子夏)가 말하기를, "군자(君子)가 공경하고 실례됨이 없으며, 사람으로서 공손하고 예(禮)가 있으면 사해(四海) 안 사람들이 모두 형제가 된다. 군자가 어찌 형제 없음을 걱정하랴!" 하였다.' 라고 하였다.
10) 斗酒(두주): 한 말의 술.
11) 聚(취): 모이는 것.
12) 比鄰(비린): 이웃 사람들. 옛날엔 오가(五家)를 비(比)라 하였다.
13) 盛年(성년): 나이가 한창인 때. 청장년(靑壯年).
14) 難再晨(난재신): 새벽이 두 번 있기는 어렵다. 하루는 한 번 지나가면 그만이라는 뜻.
15) 勉勵(면려): 뜻있는 놀이에 힘쓰는 것. 뜻있게 시간을 보내도록 힘쓰는 것.

잡시 雜詩[1] [2]

밝은 해 서쪽 언덕에 가라앉고
흰 달이 동쪽 산등성이에 떠올랐네.
아득히 멀리 만 리까지 비추어
한없이 넓은 공중의 경치 이루네.
바람 불어와 방문으로 들어오니
밤중의 베개와 잠자리 싸늘해지네.
기후가 변하니 철이 바뀐 것 깨닫게 되고
잠 못 이루니 밤이 긴 것을 알게 되네.
말을 하고자 해도 나와 어울릴 사람이 없어
잔을 비우고는 외로운 그림자에 권하네.
해와 달은 사람을 버리고 가버리는데,
뜻을 품고서도 내닫지를 못했네.
이를 생각하니 슬프고 처참한 마음 들어
새벽이 되도록 진정하지를 못하네.

白日淪[2]西阿하니, 素月出東嶺이라.
遙遙萬里輝하여, 蕩蕩[3]空中景이라.

---

1) 雜詩(잡시): 12수 가운데 두 번째 시이다.
2) 淪(륜): 잠기다, 가라앉다.
3) 蕩蕩(탕탕): 한없이 넓은 모양.

風來入房戶하니, 夜中枕席冷이라.
氣變悟時易하고, 不眠知夕永이라.
欲言無予和[4]하여, 揮杯勸孤影이라.
日月擲[5]人去로되, 有志不獲騁[6]이라.
念此懷悲悽하니, 終曉不能靜이라.

이 시의 주제는 "해와 달은 사람을 버리고 가버리는데, 뜻을 품고서도 내닫지를 못했네." 하고 읊고 있듯이, 세월은 속절없이 흘러가고 있는데 자기는 아무 것도 이룬 것이 없다는 것이다. 아마도 30대 초기 벼슬도 하지 않고 있을 적의 작품이 아닐까 한다.

---

4) 予和(여화): 나와 어울리다, 내게 말하다.
5) 擲(척): 내던지다, 버리다.
6) 騁(빙): 달리다, 뜻을 추구함을 말한다.

잡시 雜詩[1] [3]

영화는 오래 머물기 어렵고
성쇠는 헤아릴 수 없는 거네.
전날에는 한 봄의 연꽃이었는데,
지금은 가을의 연밥송이 되어 있네.
된서리 들풀에 맺혔으나
아직 완전히 마르고 시들지는 않았네.
해와 달은 또다시 돌아오는데,
나는 가버리면 다시 살아나지 못하네.
지난날들이 그립기만 하니
이를 생각하면 사람의 애간장 끊어지네.

榮華難久居니, 盛衰不可量이라.
昔爲三春蕖[2]러니, 今作秋蓮房[3]이라.
嚴霜結野草나, 枯悴[4]未遽央[5]이라.

---

1) 雜詩(잡시): 잡시 12수 가운데의 제3수임.
2) 蕖(거): 연꽃.
3) 蓮房(련방): 연실 송이.
4) 枯悴(고췌): 초목이 말라 시드는 것.
5) 未遽央(미거앙): 아직도 다하지는 않다. 아직도 다 …케 되지는 않다.

日月還復周나, 我去不再陽[6]이라.
眷眷[7]往昔時니, 憶此斷人腸이라.

세월이 덧없이 흘러가고 있음을 탄식한 시이다. "해와 달은 또 다시 돌아오는데, 나는 가버리면 다시 살아나지 못하네." 세월은 쉬지 않고 흐르는데 자기는 나이만 많아져 가고 있다는 것이다.

---

6) 陽(양): 햇빛. 여기서는 살아남을 뜻한다.
7) 眷眷(권권): 매우 그리워하는 모양.

잡시 雜詩 [4]

대장부는 세상에 뜻을 둔다지만
나는 늙는 것 모르길 바라고 있네.
친척들 한곳에 모여 있고
자손들 또한 서로 잘 지내네.
술잔과 거문고는 종일 멋대로 벌여놓고
술독 속에는 술이 마르지 않네.
허리띠 느슨히 하고 즐거움 다하면서
늦게 일어나고 늘 일찍 자네.
세상에서 일하는 사람들과 어찌 같겠는가?
얼음과 숯불 같은 차이가 가슴속에 가득하네.
백 년 안에 무덤으로 돌아갈건데
그렇게 함으로써 공연히 이름이나 들먹이게 하다니!

丈夫志四海로되, 我願不知老라.
親戚共一處하고, 子孫還相保[1]라.
觴絃肆朝日[2]하고, 樽中酒不燥라.
緩帶盡歡娛하니, 起晚眠常早라.

---

1) 相保(상보): 서로 어울려 잘 지내는 것.
2) 肆朝日(사조일): 하루 종일 멋대로 벌여놓고 있는 것.

孰若當世士리오?　冰炭³⁾滿懷抱라.
百年歸丘壟⁴⁾이어늘,　用此⁵⁾空名道라.

	세월은 쉬지 않고 흘러가지만 세상의 명예나 부귀를 쫓지 않고, 가족들과 전원 속에서 술이나 즐기면서 자연스럽게 살아가겠다는 것이다.

---

3) 冰炭(빙탄): 얼음과 숯불. 세상에서 벼슬하는 사람들과 자신의 생각이며 생활이 전혀 서로 다른 것을 뜻한다.
4) 丘壟(구롱): 언덕, 무덤.
5) 用此(용차): 이차(以此). 그렇게 함으로써.

잡시 雜詩 [5]

내가 젊었을 때를 생각해 보니
즐거운 일이 없어도 스스로 기쁘고 유쾌하였네.
용맹스런 뜻은 세계 어느 곳이든 달려가서
날개를 펴고 먼 곳까지도 날아가려 하였네.
부질없이 세월만 흘러가 버리니
그러한 마음도 어느덧 사라져 버렸네.
기쁜 일이 생겨도 다시는 즐겁지 않고
언제나 걱정 근심만 많아지네.
기력은 점점 쇠약해지니
이제는 나날이 형편없어진다고 여겨지네.
배를 깊은 골짜기에 감춰두어도 곧 누가 끌어가듯 잠시도
　　그대로 두지 않고
세월이 나를 끌고 가버리니 그대로 있을 수가 없네.
앞길이 얼마나 남았는가?
멈추어 머무를 곳도 알지 못하네.
옛날 분들은 짧은 시각도 아꼈다 하니
그런 생각이 마음에 두려움 안겨주네.

　　　　억 아 소 장 시　　무 락 자 흔 예
　　　　憶我少壯時엔, 無樂自欣豫[1]로다.

---

1) 欣豫(흔예): 기뻐하고 즐거워하다.

猛志²⁾逸³⁾四海하고, 鶱翮⁴⁾思遠翥⁵⁾로다.
荏苒⁶⁾歲月頹⁷⁾하니, 此心稍⁸⁾已去로다.
值⁹⁾歡無復娛하고, 每每多憂慮로다.
氣力漸衰損하여, 轉覺¹⁰⁾日不如로다.
壑舟¹¹⁾無須臾하고, 引我不得住로다.
前途當幾許¹²⁾아? 未知止泊處로다.
古人惜寸陰¹³⁾하니, 念此使人懼로다.

---

2) 猛志(맹지): 사나운 뜻. 용맹스런 의지.
3) 逸(일): 달려 나가다.
4) 鶱翮(건핵): 날갯죽지를 들어 올리다, 날개를 펴다.
5) 遠翥(원저): 멀리까지 날아가다.
6) 荏苒(임염): 세월이 덧없이 흐르는 모양.
7) 頹(퇴): 무너지다. 세월이 없어지는 것.
8) 稍(초): 점점, 어느덧.
9) 值(치): 만나다, 닥쳐오다.
10) 轉覺(전각): 느끼게 되다, 점점 느끼다.
11) 壑舟(학주): 산골짜기의 배. 『장자(莊子)』 대종사(大宗師)편에 "배를 산골짜기에 감춰두고 어살을 연못 속에 감춰두면 든든하다고 생각할 것이다. 그러나 밤중에 힘있는 자가 그것을 짊어지고 달아날 지도 모르는데, 어리석은 자들은 그것을 알지 못한다.(夫藏舟於壑하고, 藏山於澤이면, 謂之固矣니라. 然而夜半有力者이, 負之而走이리나, 昧者不知也니라.)"라고 한 말에서 빌려온 표현이다. 배를 산골짜기에 감추어둔 것처럼 자기는 세월과 자신의 기력이 오래갈 줄 알았는데, 자신은 깨닫지도 못하는 사이에 모두 물이 흘러가듯 없어져 버렸다는 것이다.
12) 幾許(기허): 얼마나 되는가?
13) 寸陰(촌음): 짧은 시간.

자기가 늙었음을 한탄한 시이다. 도연명도 세월의 흐름까지도 초연할 수는 없었던 것 같다. 다음에 보일 「잡시」 기육其六에 "어찌하여 50세가 되어, 어느덧 이미 자신이 그런 처지가 되었는가?(奈何五十年에, 忽已親此事오?)" 하고 읊고 있으니, 이 몇 편의 시는 작자가 50세 되던 해 무렵에 지은 것임이 분명하다. 늙음 뿐만이 아니라 죽음까지도 느끼고 있는 것 같다.

잡시 雜詩 [6]

옛날에 어른들의 말을 듣기만 하면
귀를 가리고 늘 좋아하지 않았었네.
그런데 어찌하여 쉰 살이 되자
어느새 이미 내가 친히 그런 처지가 되었는가?
내가 한창 나이 때 즐기던 일을 해보아도
조금도 다시 하고 싶은 마음 일지 않네.
세월은 쏜살같이 흘러만 가는데
이 삶은 어찌 다시 돌이킬 수 있는가?
온 집안 재물 다 기울이어 즐기면서
달려가는 세월 모두 살아야지!
자식이 있다 해도 돈은 남겨줄 것 없으니
죽은 뒤에 남는 것 무엇에 쓸 것인가?

석문장자언　　　엄이　매불희
昔聞長者¹⁾言하고, 掩耳²⁾每不喜러라.
내하오십년　　　홀이친차사
奈何五十年에, 忽已親此事³⁾오?

---

1) 長者(장자): 어른. 나이 많은 분들.
2) 掩耳(엄이): 귀를 가리다.
3) 此事(차사): 어른들이 일러주던 일. "젊었을 적에 열심히 공부하고 일을 많이 하라, 그렇지 않으면 늙어서 후회하게 될 것이다."고 하는 것 같은 말이다.

^{구 아 성 년 환}
求我盛年⁴⁾歡이로되, ^{일 호 무 복 의}
一毫無復意로다.
^{거 거 전 욕 속}
去去⁵⁾轉欲速⁶⁾하니, ^{차 생 기 재 치}
此生豈再値리오?
^{경 가 지 작 락}
傾家⁷⁾持作樂하여, ^{경 차 세 월 사}
竟此歲月駛⁸⁾로다.
^{유 자 불 류 금}
有子不留金이니, ^{하 용 신 후 치}
何用身後置⁹⁾오?

늙음과 인생의 덧없음을 한탄하고 있다. 계속 죽음까지도 생각하고 있다. 도연명의 시대는 정치와 사회가 지극히 혼란하던 시대라 큰 욕심이 없이 깨끗이 살려던 시인까지도 인생을 달관하기가 어려웠던 것 같다.

---

4) 盛年(성년): 한창 나이. 옛날 중국에서는 20대의 남자를 성년이라 하였다.
5) 去去(거거): 지나가는 모양, 빠르게 지나가는 모양.
6) 轉欲速(전욕속): 더욱 빨라지는 것 같은 것.
7) 傾家(경가): 집안의 재물이나 인력을 모두 기울이는 것.
8) 駛(사): 달려가다, 지나가다.
9) 身後置(신후치): 몸이 죽은 뒤에까지 물건을 남겨두는 것.

잡시 雜詩 [7]

해와 달은 더디게 돌아갈 줄 모르고
사철은 서로 밀듯 바꾸어지네.
찬바람은 마른 나뭇가지 흔들고
떨어진 나뭇잎은 긴 밭두둑 덮고 있네.
약질의 몸은 세월 따라 쇠하였고
본래의 귀밑머리 벌써 이미 희어졌네.
흰 머리카락 머리에 늘어감에 따라
앞길은 점점 줄어들고 있네.
집은 나그네 맞는 여관처럼 되어
나는 곧 떠나야 할 손님이나 같네.
이대로 어디로 가려는가?
남산의 오래 묵게 될 집일세.

일 월 불 긍 지　　사 시 상 최 박
日月不肯遲¹⁾하고, 四時相催迫²⁾이라.
한 풍 불 고 조　　낙 엽 엄 장 맥
寒風拂枯條하고, 落葉掩長陌³⁾이라.
약 질 여 운 퇴　　원 빈 조 이 백
弱質與運頹⁴⁾하여, 元鬢⁵⁾早已白이라.

1) 遲(지): 더디다, 더디게 가다.
2) 催迫(최박): 빨리 가기를 재촉하는 것.
3) 陌(맥): 밭두둑.
4) 運頹(운퇴): 운행을 따라 무너지다. 세월의 흐름을 따라 허약해지다.
5) 元鬢(원빈): 본래의 귀밑머리. 검었던 귀밑머리.

素標⁶⁾揷人頭하니, 前途漸就窄이라.
家爲逆旅⁷⁾舍하여, 我如當去客이라.
去去⁸⁾欲何之오? 南山⁹⁾有舊宅이라.

계속 늙고 있고 죽음이 다가오고 있는 자신을 한탄하고 있다. 자기 집조차도 여관처럼 느끼고 있는 시인의 마음이 가엽기 짝이 없다.

---

6) 素標(소표): 흰 꼬투리. 흰머리.
7) 逆旅(역려): 여관, 객사.
8) 去去(거거): 자기도 모르는 사이에 가고 있는 모양.
9) 南山(남산): 도연명의 고향에서는 여산(廬山)을 가리키는 말이다.

잡시 雜詩 [8]

벼슬살이는 본시부터 바라는 일 아니니
하는 일은 밭갈고 뽕나무 가꾸는 일이네.
몸소 하는 일 그만둔 적 없으나
헐벗고 굶주리며 늘 겨와 술지게미 먹고 사네.
어찌 지나치게 배부르게 지내기 바라겠는가?
다만 곡식밥이라도 배부르기 바랄 뿐이네.
겨울 견디는 데에는 거친 포대기면 되고
거친 갈포로 여름해 가리면 되는데,
바로 그것도 하지 못하니
슬프고도 가슴 아프네.
남들은 모두 제대로 잘 지내는데
쪼들리는 삶은 좋은 방법을 모르고 있네.
이치가 그렇게 만드는 것인데 어이할 것인가?
그러니 한잔 술로 즐겨보세.

代耕¹⁾本非望이니, 所業在田桑이라.
躬親未曾替²⁾나, 寒餒常糟糠³⁾이라.

---

1) 代耕(대경): 밭 경작을 대신하는 것. 벼슬살이를 가리킴.
2) 替(체): 일을 그만두는 것.
3) 糟糠(조강): 술지게미와 겨. 술지게미와 겨를 먹고 사는 것.

^{기 기 과 만 복}　　　　　^{단 원 포 갱 량}
豈期過滿腹이리오? 但願飽粳糧⁴⁾이라.

^{어 동 족 대 포}　　　　^{추 치 이 응 양}
御冬足大布⁵⁾요, 麤絺⁶⁾以應陽⁷⁾이라.

^{정 이 불 능 득}　　　　^{애 재 역 가 상}
正爾⁸⁾不能得하니, 哀哉亦可傷이라.

^{인 개 진 획 의}　　　　^{졸 생 실 기 방}
人皆盡獲宜로되, 拙生失其方이라.

^{이 야 가 내 하}　　　　^{차 위 요 일 상}
理也可奈何오? 且爲陶⁹⁾一觴이라.

　　가난 속에서도 자신의 깨끗한 자세를 지키면서 전원의 생활과 술을 즐기고 있다. 이런 깨끗한 인물의 생활이 이토록 가난해야만 하는가 안타까움이 느껴질 정도이다. 시인의 가난이 도에 지나치는 느낌이다.

---

4) 粳糧(갱량): 곡식.
5) 大布(대포): 거친 포대기.
6) 麤絺(추치): 거친 갈포.
7) 應陽(응양): 햇빛에 대응하다. 여름 햇빛을 가리는 것.
8) 正爾(정이): 바로 그러한 것.
9) 陶(요): 즐기다.

[3부] 가난과 시인

육체 · 그림자 · 정신의 문답 形影神

서(序): 귀한 자와 천한 자, 현명한 자와 어리석은 자 모두가 아귀다툼하면서 삶을 아끼고 있는데, 이것은 매우 미혹迷惑된 짓이다. 그러므로 육체(形)와 그림자(影)의 괴로움을 극진히 진술하고, 정신(神)의 자연에 대한 이해를 논함으로써 그것을 풀어주고자 하는 것이다. 여기에 흥미를 지닌 군자들은 다 같이 그러한 마음을 알아줄 것이다.

貴賤賢愚이, 莫不營營以惜生이나, 斯甚惑焉이라. 故로 極
陳形影之苦하고, 言神辨自然以釋之하니, 好事君子는, 共取
其心焉하리라.

육체가 그림자에게 形贈影

하늘과 땅은 오래도록 없어지지 않고
산과 강은 변하는 일이 없다.
풀과 나무는 변함없는 섭리攝理를 얻어
서리 이슬이 이것들을 꽃피우고 시들게 한다.
사람은 가장 신령스럽고 지혜롭다 하면서도
그들만이 이것들만 못하다.
한동안 세상에 살아있는 것 같다가도
어느덧 속절없이 사라져 간다.

어이 깨닫겠는가, 한 사람쯤 없어지는 것을?
친척이나 친구들도 어찌 오래 두고 그를 생각하겠는가?
다만 평생에 쓰던 물건만 남길 따름이니
이를 볼 때 심정만 처절해진다.
우리에게 신선 되는 재주 없으니
반드시 그렇게 될 것은 의심할 여지도 없다.
바라건대 그대는 내 말 명심하고
술이 생기거든 구차히 사양하는 일 없도록 하게나.

天地長不沒¹⁾하고, 山川無改時라.
草木得常理²⁾하여, 霜露榮悴³⁾之라.
謂人有靈智나, 獨復不如茲라.
適⁴⁾見在世中이러니, 奄⁵⁾去靡歸期⁶⁾라.
奚覺無一人고? 親識⁷⁾豈相思리오?
但餘平生物이니, 擧目情凄洏⁸⁾라.

---

1) 不沒(불몰): 없어지지 않다. 존속(存續)하다.
2) 常理(상리): 일정한 원리, 영원히 변치 않는 자연의 섭리(攝理).
3) 榮悴(영췌): 꽃을 피우고 시들게 하는 것.
4) 適(적): 마침, 잠깐 동안.
5) 奄(엄): 문득, 어느덧.
6) 靡歸期(미귀기): 죽을 일정한 시기가 없다. 곧 아무 때나 죽게 되는 것.
7) 親識(친식): 친척과 친구들.
8) 凄洏(처이): 처절하다, 슬퍼지다. '洏'를 눈물이 흐르는 모양으로 풀어도 좋다(李公煥 注).

我無騰化術⁹⁾하니, 必爾¹⁰⁾不復疑라.
<small>아 무 등 화 술   필 이   불 부 의</small>

願君取吾言하여, 得酒莫苟辭하라.
<small>원 군 취 오 언   득 주 막 구 사</small>

그림자가 육체에게 影答形

삶이 있게 된 데 대하여는 말할 수도 없고,
삶을 지키는 일조차도 언제나 서툴러서 괴롭다.
진실로 곤륜산崑崙山 화산華山 같은 신선 사는 곳에 노닐고
    싶지마는
까마득히 그곳으로 가는 길은 끊겨 있다.
그대와 만나 함께 해 온 이래로
슬픔과 기쁨을 달리해 본 일 없다.
응달에 쉴 적에는 잠시 떨어진 듯하다가
햇볕에만 나서면 끝내 서로 떨어지지 않는다.
이렇게 함께 있는 것도 영원하기 어려운 것이니
컴컴한 속으로 때가 오면 함께 없어져 버릴 것이다.
몸이 죽으면 이름조차도 없어지는 것,
이를 생각하면 가슴속이 뜨거워진다.
착한 일을 하면 그 은택이 후세에까지 끼쳐진다는데
어찌하여 스스로 힘을 다하지 않는가?
술을 마시면 근심을 없앨 수 있다고 하지만

---

9) 騰化術(등화술): 하늘을 날아다니는 재주, 곧 신선(神仙)이 되는 재주. 신선은 늙지도 않고 죽지도 않는다고 생각했었다.
10) 必爾(필이): 필연(必然). 반드시 그렇게 되는 것.

이에 비기면 얼마나 시원찮은 것인가?

存生¹¹⁾不可言하고, 衛生每苦拙¹²⁾이라.
誠願遊崑華¹³⁾로되, 邈然¹⁴⁾玆道絶이라.
與子相遇來하여, 未嘗異悲悅하고,
憩蔭¹⁵⁾若暫乖¹⁶⁾라가, 止日¹⁷⁾終不別이라.
此同¹⁸⁾旣難常이니, 黯爾¹⁹⁾俱時滅이라.
身沒名亦盡이니, 念之五情²⁰⁾熱이라.
立善²¹⁾有遺愛²²⁾리니, 胡爲不自竭²³⁾고?
酒云能消憂나, 方²⁴⁾此詎²⁵⁾不劣고?

---

11) 存生(존생): 삶을 존재케 하는 것. 생명의 존재 근거.
12) 拙(졸): 졸렬하다, 서투르다.
13) 崑華(곤화): 곤륜산(崑崙山)과 화산(華山). 모두 신선이 살고 있다는 전설이 있는 산으로서, 그곳에 노닌다는 것은 신선이 됨을 뜻한다.
14) 邈然(막연): 멀고 아득한 모양. 까마득한 것.
15) 憩蔭(게음): 응달에서 쉬는 것.
16) 乖(괴): 서로 어긋나다, 서로 떨어지다.
17) 止日(지일): 햇볕에 나가 있는 것.
18) 此同(차동): 이렇게 함께하는 것. 이와 같이 공존(共存)하는 것.
19) 黯爾(암이): 캄캄한 모양. 어두운 모양.
20) 五情(오정): 기쁨(喜)·노여움(怒)·슬픔(哀)·즐거움(樂)·원망(怨)의 다섯 가지 감정. 여기서는 이 다섯 가지 감정이 담겨 있는 '가슴속'을 뜻함.
21) 立善(입선): 선(善)을 행하는 것.
22) 遺愛(유애): 후세에까지 끼쳐지는 은택.
23) 自竭(자갈): 자기의 힘을 다하는 것.
24) 方(방): 비기다, 견주다.
25) 詎(거): 어찌.

정신의 풀이 神釋

자연의 조화造化는 힘을 사사로이 쓰는 일 없고,
만 가지 이치는 엄연히 드러나 있다.
사람이 하늘·사람·땅의 삼재三才 가운데 끼는 것은
어찌 내가 있기 때문이 아니겠는가?
그대들과 비록 다른 물건이라고는 하지만
나면서부터 서로 붙어 의지하여 왔다.
함께 붙어 한몸임을 기뻐하여 왔거늘
어찌 말해 주지 않을 수 있겠는가?
삼황三皇은 위대한 성인이시지만
지금 어느 곳에 살아 있는가?
팽조彭祖는 오래도록 살았다지만,
영원히 살려고 하다가 죽어 버렸다.
늙은이나 젊은이나 다 같이 죽을 것이니
현명하고 어리석음을 더 따질 게 없게 된다.
매일같이 술에 취해 있으면 이런 것을 잊게 될지는 모르지만
그러나 그것은 목숨을 재촉하는 짓이 아닐까?
착한 일을 하는 것도 언제나 기뻐할 일이기는 하지만
누가 그대가 한 일을 기려 준단 말인가?
골똘히 생각하는 것은 우리 삶을 해치는 짓이니
운명에 맡기어 되는대로 살아감이 옳을 것이다.
세상의 위대한 변화 속에 물결치는 대로 따르면서
기뻐하지도 않고 두려워하지도 않는 것이다.
응당히 다할 목숨이라면 그대로 다하게 둠으로써
홀로 많은 걱정 다시 하지 말게나.

大鈞[26]無私力하고, 萬理自森著[27]라.
_{대 균　무 사 력　　만 리 자 삼 저}

人爲三才[28]中이, 豈不以我故아?
_{인 위 삼 재　중　　기 불 이 아 고}

與君雖異物이나, 生而相依附라.
_{여 군 수 이 물　　생 이 상 의 부}

結託旣喜同[29]이어늘, 安得不相語리오?
_{결 탁 기 희 동　　　안 득 불 상 어}

三皇[30]大聖人이나, 今復在何處오?
_{삼 황　대 성 인　　금 부 재 하 처}

彭祖[31]愛永年[32]이나, 欲留不得住라.
_{팽 조　애 영 년　　　욕 류 부 득 주}

老少同一死니, 賢愚無復數[33]라.
_{노 소 동 일 사　　현 우 무 부 수}

日醉或能忘이나, 將非促齡具[34]아?
_{일 취 혹 능 망　　장 비 촉 령 구}

立善常所欣이나, 誰當爲汝譽오?
_{입 선 상 소 흔　　수 당 위 여 예}

甚念傷吾生이니, 正宜委運去[35]라.
_{심 념 상 오 생　　정 의 위 운 거}

---

26) 大鈞(대균): 균(鈞)은 질그릇을 만들 때 쓰는 녹로(轆轤). 녹로가 빙글빙글 돌면서 그릇을 만드는 데서, 자연의 조화(造化)에 비유한 말. 따라서 위대한 조화를 뜻한다.

27) 森著(삼저): 삼(森)은 수많으면서도 엄연한 모양. 따라서 '수많은 것들이 엄연히 드러나 있는 것'.

28) 三才(삼재): 세계를 구성하는 하늘[天]·땅[地]·사람[人]의 가장 중요한 세 가지(『易經』) 繫辭傳).

29) 喜同(희동): 공존(共存)함을 기뻐하다. 일체(一體)임을 기뻐하다.

30) 三皇(삼황): 중국 상고 시대의 황제로서, 복희(伏羲)·신농(神農)·황제(黃帝)의 세 사람.

31) 彭祖(팽조): 요(堯)임금 때부터 하(夏)·은(殷)·주(周)의 3대(三代)에 걸쳐 8백 살이나 살았다는 전설적인 인물.

32) 永年(영년): 죽지 않고 오래도록 사는 것.

33) 數(수): 셈하다, 따지다.

34) 促齡具(촉령구): 목숨을 재촉하는 물건.

35) 委運去(위운거): 운명에 맡기어 살아가다. 되는대로 자연스럽게 살아가다.

從^{종랑}浪³⁶⁾ 大^{대화}化³⁷⁾ 中하며, 不^{불희역불구}喜亦不懼라.
應^{응진변수진}盡便須盡이니, 無^{무부독다려}復獨多慮하라.

여기의 육체(形)와 그림자(影)와 정신(神)은 도연명 자신의 분신 分身이다. 그가 이 세 가지 자신의 분신들의 대화를 통하여 그의 인생철학을 읊고 있는 것은 매우 재미있는 발상이라 생각된다. 이들 세 분신의 주장은 각기 서로 다르지마는 실제로 그것들은 각각 도연명의 인생철학의 한 단면을 대표하고 있다. 육체가 "술이 생기거든 구차히 사양하는 일 없도록 하라"고 주장하는 것은 거의 모든 시에서 술을 노래하는 도연명의 철학인 것이다. 그는 술을 빌어 육체의 괴로움을 이겨내고 자연 속에 소박하고 참됨으로써 조화를 이루는 자기의 경지를 추구하고 있는 것이다.

　　그림자는 "착한 일을 행하면 그 은택이 후세에까지 남는다는데, 어찌하여 스스로 힘을 다하지 않는가?"고 주장하는 것은 젊은 날의 유학을 바탕으로 한 교육을 받은 도연명의 적극적인 면을 대표하는 것이다. 그도 인류와 사회를 위하여 위대한 업적을 남기는 뜻있는 인간이 되어 보려는 포부를 지녔던 사람이었다. 그러나 그가 살고 있던 사회의 조건은 자기 마음과 같지 않아서 정신은 "한편 응당히 다할 목숨이라면 곧 다하게 둠으로써, 홀로 많은 걱정 다시 하지 말라."고 운명을 그대로 받아들이고 올바른 도를 즐기는 입장에서 육체와 그림자에게 충고하고 있는 것이다. 다른 시를 통해서 보더라도 도연명은 자신이 언제나 이 세 가지 다른 입장에서

---

36) 從浪(종랑): 물결치는 대로 몸을 내맡기는 것, 물결치는 대로 따라가는 것.
37) 大化(대화): 위대한 변화, 자연의 변화.

정신적인 고민을 해왔던 것 같다.

『장자莊子』나 『열자列子』 같은 도가의 글을 보면 일찍부터 육체와 그림자(形影)를 대비시키고 있다. 그러나 여기에 정신(神)을 더 보탠 것은 당시의 승려인 혜원慧遠(334~416년?)의 「불영명佛影銘」의 영향을 받은 듯하다. 혜원은 그 당시 대단한 존경을 받던 고승高僧으로, 도연명의 거처에 가까운 여산廬山의 동림사東林寺에 머물면서 백련사白蓮社라는 승려 단체를 결성하고 있었다.

도연명도 그 단체에 들어와 달라는 요청받았다는 말이 전해지고 있으니, 도연명이 혜원의 영향을 받았을 가능성은 크다. 더욱이 혜원은 「불영명」을 지어, 육체와 그림자·정신의 관계를 분명히 하고는, 자기 제자를 당시 명성을 떨치기 시작하던 젊은 시인 사령운謝靈運에게 보내어 그에게 명문銘文을 짓도록 부탁까지 했다 한다.

이 도연명의 세 수의 시는 제각기 논리가 다르지만, 공통점으로는 신선을 반대하고 자연을 받아들일 것을 주장하고 있다는 것이다. 그리고 이 세 가지 중에서 그는 정신을 가장 높은 차원의 것으로 보고 있기는 하지만, 혜원이 정신의 불멸론不滅論을 근거로 인과응보因果應報의 존재를 인정하려던 태도에는 반대하고 있다. 그는 진보적인 유가 입장에서 당시의 도교와 불교 사상을 모두 반대하고 있는 것이다. 그리고 그의 문집을 보면 오언시의 첫머리에 이 시를 싣고 있으니, 옛날 사람들도 이 시를 매우 중요하게 여겼음을 알겠다.

걸식 乞食

굶주림이 나를 내몰았지만
어디로 가야 할지 알 수가 없구나.
가고 또 가다 한 마을에 이르러
어느 집 문을 두드리는데 말씨 어색하네.
주인은 내 뜻 알아듣고
음식 내주니 어찌 헛걸음이라 하겠는가?
얘기하다 뜻 맞아 저녁때를 넘기고
술 따라 주는 대로 잔 기울이네.
마음에 새 지기知己 얻은 기쁨 넘쳐
이를 마침내 시로 읊게 되었네.
빨래하던 아낙이 한신韓信에게 밥 먹여 준 것 같은 당신 은
    혜에 감동했지만,
내 자신은 한신 같은 은혜 갚을 재주 없는 게 부끄럽네.
후의厚意는 가슴속에 접어두었지만 어떻게 보답해야 할까?
저승에 가서라도 잊지 않고 갚아야지!

　　　기 래 구 아 거　　부 지 경 하 지
　　　飢來驅我去나, 不知竟何之로다.
　　　행 행 지 사 리　　고 문 졸 언 사
　　　行行至斯里로되, 叩門拙言辭로다.
　　　주 인 해 여 의　　유 증 기 허 래
　　　主人解余意하여, 遺贈[1]豈虛來아?

1) 遺贈(유증): 선물하다. 여기서는 먹을 것을 내주는 것.

談^담諧^해²⁾終^종日^일夕^석³⁾하고, 觴^상⁴⁾至^지輒^첩⁵⁾傾^경杯^배라.

情^정欣^흔新^신知^지歡^환하여, 言^언詠^영⁶⁾遂^수賦^부詩^시라.

感^감子^자漂^표母^모⁷⁾惠^혜나, 愧^괴我^아非^비韓^한才^재⁸⁾라.

銜^함戢^즙⁹⁾知^지何^하謝^사오? 冥^명報^보¹⁰⁾以^이相^상貽^이¹¹⁾라.

    도연명은「걸식」이라는 시를 지을 만큼 가난했다. 송宋나라 소식蘇軾 같은 이는 이 시를 읽고 도연명의 굶주렸던 처지를 몹시 슬퍼하였다. 그러나 많은 학자들이 이 시는 도연명이 장난삼아 지은 시라고 보고 있다. 그러나 아무리 장난이라 하더라도 도연명 자신이 헐벗고 굶주렸던 경험을 토대로 지은 시임에는 틀림없다 할 것이다.

---

2) 談諧(담해): 얘기하다 뜻이 서로 잘 맞는 것.
3) 終日夕(종일석): 해가 져 저녁 무렵이 되다. 저녁때를 넘기다.
4) 觴(상): 술그릇 이름. 여기에서는 술을 대접함을 뜻한다.
5) 輒(첩): 문득, 번번이.
6) 言詠(언영): 자기 감정을 읊어내는 것.
7) 漂母(표모): 솜을 물에 빠는 아낙. 옛날 한신(韓信)이 한(漢)나라 장군이 되기 전에 성 밑에서 낚시질을 하고 있었는데, 풀솜을 빨러 나온 아낙 중의 한 사람이 그의 굶주린 기색을 보고 10여 일이나 밥을 먹여 주었다. 뒤에 한신이 고조(高祖)를 섬기어 초왕(楚王)이 된 다음, 천금(千金)으로 옛날 밥을 먹여 주었던 아낙네의 은혜에 보답하였다 한다(『史記』 淮陰侯列傳).
8) 韓才(한재): 한신(韓信)처럼 출세할 만한 재주.
9) 銜戢(함즙): 가슴속에 거두어 두는 것. 꼭 새겨두는 것.
10) 冥報(명보): 죽어 저승에 가서 은혜에 보답하는 것.
11) 相貽(상이): 선물을 보내주는 것. 보답을 하는 것.

그가 팽택령彭澤令이란 벼슬을 하기 전에는 집안의 "작은 독 안에도 담겨있는 곡식이 없었다.(瓶無儲粟)"고 스스로 말하고 있고(「歸去來辭」序文), 벼슬을 내던지고 전원으로 돌아와서는 시와 술로 나날을 보냈으니 처자들과 함께 걸식을 해야 할 지경의 가난한 상태에까지 몰린 일도 있음직하다. 그는 헐벗고 굶주린 끝에 자기가 걸식하는 모양을 그려 보며 이와 같은 시를 썼던 것 같다. 그렇지만 시인의 실제 경험일 가능성도 크다.

자식을 책함 責子[1]

양편 귀밑머리가 흰머리로 변하니
살갗도 이제는 팽팽치 않네.
비록 다섯 아들이 있기는 하나
모두 종이나 붓은 좋아하지 않네.
서舒는 이미 열여섯 살인데도
게으르기 짝이 없고,
선宣은 열다섯이 되어 가는데
공부하기를 좋아하지 않고,
옹雍과 단端은 함께 열세 살인데
여섯과 일곱도 분간 못하고,
통通이란 놈은 아홉 살이 다 되었는데도
배와 밤만 찾고 있네.
하늘의 운수가 진실로 이러하니,
그저 술잔이나 기울이는 수밖에.

白髮被兩鬢[2]하니, 肌膚[3]不復實[4]이라.

---

1) 責子(책자): 자식들을 책하는 시.『도정절집(陶靖節集)』권3에 실려 있다.
2) 鬢(빈): 머리. 귀밑머리.
3) 肌膚(기부): 살갗. 피부.
4) 不復實(불부실): 예처럼 충실치 않다. 곧 주름이 져서 예처럼 팽팽하지 않다는 뜻.

雖有五男兒⁵⁾나, 總不好紙筆이라.
阿⁶⁾舒已二八⁷⁾이나, 懶惰⁸⁾故無匹이오,
阿宣行志學⁹⁾이나, 而不愛文術¹⁰⁾하고,
雍端年十三이나, 不識六與七이오,
通子垂¹¹⁾九齡이나, 但覓¹²⁾梨與栗이라.
天運苟¹³⁾如此하니, 且進盃中物¹⁴⁾하라.

자기 자식의 못났음을 책하는 시이다. 천재적인 시인 도연명도 게으르고 아둔한 자기 자식은 어찌 하는 수가 없었던 모양이다.

---

5) 五男兒(오남아): 도연명에게는 엄(儼)·사(俟)·빈(份)·일(佚)·동(佟)의 다섯 아들이 있었는데, 유명(幼名)을 서(舒)·선(宣)·옹(雍)·단(端)·통(通)이라 각각 불렀다.
6) 阿(아): 친애(親愛)를 나타내는 뜻으로 붙인 것. 이름 외에도 아모(阿母)·아형(阿兄)과 같이도 쓴다.
7) 二八(이팔): 16세. '십육(十六)'으로 된 판본도 있다.
8) 懶惰(나타): 게으른 것.
9) 行志學(행지학): 열다섯 살이 되어간다. 『논어(論語)』 위정(爲政)편에 '나는 열다섯 살에 배움(學)에 뜻(志)을 두었다' 하였다. 이에서 인용 '지학(志學)'을 열다섯 살의 뜻으로 쓰게 된 것이다.
10) 文術(문술): 학술(學術)·학문(學問)·공부.
11) 垂(수): '되어간다'는 뜻.
12) 覓(멱): 찾다. '염(念: 생각한다)'으로 된 판본도 있다.
13) 苟(구): 진실로. 구차하다는 뜻으로 보아도 통한다.
14) 盃中物(배중물): 잔 속의 물건, 곧 술을 가리킨다.

사람이 늙으면 의지할 곳이란 자식뿐인데, 자식들이 이처럼 못났으니 한심스럽기 짝이 없다. 이것도 운수인 모양이라고 체념하며 도연명은 술잔을 들어 밀려오는 번민을 씻는다.

가난한 선비의 노래 詠貧士 [1]

만물은 제각기 몸 의탁할 곳 있으나
외로운 구름만은 의지할 곳도 없구나.
아스라이 공중으로 사라져 가니
언제면 햇빛 서린 그 모습 다시 볼 수 있을까?
아침 노을에 밤새 끼었던 안개 걷히니
새들은 서로 어울리어 날아오르고 있네.
뒤늦게 숲을 나왔던 한 마리 새는
해도 지기 전에 다시 숲으로 되돌아가네.
자기 능력 헤아리어 본래의 생활 방법 지키는데
어찌 헐벗고 굶주리지 않을 수 있으랴!
나를 이해하는 자 정말로 존재하지 않지만
그뿐이지, 무엇을 또 슬퍼하겠는가!

萬族¹⁾各有託이나, 孤雲獨無依하여,
曖曖²⁾空中滅하니, 何時見餘暉³⁾오?
朝霞開宿霧하니, 衆鳥相與飛라.

---

1) 萬族(만족): 이 세상의 모든 물건.
2) 曖曖(애애): 아득하고 희미한 모양(「歸園田居」에도 보였음).
3) 餘暉(여휘): 나머지 햇빛. 조각구름에 햇빛이 비치어 구름 가로 햇빛이 드러
   나는 것을 표현한 말.

遲遲出林翮⁴⁾은,　未夕復來歸로다.
量力守故轍⁵⁾이니,　豈不寒與飢리오?
知音⁶⁾苟不存이나,　已矣何所悲리오?

　　이 시는 「영빈사」 일곱 수 중의 첫째 작품이다. 도연명이 가난하게 살면서, 가난하면서도 깨끗하고 바르게 일생을 보냈던 옛사람들에 대한 흠모欽慕의 정을 읊은 시들에 대한 서설序說에 해당하는 작품이다. 이 시에 이어 옛사람들의 가난하면서도 깨끗했던 행적을 읊은 시가 6수 더 이어진다. 시 속의 '외로운 구름'이나 외떨어진 한 마리의 '새'는 모두 세속과는 달리 가난하면서도 참되게 살아가는 도연명 자신을 비유한 것일 것이다.

---

4) 翮(핵): 새 날갯죽지. 여기서는 새를 대표한다.
5) 故轍(고철): 철(轍)은 수레바퀴 자국으로, 여기서는 예로부터 지켜온 생활방식을 가리킨다.
6) 知音(지음): 자기 음악을 이해해 주는 것. 중국의 춘추시대에 백아(伯牙)라는 금(琴)의 명수가 있었는데 그의 음악을 잘 이해해 주는 종자기(鍾子期)란 친구가 있었다. 종자기가 죽은 뒤에는 백아는 다시는 금을 타지 않았다는 고사에서 나온 말(『淮南子』脩務訓). 여기서는 자기를 잘 이해해 주는 사람을 뜻한다.

가난한 선비의 노래 詠貧士 [2]

처량하게 한 해가 저물고 있는데
누더기 두르고 앞뜰에서 햇빛 쬐네.
남쪽 밭에는 남겨진 곡식 이삭 없고
마른 가지만이 북쪽 뜰에 가득하네.
술병 기울여 보니 나머지 찌꺼기마저도 떨어졌고
아궁이 들여다보니 연기도 보이지 않네.
『시경詩經』·『서경書經』 등이 자리 밖에 꽉 채워져 있는데,
해가 기울어도 공부할 겨를 없네.
한가히 사는 것은 공자가 진陳나라에서 곤경에 빠졌던 일에
   비길 바 못되거늘
남몰래 하는 말에 노여움이 드러나네.
무엇으로 내 마음 위로받을까?
다행히도 옛날에는 이런 현명한 분들이 많았었지.

凄厲¹⁾歲云暮에, 擁褐²⁾曝前軒이라.
南圃無遺秀³⁾하고, 枯條盈北園이라.

---

1) 凄厲(처려): 처량한 것.
2) 擁褐(옹갈): 누더기를 두르다, 누더기를 끌어안다. 갈(褐)은 천한 사람들이 입던 옷이다.
3) 遺秀(유수): 남겨진 곡식 이삭, 수확하지 않은 곡식 이삭.

^{경 호 절 여 력}　　　　　^{규 조 불 견 연}
傾壺絶餘瀝⁴⁾이오, 闚竈⁵⁾不見煙이라.
^{시 서 색 좌 외}　　　　^{일 측 불 황 연}
詩書塞座外로되, 日昃⁶⁾不遑硏이라.
^{한 거 비 진 액}　　　　^{절 유 온 현 언}
閒居非陳厄⁷⁾이나, 竊有慍見言이라.
^{하 이 위 오 회}　　　　^{뢰 고 다 차 현}
何以慰吾懷아? 賴⁸⁾古多此賢이라.

　　도연명은 무척 가난한 전원생활 속에서도 초연히 깨끗한 자신의 입장을 지키려는 뜻을 노래하고 있다. 양식도 떨어지고 술도 떨어졌지만 그의 마음은 여전히 옛날의 훌륭한 사람들의 생활을 본받아 깨끗하고 조용히 살아가겠노라고 다짐하고 있다.

---

4) 餘瀝(여력): 남은 찌꺼기, 남은 한 방울.
5) 闚竈(규조): 부엌 아궁이를 들여다보다.
6) 昃(측): 해가 기우는 것.
7) 陳厄(진액): 공자(孔子)는 만년에 여러 나라를 주유(周遊)하다가 진(陳)나라와 채(蔡)나라 사이에서 지방 사람들에게 포위를 당하여 심한 곤경에 빠진 일이 있었다.
8) 賴(뢰): 의지하다. 덕분에.

가난한 선비의 노래 詠貧士 [3]

영계기榮啓期 노인은 늙어서도 새끼줄로 허리띠 메고
기꺼이 금琴을 타고 있었네.
원헌原憲은 뒤축 떨어진 신발 신고서
맑은 목청으로 상송商頌을 노래하였네.
순임금은 우리보다 오래 전에 사셨지만
가난한 선비는 어느 시대에서나 찾을 수가 있네.
해진 옷자락은 팔꿈치도 가리지 못하고
명아주국에는 언제나 낟알 보이지 않네.
어찌 가벼운 갖옷 입는 것 좋다는 것을 잊었을까만
구차히 얻는 것은 바라는 일이 아닐세.
자공子貢은 공연히 말만 잘한 것이니,
내 마음은 전혀 알지 못할 사람일세.

榮叟¹⁾ 老帶索이나, 欣然²⁾ 方彈琴이라.
原生³⁾ 納決履⁴⁾하고, 淸歌暢商音⁵⁾이라.

---

1) 榮叟(영수): 춘추(春秋)시대 사람 영계기(榮啓期). 공자(孔子)가 태산(泰山)에서 그를 만났는데, 사슴 가죽 갖옷에 새끼줄로 허리띠를 대신하고서도 금(琴)을 타며 노래를 하고 있었다 한다(『列子』天瑞).
2) 欣然(흔연): 기꺼운 모양.
3) 原生(원생): 공자의 제자 원헌(原憲). 공자의 제자 중에서도 안빈낙도(安貧樂道)한 사람으로 유명하다. 같은 공자의 제자인 자공(子貢)이 수레를 타고 가서 그를 만났는데, 원헌은 '가죽나무 껍질로 만든 관을 쓰고 뒤축이 떨어져 나간 신발을 신고 명아주 지팡이를 짚은 몰골이었다 한다'(『莊子』雜篇 讓王).

重華⁶⁾去我久나,　貧士世相尋이라.
弊襟不掩肘⁷⁾하고,　藜羹常乏斟이라.
豈忘襲輕裘리오?　苟得非所欽⁸⁾이라.
賜⁹⁾也徒能辯이니,　乃不見吾心이라.

　　도연명이 앞의 시에서 말한 '옛날의 현명한 분들'이란 여기에서 읊고 있는 영계기 榮啓期와 원헌 原憲 같은 사람들을 뜻한다. 도연명도 그들처럼 가난하지만 깨끗하고 즐겁게 살아가려는 것이다.

---

4) 決履(결리): 떨어진 신발. 『장자』에는 '사리(縰履)'로 쓰고 있는데, 뒤축이 떨어져 나간 신발의 뜻이다.
5) 商音(상음): 같은 『장자』 양왕편에 공자의 제자 증자(曾子)가 굶주리면서 뒤축이 떨어져 나간 신발을 끌면서도 '상송(商頌)을 노래하는데, 소리가 천지에 가득 차고 악기에서 나오는 소리 같았다' 하였다. 도연명은 이 시에 원헌과 증자의 고사를 함께 어울려 쓰고 있으니, 이 '상음'은 『시경(詩經)』의 상송을 뜻하는 것으로 보아야 한다.
6) 重華(중화): 순(舜)임금의 자(字).
7) 肘(주): 팔꿈치.
8) 欽(흠): 공경하다. 흠모하다. 바라다.
9) 賜(사): 자공(子貢)의 이름. 앞의 주 3)에서 말한 바와 같이 자공은 원헌의 모습을 보고는 "아아, 선생께선 어찌 이런 고생을 하시오?" 하고 물었다. 원헌은 그때 "내가 듣건대, 재물이 없는 것은 가난하다 하고, 배우고도 행하지 못하는 것을 고생이라 한다 하였소. 지금 나는 가난한 것이지 고생하는 것이 아니오!"라고 대답하였다 한다.

가난한 선비의 노래 詠貧士 [4]

가난하면서도 편안하고 천한 신분에 만족한 사람으로
옛날에 검루黔婁가 있었네.
높은 벼슬을 그는 영광스럽다고 여기지 않았고,
굉장한 선물도 그는 거들떠보지 않았다네.
하루아침에 목숨 다하자
해진 옷으로 여전히 몸도 다 둘러싸지 못하였네.
어찌 지극히 가난함의 어려움을 몰랐겠는가?
올바른 도를 벗어나야 했기 때문에 걱정이 없었던 것이네.
지난 천 년 동안에
이러한 친구는 다시 볼 수 없었네.
아침 동안 어짊과 의로움 따라 살았다면
저녁에 죽게 된다 해도 또 무얼 더 바라겠는가?

安貧守賤者로, 自古有黔婁¹⁾로다.
好爵吾不榮²⁾이오, 厚饋吾不酬³⁾로다.

---

1) 黔婁(검루): 춘추(春秋)시대 노(魯)나라 사람. 극히 가난하면서도 부귀를 거들떠보지 않고 어짊과 의로움을 지키며 올바르게 살다가 죽은 사람으로 알려져 있다(劉向『列女傳』).
2) 好爵不吾榮(호작불오영): 벼슬을 좋아하여 나는 그것을 영화로운 것으로 여기지 않는다고 하였다. 검루의 입장에서 표현한 말임.

一旦壽命盡하니, 弊服仍不周⁴⁾러라.
豈不知其極⁵⁾이리오? 非道⁶⁾故無憂로다.
從來將千載에, 未復見斯儔⁷⁾로다.
朝與仁義生이어늘, 夕死復何求리오?

여기에 보인 검루의 기록은 유향劉向의 『열녀전列女傳』에 그의 부인에 관한 얘기를 쓴 중에 보인다. "노魯 나라 검루가 죽자, 증자 曾子가 찾아가 곡을 하고 나서 그의 처에게 물었다. '죽은 뒤에 부르는 시호諡號를 무어라 하겠습니까?' 그의 처가 '강康이라고 하겠습니다.'고 대답하자, 증자가 말하였다. '선생께서는 생전에 음식도 제대로 못 자시고 옷도 제대로 몸에 걸치지 못했고, 죽은 뒤에는 손발을 제대로 염하지도 못했습니다. 무엇이 즐거웠다고 강康

---

3) 厚饋吾不酬(후궤오불수): 두터운 선물이 들어와도 나는 거들떠보지 않는다. 역시 검루의 입장에서 표현한 말임. 한(漢)나라 유향(劉向)의 『열녀전(列女傳)』을 보면 검루는 무척 가난하게 살았음으로, "임금이 재상 자리에 모시고 나라의 정치를 맡기려 하였으나 그는 사양하고 벼슬을 받지 않았다. 그리고 임금이 곡식 수천 섬(石)을 내리려 하였으나 역시 받지 않았다."는 기록이 있다. 酬(수)는 주고받다, 받다, 거들떠보다.
4) 仍不周(잉불주): 여전히 다 두르지 못하다. 살아있을 적이나 마찬가지로 몸을 다 둘러싸지 못하는 것. 죽은 시체의 염도 제대로 하지 못한 것을 말한다.
5) 其極(기극): 가난함의 지극히 어려움.
6) 非道(비도): 올바른 도가 아닌 것. 가난을 벗어나는 짓은 올바른 도가 아니라 여기고 올바른 도를 따라 살았음을 뜻한다.
7) 斯儔(사주): 이러한 친구, 이러한 사람.

이라 시호를 정합니까?' 그의 처가 대답하였다. '선생께서는 임금이 정치를 맡기려고 나라의 재상으로 모시려 하였으나 사양하고 벼슬을 받지 않았으니 그분은 신분이 고귀하고도 남음이 있는 분입니다. 임금님이 일찍이 곡식 수천 섬을 내린 적이 있으나 사양하고 받지 않았으니 그분은 부유하고도 남음이 있는 분입니다. 우리 선생님은 천하의 담담한 음식을 달게 자시고 천하의 낮은 지위에 편안히 지내시면서, 가난하고 천한 신분을 걱정하지 않으셨고 부유해지고 출세하는 것을 부러워하지 않으셨습니다. 어짊을 추구하여 어짊을 이루셨고, 의로움을 추구하여 의로움을 이루셨습니다. 강이라고 시호를 붙여드리는 것이 적절하지 않습니까?'"

도연명은 그러한 검루의 생활방식을 흠모하였던 것이다.

가난한 선비의 노래 詠貧士 [5]

원안袁安은 문 앞에 눈이 쌓이자
담담히 사람들이 가까이 오지 않도록 하였네.
완수阮脩는 부정한 돈이 들어오자
그날로 자기 벼슬을 버렸다네.
풀잎 나뭇잎으로도 몸 덥힐 수 있고
나물 뜯어서 아침 한 끼 채울 수 있네.
어찌 실은 어렵고 괴롭지 않겠는가?
그러나 두려운 것은 굶주리고 헐벗는 것이 아닐세.
가난함과 부유함이 늘 가슴속에 다투고 있지만
올바른 도로써 이겨내니 슬픈 얼굴 볼 수 없네.
그분들의 지극한 덕망이 사는 고장에 우뚝하고
맑고 깨끗한 절의가 서쪽 변경에까지 비쳐지네.

원 안   문 적 설   막 연 불 가 간
袁安¹⁾門積雪하니, 邈然不可干²⁾이라.

---

1) 袁安(원안): 동한(東漢)시대의 사람. 다음 주 참고 바람.
2) 邈然不可干(막연불가간): '막연'은 먼 모양, 담담한 모양, 아득한 모양. '간'은 간섭하다, 범하다, 상관하다. 따라서 '담담히 사람들의 간섭을 받게 되면 안 된다고 생각하는 것' 임. 『후한서(後漢書)』원안전(袁安傳) 주에 이런 『여남선현전(汝南先賢傳)』의 기록을 인용하고 있다. "마침 큰 눈이 내리어 땅 위에 눈이 한 길이나 쌓였다. 낙양령(洛陽令)이 나가 순찰을 하다 보니, 집집마다 모두 눈을 치웠는데 원안의 집 문앞에 가보니 눈이 그대로 있어 길이 나지 않았다. 원안이 죽은 줄 알고 사람들을 시켜 눈을 치우고 문 안

$\underset{\text{완공}}{阮公}$³⁾$\underset{\text{견전입}}{見錢入}$하고, $\underset{\text{즉일기기관}}{卽日棄其官}$이라.

$\underset{\text{추엽}}{芻葉}$⁴⁾$\underset{\text{유상온}}{有常溫}$하고, $\underset{\text{채려}}{採苢}$⁵⁾$\underset{\text{족조찬}}{足朝餐}$이라.

$\underset{\text{기불실신고}}{豈不實辛苦}$리오? $\underset{\text{소구비기한}}{所懼非飢寒}$이라.

$\underset{\text{빈부상교전}}{貧富常交戰}$이로되, $\underset{\text{도승무척안}}{道勝無戚顔}$이라.

$\underset{\text{지덕관방려}}{至德冠邦閭}$⁶⁾하고, $\underset{\text{청절영서관}}{淸節映西關}$⁷⁾이라.

여기서는 가난하지만 지극히 깨끗하게 산 표본으로 원안과 완수의 경우를 들어 자신의 꿈을 읊고 있다.

으로 들어가 보니 원안이 자리에 누워있었다. 왜 나가지 않느냐고 물으니, 그는 대답하기를 '눈이 크게 내리어 사람들이 모두 굶주릴 터이니 사람들이 상관치 않도록 해야 한다.'고 대답하였다 한다. 낙양령은 그를 현명하다 여기고 효렴(孝廉)으로 천거하였다."

3) 阮公(완공): 위(魏) 말 죽림칠현(竹林七賢) 중의 한 사람인 완함(阮咸)의 조카 완수(阮脩). "완수는 부정한 돈이 들어오자 그날로 자기 벼슬을 버렸다."는 얘기는 어디에서 나온 얘기인지 알 수 없다.
4) 芻葉(추엽): 마른 풀과 나뭇잎.
5) 苢(려): 려(䅡)와 같은 나물의 일종이라 한다.
6) 邦閭(방려): 나라와 마을. 사는 고장.
7) 西關(서관): 서쪽 관문. 먼 서쪽의 국경지대.

가난한 선비의 노래 詠貧士 [6]

옛 장중울張仲蔚은 궁한 삶을 좋아하여
집 둘레에는 쑥대가 무성했다네.
고요히 사람들과 사귐을 끊고 있었지만
시만은 매우 잘 지었다네.
온 세상이 그를 알지 못했지만
오직 유공劉龔 한 사람만은 그를 알아주었다네.
이분은 어찌하여 홀로 그렇게 살았는가?
실로 뜻을 같이하는 이가 드물었기 때문일세.
우뚝히 그의 하는 일에 만족하였으니
그의 즐김은 궁하다거나 잘사는 것과는 무관하네.
내 세상살이 매우 쪼들리기는 하지만
이분이라면 언제까지나 뒤좇아 갈 수 있겠네.

仲蔚¹⁾愛窮居하여, 繞宅生蒿蓬²⁾이라.
翳然³⁾絕交遊나, 賦詩頗能工이라.

---

1) 仲蔚(중울): 후한(後漢) 부풍(扶風) 사람. 성은 장(張)씨. 젊어서부터 벼슬을 하지 않고 숨어 살았으나, 학문이 해박하였고 시부(詩賦)를 잘했다 한다. 특히 그의 집 주위엔 쑥대(蓬蒿)가 무성하였다 한다.
2) 蒿蓬(호봉): 쑥대.
3) 翳然(예연): 가리워져 어둑한 모양. 여기서는 조용히 숨어 사는 모양을 형용한 말.

_{거 세 무 지 자} _{지 유 일 류 공}
擧世無知者나, 止有一劉龔[4]이라.
_{차 사 호 독 연} _{실 유 한 소 동}
此士胡獨然고? 實由罕所同[5]이라.
_{개 언} _{안 기 업} _{소 락 비 궁 통}
介焉[6]安其業하니, 所樂非窮通[7]이라.
_{인 사} _{고 이 졸} _{요 득 장 상 종}
人事[8]固以拙이나, 聊得長相從이라.

「영빈사」 시 일곱 수 가운데의 여섯째 작품으로 후한後漢의 장중울張仲蔚을 읊은 것이다.

도연명은 장중울처럼 가난하고 깨끗이 사는 데 뜻을 두고 있었다. 따라서 장중울처럼 자기와 뜻이 맞는 사람들이 이 세상에 많이 있기를 간절히 바랐을 것이다. 끝머리에 장중울과 같은 사람이라면 언제까지나 함께 살고 싶다는 소망을 읊고 있는 것은 그 때문이다.

---

4) 劉龔(류공): 장중울과 같은 시대의 정론가(政論家)로서 명망이 높았던 사람.
5) 所同(소동): 뜻을 같이하는 사람.
6) 介焉(개언): 홀로 우뚝 서 있는 모양. 언(焉)은 연(然)과 같은 조사.
7) 窮通(궁통): 궁하게 사는 것과 뜻이 통하여 잘사는 것. 가난한 것과 부한 것.
8) 人事(인사): 사람들, 또는 사회 속에서 남들과 어울리는 것. 세상살이.

깨달음이 있어 지음 有會而作

서(序): 묵은 곡식은 다 없어지고 새 곡식은 아직 나오지 않았다. 늙은 농부 노릇을 애써 했지만 올해에는 흉년이 닥쳤다. 앞날은 아직도 멀었는데 근심거리는 끊이지 않고 있다. 가을에 곡식 거둬들이는 것도 바랄 수가 없게 되었고, 아침저녁 끼니에도 불을 겨우 피워볼 정도이다. 열흘 전부터 비로소 굶주림과 가난을 생각하게 되었다. 한 해 저물어 가는데 한탄스러운 긴 회포에 잠긴다. 지금 내가 말하지 않으면 후세 사람들이 어찌 이것을 알겠는가?

舊穀既沒하고, 新穀未登이라. 頗爲老農이로되, 而値年災로다.
日月尙悠나, 爲患未已라. 登歲之功은 既不可希요, 朝夕所資는, 煙火裁通이라. 旬日已來로, 始念飢乏이라. 歲云夕矣하니, 慨然永懷를, 今我不述이면, 後生何聞哉아?

어린 나이에 집안이 궁핍하더니
늙어서는 더욱 오래 굶주리고 있네.
콩과 보리도 실로 바라는 것이니
어찌 감히 달고 기름진 것 생각하겠는가?
허기져도 한달에 아홉 끼니 먹지 못할 정도이고,
더위가 닥쳐서야 겨울옷 싫증 내네.
세월은 저물어만 가는데
어찌하여 쓰라린 고생으로 슬퍼하고 있는가?
죽이라도 주던 이의 마음 언제나 좋게 여겨지고
소매로 가리며 받지 않은 잘못 깊이 뉘우쳐지네.

안됐구나, 먹어라 하고 주는 것 부끄러워할 게 무엇 있나?
부질없이 받지 않았으니 공연히 스스로 버린 셈이지.
그렇게 함부로 한 행동이 어찌 뜻한 일이었겠나?
곤궁함을 지키는 것이 오래 전부터의 뜻이기 때문이지.
굶주린다 해도 그뿐이니
내게는 옛날에 많은 스승 계시다네.

약년봉가핍　　노지갱장기
弱年逢家乏하고, 老至更長飢라.
　숙맥실소선　　　숙감모감비
菽麥實所羨¹⁾이니, 孰敢慕甘肥²⁾리오?
　녁　여아구반　　　당서염한의
惄³⁾如亞九飯⁴⁾이오, 當暑厭寒衣라.
세월장욕모　　　여하신고비
歲月將欲暮어늘, 如何辛苦悲아?
상선죽자　심　　심념몽메　비
常善粥者⁵⁾心하니, 深念蒙袂⁶⁾非라.
차래　하족린　　도몰　공자유
嗟來⁷⁾何足吝⁸⁾고? 徒沒⁹⁾空自遺라.

---

1) 所羨(소선): 부러워하는 바. 바라는 것.
2) 甘肥(감비): 단 음식과 기름진 음식.
3) 惄(녁): 굶주리는 것, 허기지는 것.
4) 亞九飯(아구반): 공자의 손자인 자사(子思)는 위(衛)나라에 있으면서, 30일에 아홉 끼니를 겨우 먹었다 한다(『說苑』). 곧 삼순구반(三旬九飯)했다는 것이다. 아(亞)는 버금가는 것. 따라서 거의 '삼순구반' 할 정도라는 뜻이다.
5) 粥者(죽자): 죽을 갖다 주던 사람.
6) 蒙袂(몽메): 옷소매로 가리며 거절하는 것.
7) 嗟來(차래): 옛날 제(齊)나라에 흉년이 들었을 때, 검오(黔敖)라는 사람이 음식을 마련해 놓고 굶주리는 사람들에게 와서 먹도록 하였다. 그가 "안됐구나, 먹어라!(嗟來食)" 하고 말하자, 굶주리던 사람이 그를 쳐다보면서 "나는 안됐구나, 먹어라 하고 주는 음식을 먹지 않아 지금의 처지가 된 거요." 하고, 끝내 먹지 않고 굶어 죽었다 한다(『禮記』 檀弓 下). 여기의 '차래(嗟來)'는 '차래식(嗟來食)'의 뜻이다.

斯濫¹⁰⁾豈攸志¹¹⁾리오? 固窮夙所歸¹²⁾라.
餒¹³⁾也已矣夫니, 在昔余多師라.

　도연명의 전원생활은 무척 곤궁할 수밖에 없었다. 그러나 그는 곤궁 속에서도 깨끗한 자신의 뜻을 지키려는 다짐을 하고 있는 것이다. 가난 속에서도 초연한 그의 마음가짐이 신선인 듯하다.

---

8) 吝(린): 부끄러워하다.
9) 徒沒(도몰): 부질없이 받지 않아 없는 것.
10) 濫(람): 함부로 하는 행동. 허튼짓.
11) 攸志(유지): 뜻한 바, 뜻한 일.
12) 歸(귀): 귀의(歸依). 목표한 바, 뜻한 바.
13) 餒(뇌): 굶주리다.

방주부와 등치중에게 보여주는 초조로 된 원시 怨詩楚調¹⁾示龐主簿²⁾鄧治中

하늘의 도는 깊고도 아득하고
귀신은 까마득히 여겨지네.
어른이 된 뒤부터 훌륭한 일 생각하며
애써 온 지 54년이 되었네.
젊어서 세상의 어려운 일 겪고
처음 결혼한 그 짝도 잃었네.
불볕은 늘 타는 듯했고
해충들은 밭 가운데 우글거렸네.
비바람은 이리저리 닥쳐와
거둬들인 것이 작은 헛간에도 차지 않았네.
여름날엔 진종일 배를 주리고
추운 밤에는 이불도 없이 잠을 잤네.
저녁이 되면 어서 닭이 울기를 바라고
아침이 되면 해가 어서 지나가기 바랐네.
자기 탓이어늘 어찌 하늘을 원망하랴?
근심으로 눈앞이 처참해지네.

---

1) 楚調(초조): 한(漢)나라 때에 유행한 음악의 삼조(三調) 중의 하나. 초조곡 (楚調曲)에는 슬픈 원가행(怨歌行)이 있었다.
2) 主簿(주부): 치중(治中)과 함께 벼슬 이름. 주부는 관청의 장부를 관장하고, 치중은 문서를 관장하는 낮은 직위였다.

아아, 죽은 뒤의 명성이란

내게는 떠있는 연기 같은 것.

처절하여 홀로 슬픈 노래 부르니,

남의 뜻 알아준 종자기鍾子期는 정말 현명했네.

天^천道^도幽^유且^차遠^원하고, 鬼^귀神^신茫^망昧^매然^{연3)}이라.

結^결髮^{발4)}念^념善^선事^사하여, 僶^민俛^{면5)}六^륙九^{구6)}年^년이라.

弱^약冠^관逢^봉世^세阻^{조7)}하고, 始^시室^{실8)}喪^상其^기偏^편이라.

炎^염火^{화9)}屢^루焚^분如^여요, 螟^명蜮^{역10)}恣^자中^중田^전이라.

風^풍雨^우縱^종橫^횡至^지하여, 收^수斂^렴不^불盈^영廛^{전11)}이라.

夏^하日^일長^장抱^포飢^기하고, 寒^한夜^야無^무被^피眠^면이라.

造^{조12)}夕^석思^사雞^계鳴^명하고, 及^급晨^신願^원烏^{오13)}遷^천이라.

---

3) 茫昧然(망매연): 까마득한 모양. 멀고 분명하지 않은 모양.
4) 結髮(결발): 옛날 관례(冠禮)를 행할 때(20세) 관을 쓰기 위해 머리를 묶는 것, 또는 결혼하여 머리를 묶고 어른이 되는 것.
5) 僶俛(민면): 노력하다, 애쓰다.
6) 六九(륙구): 54를 가리킨다.
7) 世阻(세조): 세상의 어려운 일. 장마나 굶주림 같은 것을 가리킴.
8) 始室(시실): 처음으로 장가드는 것. 도연명은 20세에 상처를 했다 한다.
9) 炎火(염화): 불꽃같은 날씨를 가리킨다.
10) 螟蜮(명역): 두 가지 모두 곡식의 해충임.
11) 廛(전): 한 사람이 농사짓는 몫(『詩毛傳』). 여기서는 다만 '작은 헛간' 이라 번역해 두었다.
12) 造(조): 이르다, 되다.
13) 烏(오): 까마귀. 옛날 중국에서는 해 가운데 까마귀가 있어 해를 움직인다 고 생각하였다. 따라서 여기서는 해를 가리킨다.

在己何怨天^{재기하원천}고? 離憂悽目前^{이우처목전}이라.
吁嗟身後名^{우차신후명}은, 于我若浮煙^{우아약부연}이라.
慷慨獨悲歌^{강개독비가}하니, 鍾期^{종기}14)信爲賢^{신위현}이라.

왕승건王僧虔의 『기록技錄』에 "초조곡楚調曲에는 원시행怨詩行이 있다."는 기록이 있다. '초조'는 한漢나라 초기에 유행한 초성楚聲과 같은 초나라 지방에 유행하던 음악일 것이다. 도연명의 고향이 초나라 지방이니 그의 고향에 유행하던 오래 전해온 가락이라 보아도 될 것이다. 본래의 「원시행」은 사랑의 파탄을 원망하는 내용이었을 가능성이 많다. 그러나 이 시에서는 자기 뜻대로 안 되는 자기 삶을 원망하는 내용이다. 54년 동안 착한 일만 생각하면서 살아왔는데도 일찍부터 장마와 가뭄으로 굶주리고 30세에는 마누라도 죽고 집은 화재로 다 타버리기도 하고 지금도 먹고 입는 것도 근근이 이어가는 삶임을 하늘과 귀신에게 원망하는 내용이다. 세상에는 자기를 알아주는 사람이 없는데 여기의 방주부와 등치중은 그래도 자기와 어느 정도 뜻이 통하는 사람들이기에 그들에게 보여주는 시를 쓴 것이다.

그러나 방주부와 등치중은 어떤 사람인지 확실치 않다. 방주부는 이름이 준遵이라는 작자의 주가 붙어있고, '주부'는 그의 벼슬이며, 『진서晉書』연명전淵明傳에 "그의 고향의 친척 장야張野와

---

14) 鍾期(종기): 종자기(鍾子期). 춘추(春秋)시대 사람. 친구 백아(伯牙)가 금을 타면 종자기는 늘 백아가 생각하는 속마음을 알아맞히었다. 종자기가 죽자 백아는 세상에 지음(知音)이 없다 하여 다시는 금을 타지 않았다 한다.

함께 사귀던 사람 양송령羊松齡과 방준龐遵 등은 혹 술이 생기면 이들을 불렀다."는 기록이 보일 뿐이다. 도연명에게는 「답방참군答龐參軍」이라는 시가 있는데, 방참군은 방주부와 같은 사람이다, 아니다 하고 논란이 많다. 등치중은 '등'이 성이고, '치중'은 벼슬일 거라는 것 이상 알 수가 없다.

  어지러운 세상에다 사람들의 다툼과 전쟁 및 장마와 가뭄조차 끊일 새가 없던 이 시대에는 도연명뿐만이 아니라 거의 모든 사람들이 하늘을 원망하며 살았을 것이다.

만가시 挽歌¹⁾詩 [1]

삶이 있으면 반드시 죽음이 있고
일찍 죽는 것도 비명非命에 죽는 것이 아니네.
어제 저녁까지도 같은 사람이었는데
오늘 아침엔 귀신 명부에 이름 오르게 되네.
죽은 뒤 혼은 흩어져 어디로 가는가?
마른 육체만이 빈 나무 관에 담겨지네.
어린 자식은 죽은 아비 찾아 울고
친구들은 죽은 내 몸 어루만지며 곡하네.
잘 산 건지 못 산 건지 알 수 없는 것이어늘
옳고 그른 일이야 어찌 깨달을 수 있겠는가?
천 년 만 년 뒤에야
그 누가 영예롭게 살았는지 치욕되게 살았는지 알겠는가?
다만 헛된 것은 이 세상에 살아 있는 동안
마시는 술 흡족하지 못했다는 것이네.

有生必有死니, 早終²⁾非命促³⁾이라.
昨暮同爲人이러니, 今旦在鬼錄이라.

---

1) 挽歌(만가): 죽은 자의 상여를 끌고 가며 부르는 노래. 일종의 장송곡(葬送曲).
2) 早終(조종): 일찍 죽는 것.
3) 命促(명촉): 목숨이 타고난 것보다 짧아지는 것. 비명에 죽는 것.

魂^혼氣^기散^산何^하之^지오? 枯^고形^{형 4)}寄^기空^공木^{목 5)}이라.

嬌^교兒^{아 6)}索^색父^부啼^제하고, 良^양友^우撫^무我^아哭^곡이라.

得^득失^{실 7)}不^불復^부知^지어늘, 是^시非^비安^안能^능覺^각이리오?

千^천秋^추萬^만歲^세後^후에, 誰^수知^지榮^영與^여辱^욕이리오?

但^단恨^한在^재世^세時^시에, 飮^음酒^주不^부得^득足^족이라.

본시 '만가'는 산 사람이 죽은 사람을 애도하기 위하여 부르는 노래이다. 그러나 이 시는 도연명이 자기의 죽음을 스스로 애도하는 노래이다. 그가 이밖에도 자기를 제사지내는 「자신을 제사지내는 글(自祭文)」을 짓고 있는 것을 보면, 평소에도 그는 죽음의 문제를 심각하게 생각하였던 것 같다. 사람이란 어차피 한번은 죽게 마련인 것, 잘살고 못사는 것 같은 번거로운 생각을 멀리 뛰어 넘어 술이나 마시면서 자연 속에 어울리어 소박하게 살아가면 그뿐이라는 그의 인생관이 드러나 있다.

---

4) 枯形(고형): 마른 육체. 시체.
5) 空木(공목): 텅빈 나무통. 관(棺).
6) 嬌兒(교아): 귀여운 아이. 어린아이.
7) 得失(득실): 잘산 것과 못산 것.

만가시 挽歌詩 [2]

옛날에는 술이 없어 못 마셨는데
지금은 공연히 술잔에 술이 가득하네.
봄 술에는 술구더기가 떠있는데
언제면 다시 술 맛볼 수 있게 될 것인가?
내 앞에는 상 위에 술안주가 가득한데
친구들은 내 곁에서 곡하고 있네.
말을 하고 싶어도 입에서는 소리가 나오지 않고,
보고자 해도 눈에는 아무런 빛이 없네.
옛날에는 넓은 방에서 잠을 잤는데
지금은 거친 풀 우거진 곳에 묵고 있네.
하루아침에 문을 나서고 보니
돌아올 날은 정말로 영영 없을 듯싶네.

在昔無酒飮이러니, 今但湛空觴¹⁾이라.
春醪²⁾生浮蟻³⁾어늘, 何時更能嘗고?
殽案⁴⁾盈我前하고, 親朋哭我傍이라.

---

1) 湛空觴(잠공상): 빈 술잔에 술이 가득한 것. 마시지도 못하는데 공연히 술잔에 술만 가득한 것.
2) 春醪(춘료): 봄 막걸리.
3) 浮蟻(부의): 술구더기.
4) 殽案(효안): 술안주가 벌려있는 상.

欲語口無音이오, 欲視眼無光이라.
昔在高堂[5]寢이러니, 今宿荒草鄕[6]이라.
一朝出門去하여, 歸來良未央[7]이라.

❦

　　이 두 번째 「만가시」는 자신이 죽고 난 뒤의 일을 노래한 것이다. 사람들이 자기 앞에 술을 따르고 제물을 차려놓고 곡을 하겠지만, 죽은 자신은 좋아하는 술도 못 마시고 안주도 먹지 못한다. 그리고 자기 몸은 안락한 집을 버리고 잡초더미 속에 묻혀 영영 다시 집으로는 돌아오지 못하게 된다.
　　인생은 짧다. 쓸데없는 명예나 부귀를 추구하기에 이끌리어 허둥대지 말고 술이라도 실컷 마시며 자연스럽게 살다 죽는 것이 옳은 길이라는 결론이다.

---

5) 高堂(고당): 높은 대청. 크고 당당한 집을 형용하는 말.
6) 荒草鄕(황초향): 거친 풀이 우거진 고장. 무덤이 있는 곳을 가리킴.
7) 良未央(량미앙): 진실로 끝이 없다, 진실로 언제가 될지 알 수 없다.

만가시 挽歌詩 [3]

거친 풀 어찌 이리도 자욱한가?
백양나무도 쓸쓸하기만 하네.
된서리 내리는 9월에
나를 보내려고 먼 교외로 나왔네.
사방엔 사람 사는 집이란 없고
높은 봉분들만 불룩불룩 솟아있네.
말도 하늘 우러르며 울음 울고
바람도 그저 쓸쓸하기만 하네.
무덤 위의 흙 한 번 덮이면
천년토록 다시는 밝은 날 오지 않네.
천년토록 다시는 밝은 날 오지 않는다면
현명하고 똑똑한 사람이라 해도 어찌하는 수가 없네.
이미 장례를 지낸 사람들은
각자 자기 집으로 돌아갔네.
친척이라면 간혹 슬픔 남아있을지 모르나
다른 사람들은 이미 노래 부르고 있을 것이네.
죽어 버리면 어디로 가는가?
몸을 맡겨둔 곳이 산언덕과 같게 되는 것을!

荒草何茫茫¹⁾고? 白楊亦蕭蕭²⁾라.

---

1) 茫茫(망망): 자욱한 모양, 아득한 모양.

<small>엄 상 구 월 중   송 아 출 원 교</small>
嚴霜九月中에, 送我出遠郊라.

<small>사 면 무 인 거   고 분 정 초 요</small>
四面無人居하고, 高墳正嶕嶢[3]라.

<small>마 위 앙 천 명   풍 위 자 소 조</small>
馬爲仰天鳴하고, 風爲自蕭條[4]라.

<small>유 실   일 이 폐   천 년 불 부 조</small>
幽室[5]一已閉면, 千年不復朝라.

<small>천 년 불 부 조   현 달   무 내 하</small>
千年不復朝니, 賢達[6]無奈何라.

<small>향 래 상 송 인   각 자 환 기 가</small>
向來相送人은, 各自還其家라.

<small>친 척 혹 여 비   타 인 역 이 가</small>
親戚或餘悲리나, 他人亦已歌라.

<small>사 거 하 소 도   탁 체   동 산 아</small>
死去何所道오? 託體[7]同山阿라.

    자신이 장사지내지는 일을 생각하며 노래한 시이다. 인생에 대하여 초연한 그의 태도가 잘 드러나 있다. 사람이란 죽어 땅속에 한 번 묻혀 버리면 그만이다. 산 사람들은 그의 죽음을 슬퍼하는 것 같지만 장사지내고 나면 모두 그뿐이다. 그러니 너무 악착같이 살 필요는 없다는 것이다.

---

2) 蕭蕭(소소): 쓸쓸한 모양. 나무가 흔들리는 모양.
3) 嶕嶢(초요): 산이 높은 모양. 울룩불룩한 모양.
4) 蕭條(소조): 쓸쓸한 모양.
5) 幽室(유실): 묘광(墓壙). 무덤 속의 방.
6) 賢達(현달): 현명하고 통달(通達)한 사람.
7) 託體(탁체): 몸을 기탁하다.

자신을 제사지내는 글 自祭文[1]

서(序): 정묘丁卯 년(427), 십이음률十二音律의 무역無射에 해당하는 9월 달, 날씨는 차고 밤은 긴데, 바람 기운은 싸느랗다. 기러기 날아가고 있고, 풀과 나무는 누렇게 변하여 떨어지고 있다. 도연명은 이제 여관처럼 머물던 세상 하직하고 영원히 본집으로 돌아가려 한다. 친구들은 매우 슬퍼하면서 함께 오늘 저녁에 길 떠나는 노제路祭를 지낸다. 좋은 채소로 제물을 만들고 맑은 술을 따라 올린다. 얼굴을 들여다보아도 캄캄하기만 하고, 소리를 들어보려 해도 더욱 막막하기만 하다. 아아, 슬프다!

歲惟丁卯[2]에, 律[3]中無射[4]이러니, 天寒夜長하고, 風氣蕭索[5]이라. 鴻雁于征하고, 草木黃落이라. 陶子將辭逆旅之館[6]하여, 永歸于本宅이라. 故人悽其相悲하며, 同祖[7]行於今夕이라. 羞[8]

1) 自祭文(자제문): 자기를 제사지내는 글. 도연명은 자기의 죽음을 생각하고 「만가시(挽歌詩)」도 짓고 있다. 그는 삶에 대하여 초연한 자세를 지니면서도 늘 자신의 죽음에 대하여도 생각하고 있었던 듯하다. 다만 그 스스로는 '아아! 슬프다!' 하고 탄식하고 있지만, 실제로는 죽음에 대하여도 이미 달관하고 있는 듯 유유자적하고 있다.
2) 丁卯(정묘): 원가(元嘉) 4년(427), 도연명이 죽은 해. 따라서 이 글은 도연명의 절필(絶筆)로 알려져 있다.
3) 律(율): 음악의 율려(律呂).
4) 無射(무역): 음악의 12율(十二律) 중의 하나. 그것을 1년에 배정하면 9월에 해당한다.
5) 蕭索(소색): 쌀쌀한 모양. 싸늘한 모양.
6) 逆旅之館(역려지관): 여행하다 나그네가 묵어가는 곳, 여관. 사람이 잠시 머물다 가는 이 세상에 비유한 말임.
7) 祖(조): 먼 길을 떠날 때 지내는 노제(路祭).
8) 羞(수): 음식, 제물.

以嘉蔬하고, 薦以淸酌이라. 候⁹⁾顔已冥하고, 聆¹⁰⁾音愈漠하니, 嗚
呼哀哉로다.

끝없이 넓은 땅덩어리와
아득히 넓고 높은 하늘이 있어
이 하늘과 땅이 만물을 낳았는데
나는 사람으로 태어났네.
나는 사람이 된 이래로
가난한 운명에 맞닥뜨려서,
음식 그릇은 자주 텅 비었고,
베옷으로 겨울을 견디었네.
기쁨 속에 골짜기 물 긷고,
노래 부르며 나뭇짐 지고 다녔네.
어둑어둑한 싸리문은
아침저녁으로 나를 섬기었네.
봄가을이 엇바뀌면서
텃밭에는 할 일이 생기었네.
김매고 북돋아주어
곡식 길러 무성하게 했네.
책 뒤적이며 기뻐하고
금 타며 가락 즐기며,

---

9) 候(후): 들여다보는 것, 바라보는 것.
10) 聆(영): 소리를 듣는 것, 귀를 기울이는 것.

겨울이면 햇볕 쪼이고
여름이면 샘물에 목욕했네.
부지런히 수고로움 꺼리지 않고 일했으나
마음은 언제나 한가했네.
천명 즐기며 분수에 맡기고
백 년 가까이 살았네.
그런데 이 백 년을
사람들은 아끼어,
성공 못할까 두려워하면서
하루를 서두르고 시각을 아끼며,
살아서는 세상에서 존귀하게 여겨주고
죽어서도 남들이 생각케 하려 하네.
아아, 나 홀로 힘쓴 것은
전혀 이것들과는 달랐네.
영화로운 것도 나의 영예가 아니니
검은 물인들 어찌 나를 검게 하겠는가?
의젓이 궁색한 움막에 살면서도,
얼큰히 술 마시며 시를 지었네.
운명을 알고 천명을 이해하는데
그 누가 돌보아 주지 않을 수 있겠는가?
나는 지금 죽어가지만
한이란 있을 수 없네.
수명은 백 살에 가깝고
몸은 숨어 사는 생활 추구하여,
늙어서 죽게 되었으니
무엇에 미련을 더 갖겠는가?

추위와 더위가 연이어 지나가
죽음은 이미 삶과 다르게 되었네.
친척들은 새벽에 오고
친구들은 밤에 달려와,
나를 들판에 묻어
그 영혼을 편안케 해주네.
내 갈 길은 까마득하고
무덤 문은 쓸쓸하기만 하네.
송나라 신하처럼 사치하는 것 부끄러워하였고,
양왕손楊王孫을 비웃을 정도로 검소하였네.
공허하게 모두 이미 없어져
슬프게도 이미 먼 일이 되었네.
봉분도 만들지 말고 나무도 심지 말게나!
세월은 곧 지나가 버릴 것이니.
생전의 명예도 귀하게 여기지 않았는데
그 누가 죽은 뒤의 송가頌歌를 중히 여기랴?
사람이 산다는 건 실로 어려운 일이니,
죽음을 어이할 수 있겠는가?
아아, 슬프다!

_{망 망 대 괴} _{유 유 고 민}
茫茫大塊요, 悠悠高旻10)이라.
_{시 생 만 물} _{여 득 위 인}
是生萬物하여, 余得爲人이라.
_{자 여 위 인} _{봉 운 지 빈}
自余爲人하여, 逢運之貧하니,

---

10) 旻(민): 하늘.

簞瓢¹¹⁾屢罄¹²⁾이오. 絺綌¹³⁾冬陳이라.
含歡谷汲하고, 行歌負薪이라.
翳翳¹⁴⁾柴門¹⁵⁾은, 事我宵晨¹⁶⁾이라.
春秋代謝하여, 有務中園이로다.
載¹⁷⁾耘¹⁸⁾載耔¹⁹⁾하여, 迺²⁰⁾育迺繁이라.
欣以素牘²¹⁾하고, 和以七弦²²⁾하며,
冬曝其日하고, 夏濯其泉이라.
勤靡²³⁾餘勞나, 心有常閒이라.
樂天委分²⁴⁾하여, 以至百年이라.
惟此百年을, 夫人愛之하여,

---

11) 簞瓢(단표): 대나무로 만든 밥그릇과 물을 떠먹는 표주박.
12) 罄(경): 텅 비다.
13) 絺綌(치격): 고운 갈포(葛布)와 거친 갈포. '베옷'이라 번역해 두었다.
14) 翳翳(예예): 날씨가 어둑어둑한 모양.
15) 柴門(채문): 싸리문.
16) 宵晨(소신): 밤과 아침. 아침과 저녁.
17) 載(재): 조사.
18) 耘(운): 김매다.
19) 耔(자): 북돋다. 김매다.
20) 迺(내): 조사.
21) 素牘(소독): 책.
22) 七弦(칠현): 금. 중국의 금은 보통 일곱 줄이었다.
23) 靡(미): 부정사(否定詞).
24) 委分(위분): 분수에 맡기다.

懼彼無成하고, 偈25)日惜時하며,
存爲世珍이오, 沒亦見思로다.
嗟我獨邁26)하여, 曾是異玆라.
寵27)非己榮이니, 涅28)豈吾緇29)리오?
捽兀30)窮廬하고, 酣飮賦詩라.
識運知命하니, 疇能罔眷31)이리오?
余今斯化로되, 可以無恨이라.
壽涉百齡하고, 身慕肥遯32)하여,
從老得終하니, 奚所復戀이리오?
寒暑逾邁하여, 亡旣異存이라.
外姻晨來하고, 良友宵奔하여,
葬之中野하여, 以安其魂이라.
窅窅33)我行이오, 蕭蕭墓門이라.

---

25) 偈(게): 서두르다. 탐내다.
26) 邁(매): 나아가다, 힘쓰다.
27) 寵(총): 영예, 영광.
28) 涅(날): 검은 물.
29) 緇(치): 검게 하다.
30) 捽兀(졸올): 고고(孤高)한 것. 의젓한 것.
31) 眷(권): 돌아다 보다, 생각해 주다.
32) 肥遯(비둔): 깨끗한 은둔 생활.
33) 窅窅(요요): 까마득히 먼 모양.

^{사 치 송 신}
奢恥宋臣³⁴⁾이고, ^{검 소 왕 손}
儉笑王孫³⁵⁾이라.

^{곽 혜 이 멸}
廓兮³⁶⁾已滅하여, ^{개 언 이 하}
慨焉³⁷⁾已遐라.

^{불 봉 불 수}
不封不樹하라! ^{일 월 수 과}
日月遂過니라.

^{비 귀 전 예}
匪貴前譽어늘, ^{숙 중 후 가}
孰重後歌리오?

^{인 생 실 난}
人生實難이니, ^{사 여 지 하}
死如之何오?

^{오 호 애 재}
嗚呼哀哉로다!

　본시 제사지내는 글은 죽은 사람을 위하여 쓰는 글이다. 그러나 시인 도연명은 자기의 죽음을 생각하고 자기를 제사지내는 글을 미리 쓴 것이다. 그러나 진晉나라 시대에 와서는 육기陸機를 비롯하여 여러 사람들이 자신을 죽은 사람이라고 생각하고 자기를 제사지내는 글을 짓고 있다. 앞의 「만가시」와 함께 읽으면 시인의 죽음에 대한 생각을 알게 되어 흥미를 끈다.

---

34) 宋臣(송신): 공자(孔子)가 여러 나라를 돌아다닐 때 송(宋)나라를 지날 때 환퇴(桓魋)라는 자가 공자를 죽이려 한 일이 있다. 그 환퇴는 죽은 뒤에 자기 시체를 넣을 덧관인 곽(槨)을 만들게 하였는데 너무 공을 들여 3년이 지나도록 완성이 되지 않았다 한다(『孔子家語』). 그런 사치를 부끄러이 여김은 당연하다.

35) 王孫(왕손): 한(漢)대의 양왕손(楊王孫). 그는 죽기 전에 아들에게 자기가 죽은 뒤 검소하게 장사지내도록 여러 가지로 까다롭게 유언을 하였다 한다(『漢書』).

36) 廓兮(곽혜): 넓은 모양. 공허한 모양.

37) 慨焉(개언): 슬프게도.

도연명에게는 「제정씨매문祭程氏妹文」과 「제종제경원문祭從弟敬遠文」의 두 가지 정식으로 죽은 남을 제사지내는 글이 있다. 이 두 편의 글은 모두 첫째, 죽음을 슬퍼하고, 둘째, 죽은 이의 덕을 칭송하고, 끝으로 죽음을 슬퍼하는 세 부분으로 이루어져 있다. 그러나 자신을 제사지내는 글은 서문인 죽음을 슬퍼하는 부분과, 자기의 생활과 죽음을 함께 노래한 사언의 시로 이루어진 뒤 부분으로 구성되어 있다. 본문인 시도 앞의 서문에 계속 이어지는 글로 보는 이들도 있다. 중국의 옛날 글은 많은 경우 산문과 운문의 구분이 분명치 않다.

　　도연명은 죽음에 대하여도 달관을 하고 있다. 서문에서 스스로 "도연명은 이제 여관처럼 머물던 세상 하직하고 영원히 본집으로 돌아가려 한다."고 말하고 있다. 따라서 "나는 지금 죽어가지만, 한이란 있을 수 없네." 하고 읊고 있다. 우리는 이미 「육체·그림자·정신의 문답」 시의 정신의 풀이 神釋에서 이렇게 달관하고 있음을 읽어 알고 있다. "삼황三皇은 위대한 성인이시지만, 지금 어느 곳에 살아 있는가? 팽조彭祖는 오래도록 살았다지만, 영원히 살려고 했는데도 죽어 버렸다. 늙은이나 젊은이나 다 같이 죽을 것이니, 현명하고 어리석음을 더 따질 게 없게 된다."

【4부】 전원과 이상향

陶淵明

역사책을 읽고 씀 讀史述

백이伯夷와 숙제叔齊 [1]

두 아들은 서로 나라를 사양하고
모두 바닷가로 가 숨었네.
하늘이 내린 주周 무왕武王이 은殷나라 쳐 부시자
수양산首陽山으로 들어가 숨어 살았네.
고비 뜯어먹고 지내면서도 큰 소리로 노래하며
슬픔 속에 황제黃帝와 순舜 임금 생각하였네.
곧은 기개는 속된 세상에 우뚝하니
나약한 남자 크게 감동시키네.

　　二子¹⁾ 讓國²⁾하여, 相將³⁾ 海隅⁴⁾로다.
　　　(이자)　(양국)　　　(상장)　(해우)

---

1) 二子(이자): 두 아들. 고죽군(孤竹君)의 아들인 백이와 숙제의 두 형제를 가리킴.
2) 讓國(양국): 나라를 사양하다. 한(漢)나라 사마천(司馬遷)의 『사기(史記)』 백이열전(伯夷列傳)에 의하면, 아버지가 아우인 숙제를 더 사랑한다는 것을 안 백이는 나라를 아버지가 아우인 숙제에게 맘 편히 넘겨주게 하기 위하여 멀리 도망 가서 숨었다. 그러자 아우 숙제도 형을 두고 자기가 나라를 물려받을 수 없다고 생각하고 역시 멀리 도망가서 숨었다 한다.
3) 相將(상장): 둘이 모두 가서 숨은 것을 뜻함.
4) 海隅(해우): 바다 모퉁이. 바다가 있는 먼 고장.

^{천인} ^{혁명}　　　　　^{절경} ^{궁거}
天人⁵⁾革命⁶⁾하니, 絶景⁷⁾窮居⁸⁾로다.
^{채미} ^{고가}　　　　　^{개상황우}
采薇⁹⁾高歌하고, 慨想黃虞¹⁰⁾로다.
^{정풍릉속}　　　　　^{원감나부}
貞風凌俗¹¹⁾하니, 爰感懦夫¹²⁾로다.

　　사마천의 『사기』 백이열전을 근거로 쓴 시이다. 하늘의 명을 받았다고 알려진 주나라 무왕이 포악한 은나라를 쳐 부시자 두 임금을 섬길 수 없다고 하여 수양산으로 들어가 고비를 뜯어먹고 지내다가 결국은 굶어 죽은 백이와 숙제의 사람됨을 도연명은 무척 흠모하고 있는 것이다. 중국 역대의 사람들 중 이 두 사람을 가장 먼저 읊고 있다. 이는 시인 도연명의 품성을 무엇보다도 잘 알려주고 있다.

---

5) 天人(천인): 하늘의 사람, 하늘의 명을 받은 사람. 주(周)나라 무왕(武王)을 가리킴.
6) 革命(혁명): 하늘의 명을 따라 포악한 임금이 다스리는 나라를 쳐 부시고 새로운 왕국을 세우는 것. 폭군인 주왕(紂王)의 은(殷)나라를 쳐 부신 것을 가리킴.
7) 絶景(절경): 멀리 떨어져 있는 경치가 아름다운 곳. 수양산(首陽山)을 가리킨다.
8) 窮居(궁거): 궁하게 지내다. 백이와 숙제는 두 임금을 섬길 수는 없다면서 주나라를 섬기지 않고 수양산으로 들어가 숨어서 고비를 뜯어먹고 지내다가 굶어 죽었다 한다.
9) 采薇(채미): 고비를 뜯다. 고비는 고사리 종류의 들풀임. 그들은 고비나 뜯어먹고 지내다 굶어죽게 되면서도 자기들의 처지를 읊는 시를 지어 노래 불렀다 한다.
10) 黃虞(황우): 황제(黃帝)와 순(舜)임금. 순임금이 다스린 나라 이름이 '우'이다. 이 구절은 백이와 숙제가 수양산에 숨어 고비를 뜯어먹고 지내다가 불렀다는 노래를 근거로 읊은 것이다.
11) 凌俗(릉속): 속된 세상 위에 크게 드러나는 것.
12) 懦夫(나부): 나약한 남자. 도연명 자신을 가리키는 말임.

기자箕子[1] [2]

자기 고장을 떠나는 느낌 서러워
발걸음은 머뭇머뭇 하였네.
더욱이 은나라 망하고 주나라 서자
모든 일이 자기 뜻과 어긋나네.
슬프다 기자여!
어찌 마음 편하겠는가?
미친 체하고 지내면서 부른 노래는
처량하고도 슬프기 짝이 없네.

去鄕[2]之感으로, 猶有遲遲[3]로다.
矧[4]伊[5]代謝[6]하니, 觸物[7]皆非[8]로다.

---

1) 箕子(기자):『사기』은본기(殷本紀)·송미자세가(宋微子世家)의 기록을 근거로 읊은 시임. 은(殷)나라 최후의 임금 주왕(紂王)의 형제. 주왕에게 올바로 나라를 다스릴 것을 여러 번 간하였으나 들어주지 않자 머리를 풀어헤치고 미친 사람처럼 행동하였다 한다.
2) 鄕(향): 고향, 살던 곳. 은나라 도읍을 가리킨다. 은나라 도읍을 떠난 것은 기자가 주왕에게 올바른 정치를 하라고 간하여도 들어주지 않자 도읍을 떠나가 미친 사람 행동을 하면서 산 것을 말한다.
3) 遲遲(지지): 더딘 모양. 살던 곳을 떠나는 기자의 발길이 무척 무거웠음을 뜻함.
4) 矧(신): 하물며, 더욱이.
5) 伊(이): 그것. 기자가 살던 나라를 가리킴.
6) 代謝(대사): 바꾸어지는 것. 곧 기자가 살던 나라가 은나라는 망하고 주나라로 바꾸어지는 것.
7) 觸物(촉물): 대하는 사물. 그의 앞의 모든 것들.
8) 皆非(개비): 모두 아니다. 모두가 자기 뜻과는 다른 것.

$$\begin{gathered}\underset{\text{애 애 기 자}}{哀哀箕子}여! \quad \underset{\text{운 호 능 이}}{云胡^{9)}能夷^{10)}}리오?\\ \underset{\text{교 동}}{狡童^{11)}}\underset{\text{지 가}}{之歌}이, \quad \underset{\text{처 의 기 비}}{悽矣其悲}로다.\end{gathered}$$

기자가 폐허가 된 은나라 도읍터에서 울음을 참고 불렀다는 「맥수가」는 이러하다(『史記』宋微子世家 의거).

보리 이삭 쑥쑥 자라고
벼와 기장도 무성하네.
그 교활한 녀석은
내 말 잘 듣지 않아 망하였네!

$$\begin{gathered}\underset{\text{맥 수 점 점 혜}}{麥秀漸漸兮}여! \quad \underset{\text{화 서 유 유}}{禾黍油油}로다.\\ \underset{\text{피 교 동 혜}}{彼狡童兮}여! \quad \underset{\text{불 여 아 호 혜}}{不與我好兮}로다.\end{gathered}$$

어떻든 임금이 올바른 정치를 하지 않자 임금에게 나라를 올바로 다스려 달라고 간하고, 임금이 그의 말을 들어주지 않자 도성을 떠나가 미친 사람 행세를 하면서 세상을 살았다는 기자를 도연명은 흠모하고 있는 것이다. 시인이 감복한 역사적인 인물들의 성격이 재미있다.

---

9) 云胡(운호): 어찌, 어떻게.
10) 夷(이): 평탄한 것, 마음이 편안한 것.
11) 狡童(교동): 교활한 녀석, 능구렁이 같은 녀석, 미친 녀석.『시경(詩經)』정풍(鄭風)에 「교동」시가 있음. 여기서는 포악한 짓을 하다가 나라를 망친 은나라 주왕(紂王)을 가리킴. 은나라가 망하고 주나라가 선 뒤에 기자는 조선(朝鮮)의 왕으로 봉(封)해 받은 다음 무너진 옛날의 은나라 도성 터를 지나다가 폐허를 보고 감개무량하여 「맥수가(麥秀歌)」라는 노래를 부른다. 이 구절은 기자가 「맥수가」를 부른 것을 읊은 것임.

관중 管仲[1]과 포숙아 鮑叔牙[2] [3]

사람을 알아보기는 쉽지 않은 일이니
서로 알아준다는 것은 실로 어려운 일일세.
처음 사귈 적에는 이익에 담담하고 관계가 아름답지만
이해관계가 어긋나면 추워지는 계절처럼 관계가 쌀쌀해지네.
관중이 마음에 들게 행동하자
포숙아의 마음 언제나 편안하였네.
특이한 우정은 두 사람 모두 밝게 뛰어나
아름다운 우정의 명성은 정말 훌륭하였네.

知人未易하니, 相知實難이로다.
淡美[3]初交로되, 利乖歲寒[4]이로다.

---

1) 管仲(관중): 제(齊)나라 환공(桓公)의 재상으로 나라를 잘 다스리도록 환공을 보좌하여 패자(覇者)가 되게 하였던 사람.
2) 鮑叔牙(포숙아): 관중의 친구. 『좌전(左傳)』 장공(莊公) 8·9년에 이런 기사가 있다. 제나라 희공(僖公) 다음에 양공(襄公)이 뒤를 이었는데, 그는 어지러운 정치를 하였다. 이때 양공의 아우 소백(小白)은 거(莒)나라로 도망하였는데 포숙아는 그를 따랐다. 다른 형제인 규(糾)는 관중(管仲)·소홀(召忽)과 함께 노(魯)나라로 도망 가 있었는데, 양공이 죽음을 당하자 왕이 되려 하였다. 그러나 소백이 먼저 임금자리에 올라 환공(桓公)이 되었다. 환공은 곧 노나라에 요구하여 규를 죽이도록 하였는데, 소홀은 규를 따라 죽었으나 관중은 항복을 하고 다시 포숙아의 추천으로 재상 자리에까지 올랐다. 『열자(列子)』 역명(力命)편에 의하면, 뒤에 관중이 탄식을 하면서 "나를 낳아준 이는 부모이지만, 나를 알아준 사람은 포숙아이다."라고 말했다 한다. 이 뒤로 친구 사이의 우정이 두터운 것을 '관중과 포숙아의 사귐(管鮑之交)'이라 말하게 되었다 한다.
3) 淡美(담미): 이해관계가 담담하고 교정이 아름다운 것.
4) 歲寒(세한): 철이 추운 때가 되다. 추운 철이 되듯 친구사이의 관계가 싸늘해지는 것.

_{관 생 칭 심} _{포 숙 필 안}
管生稱心하니, 鮑叔必安이로다.
_{기 정 쌍 량} _{영 명 구 완}
奇情雙亮⁵⁾하니, 令名⁶⁾俱完⁷⁾이로다.

『사기』의 관안열전 管晏列傳의 기록을 바탕으로 읊은 시이다. 관중과 포숙아처럼 친구를 올바로 알아보고 서로 믿고 돕는 지극한 우정을 시인 도연명은 무척 부러워하였다. 특히 어지러운 세상의 야박한 인심에 질려있었기 때문일 것이다.

---

5) 雙亮(쌍량): 두 사람의 우정이 밝게 뛰어나다. 두 사람 모두 뛰어난 우정을 지녔다.
6) 令名(영명): 아름다운 명성, 훌륭한 우정의 명성.
7) 俱完(구완): 두 사람 모두 완전하였다. 정말로 훌륭하였다.

정영程嬰[1]과 저구杵臼 [4]

삶을 버리기는 정말 어려운 것이지만
선비는 자기를 알아주는 이를 위해 목숨을 바친다네.
의로움을 보기를 자기가 돌아가야 할 곳처럼 안 이가
진실로 그들 두 사람이었네.
정영이 칼을 휘둘러 스스로 목숨 끊은 것은
부끄러워 할 일이 남게 될까 두려웠기 때문이네.
훌륭한 덕은 영원히 전해지게 되고
영원한 우리의 규범이 되었네.

遺生[2]良難이로되, 士爲知己니라.

---

1) 程嬰(정영): 저구(杵臼)와 함께 춘추(春秋)시대 조(趙)나라 사람. 이 시는 『사기』 조세가(趙世家)에 보이는 다음과 같은 얘기를 바탕으로 읊은 것이다. 진(晉)나라 대부(大夫) 도안가(屠岸賈)는 조순(趙盾)의 아들 삭(朔)의 일족을 멸망시켰다. 이때 다만 삭의 어린 아들 무(武)가 어디로 갔는지 찾을 수가 없었다. 이때 삭의 집에 머물고 있던 정영과 공손저구(公孫杵臼)가 의논을 한 다음, 저구에게 무와 비슷한 나이의 아이를 데리고 산속에 들어가 거짓 숨어있도록 하였다. 그리고 정영은 두안가에게 찾아가 천금(千金)을 주면 무의 숨어있는 곳을 안내하여 그를 죽이도록 해주겠다고 하였다. 두안가는 기뻐하며 정영에게 천금을 주고 사람들과 함께 무를 찾아가 그를 죽이도록 하였다. 정영은 그들을 데리고 저구가 숨어있는 산속으로 가서 저구와 어린아이를 함께 죽여버렸다. 그리고 정영은 무를 보살펴주며 잘 자라게 하여, 뒤에 무는 두안가를 죽여버렸다. 저구는 조삭에게 은혜를 진 일이 있어 죽음으로 그 아들 무를 보호하려 했던 것이다. 정영은 무를 보좌하여 임금 자리에 앉게 하였으나, 그는 자신이 조삭 일족이 모두 죽을 때 함께 죽지 않은 점과 절의가 있는 저구에게는 미안한 짓을 한 셈이라고 뉘우치며 스스로 자기 목숨을 끊었다 한다.
2) 遺生(유생): 삶을 버리다. 자기 목숨을 끊는 것.

望義如歸하니, 允伊[3]二子로다.
程生揮劍하니, 懼玆餘恥니라.
令德永聞[4]하니, 百代見紀[5]로다.

　도연명은 이들의 의기에 감동한 것이 사실일 것이다. 그러나 많은 학자들은 이 시를 지을 적에는 진晉나라가 망하고 송宋(南朝)나라가 일어났었는데, 세상에는 자기 이익을 위하여 비뚤어진 짓을 하는 자들뿐이어서 특히 이들을 읊게 된 것이라고 하는 이들이 많다.

---

3) 允伊(윤이): 진실로 그들. 정말 그 사람들.
4) 永聞(영문): 영원히 들리게 되다, 영원히 알려지다.
5) 見紀(견기): 규범을 보여주다. 법도를 보이다.

칠십이제자 七十二弟子[1) [5]

진실하고 소박하게 무우에서 바람을 쐬는 것을
현명하지 않다고 말하지 말게.
모든 일이 해와 달처럼 밝게 비치고,
증석曾晳의 지극하신 말을 다 같이 받아들였네.
통곡하신 것은 안회顔回 같은 인재 다시 만나기 어려운데다가
그를 잃은 감정에 끌렸기 때문이었네.
안회는 일찍이 죽었지만
자공子貢만은 오래까지 살았네.

恂恂[2)舞雩[3)를, 莫曰匪[4)賢하라.

---

1) 七十二弟子(칠십이제자): 사마천(司馬遷)의 『사기』 공자세가(孔子世家)에 의하면 공자의 제자 수가 3,000명이나 되는데, 그 중 육경(六經)에 통달한 제자는 72명이 있었다 한다. 여기서는 공자의 뛰어난 제자들에 대하여 읊었다는 뜻에서 제목을 그렇게 붙인 것 같다. 실제로 이 시에서 읊고 있는 사람은 공자의 제자 중 증석(曾晳)과 안회(顔回)와 자공(子貢)의 세 사람이다.
2) 恂恂(순순): 진실되고 소박한 모양. 『논어(論語)』 향당(鄕黨)편에 공자의 모습을 형용하는 말로 보이는데, 주희(朱熹)는 『집주(集註)』에서 '신실(信實)한 모양'이라고 설명하고 있다.
3) 舞雩(무우): 노(魯)나라에 있던 땅 이름. 그곳에는 하늘에 제사를 지내고 비가 내려주기를, 비는 제사를 지내는 제단(祭壇)이 있었다 한다. 이 구절은 『논어』 선진(先進)편의 다음과 같은 대목을 바탕으로 읊은 것이다. 어느 날 자로(子路)·증석·염유(冉有)·공소화(公西華)가 선생님 공자를 모시고 한 자리에 앉아 있었다. 이때 공자가 제자들에게 "어떤 임금이 너희들을 모셔다가 하고 싶은 일을 해보아라 하고 부탁한다면 어떤 일을 하겠느냐?" 그러자 자로와 염유와 공서화는 모두 나라를 잘 다스리어 그 나라를 크게 발전시키겠다는 포부를 얘기하였다. 그러나 증석은 이들과 전혀 다른 이런 대답을 하였다. "늦은 봄에 봄옷을 지어입고 어른 대여섯 명과 아이들 예닐곱 명과 어울리어 기수(沂水) 가에서 목욕을 하고, 무에서 바람을 쐬고 읊조리며 돌아오는 것입니다." 공자는 이때 자기 뜻도 증석과 같음을 밝히고 있다.

俱映⁵⁾日月하고, 共飧⁶⁾至言⁷⁾이로다.
慟⁸⁾由才難이오, 感爲情牽이로다.
回⁹⁾也早夭¹⁰⁾로되, 賜¹¹⁾獨長年이로다.

　　이 시에서는 공자의 제자 세 사람에 대하여 읊고 있는데, 증석에 대하여는 네 구절, 안회에 대하여는 세 구절, 자공에 대하여는 겨우 한 구절 네 글자로 읊고 있다. 도연명은 이 공자의 제자들을 모두 좋아했지만 특히 증석을 가장 좋아했던 것 같다. 특히 여러 사람들과 어울리어 놀면서 강물에서 목욕을 하고 아름다운 들판에

---

4) 匪(비): 비(非)와 같은 부정사. ---아니다.
5) 俱映(구영): 함께 비치다. 모든 일이 비치다.
6) 共飧(공손): 함께 음식을 먹다. 함께 받아들이고 좋아하는 것.
7) 至言(지언): 지극한 말, 앞 주 3)에 보이는 증석이 한 말.
8) 慟(통): 통곡하다. 울면서 슬퍼하다. 『논어』 선진(先進)편을 보면 "안회가 죽자 공자께서는 '아아! 하늘이 나를 망치누나! 하늘이 나를 망치는구나!' 하고 탄식하셨다." "안회가 죽자 공자께서 통곡을 지나치게 하셨다."는 등의 기록이 보인다.
9) 回(회): 공자의 제자 안회(顏回), 자가 자연(子淵)이라 흔히 안연(顏淵)이라고도 부름. 공자가 사랑하는 제자였으나 젊은 나이에(30세 전후) 죽어 스승인 공자를 무척 슬프게 하였다.
10) 夭(요): 요절(夭折). 일찍 젊은 나이에 죽는 것.
11) 賜(사): 공자의 제자 단목사(端木賜). 자가 자공(子貢)인데, 이름보다도 자로 더 많이 알려져 있다. 그는 특히 외교면에 능력이 뛰어나 노(魯)나라를 위하여 많은 외교적인 성과를 거두었다(『사기』 仲尼弟子列傳). 그리고 재물을 다스리는 데에도 능하여 잘 지냈다. 그리고 여러모로 유능하여 『논어』 자장(子張)편에는 자공이 스승인 공자보다도 현명하다고 생각하는 사람조차 있었다. 그리고 장수하였다 한다.

서 바람을 쐬려는 증석의 취향이 시인의 마음에 딱 들었기 때문일 것이다. 안회는 스승인 공자도 늘 칭찬을 하고 모든 사람들이 존경한 사람이니 도연명이 존경하는 것은 당연하다. 그러나 무엇보다도 『논어』 옹야雍也편에 보이는 공자가 찬탄한 안회의 다음과 같은 성격을 특히 좋아했을 것이다.

"어질도다, 안회여! 한 그릇 밥과 한 쪽박 물을 마시며 누추한 거리에 살고 있다면, 남들은 그 괴로움도 감당치 못할 것이어늘, 안회는 그의 즐거움이 변하지 않고 있다. 어질도다, 안회여!"

도연명도 사상적으로는 공자의 제자임을 자처하고 있었음이 분명하다.

굴원屈原[1]과 가의賈誼[2] [6]

덕을 닦고 공부를 하는 것은
장차 세상을 위하여 일하려는 것.
옛날 후직后稷이나 설契처럼 일하는 것
그 누가 바라지 않겠는가?
아아! 두 현명한 분들은
세상에서 많은 의혹을 받았으니,
굴원은 정첨윤鄭詹尹의 점괘 따라 「이소離騷」「회사부懷沙賦」
　　를 지었고,
가의는 「복조부鵩鳥賦」를 지어 올렸네.

---

1) 屈原(굴원): 전국(戰國)시대 초(楚)나라 사람(B.C.339?-B.C.278?). 『사기』 굴원가생열전(屈原賈生列傳)에 그의 전기가 있음. 그는 초나라 왕족으로 회왕(懷王) 밑의 삼려대부(三閭大夫)로서 나라의 정사와 다른 나라와의 외교를 맡아 처리하다가 간신들의 모함으로 조정에서 쫓겨나 유랑생활을 하면서 「이소(離騷)」같은 작품을 지었고, 다시 경양왕(頃襄王) 때에도 모함을 받아 조정에서 쫓겨나 사방을 유랑하다가 「회사(懷沙)」라는 작품을 읊고는 강물에 몸을 던져 죽었다. 「회사」는 지금의 『초사(楚辭)』 책에는 「구장(九章)」 속의 한 편으로 들어있다. 그는 조정에서 쫓겨나 「이소」 이외에도 자신의 정경과 나라를 생각하는 마음을 읊은 「구가(九歌)」·「천문(天問)」·「구장」 등 『초사』에 실린 많은 작품을 썼다.

2) 賈誼(가의): 한(漢)나라 초기의 부(賦) 작가(B.C.201-B.C.169). 22세 때에 문제(文帝)의 신임을 받아 태중대부(太中大夫)로 나랏일 위하여 크게 활약하다가 여러 사람들의 질투로 결국은 장사왕태부(長沙王太傅)가 되어 지방으로 쫓겨났다. 그는 임지로 가는 도중 호남성(湖南省) 장사 근처에 흐르는 상수(湘水) 가를 지나다가 이전에 자기처럼 모함을 받아 조정에서 쫓겨났던 굴원을 생각하면서 「조굴원부(弔屈原賦)」를 지었고, 장사에 이르러는 자기 방에 상서롭지 못한 새라고 알려진 복조(鵩鳥)가 날아들자 자기 처지를 슬퍼하며 「복조부(鵩鳥賦)」를 지었다. 그리고 젊은 나이에 죽었다.

$\underset{\text{진 덕 수 업}}{\text{進德修業}}$은, $\underset{\text{장 이 급 시}}{\text{將以及時}}^{3)}$로다.

$\underset{\text{여 피 직 설}}{\text{如彼稷契}}^{4)}$은, $\underset{\text{숙 불 원 지}}{\text{孰不願之}}$리오?

$\underset{\text{차 호 이 현}}{\text{嗟乎二賢}}$은, $\underset{\text{봉 세 다 의}}{\text{逢世多疑}}^{5)}$하니,

$\underset{\text{후 첨 사 지}}{\text{候詹}^{6)}\text{寫志}}$하고, $\underset{\text{감 복 헌 사}}{\text{感鵩}^{7)}\text{獻辭}}$로다.

❧

도연명 시인도 굴원이나 가의처럼 '자신은 올바르고 깨끗한데 세상이 어지럽고 지저분하여 어려움을 당하고 있다.'는 생각을 지녔음이 분명하다. 앞의 네 구절은 공부하는 사람들의 일반적인 목

---

3) 及時(급시): 때에 미치다. 시대에 알맞은 값진 활동을 하는 것.
4) 稷契(직설): 후직(后稷)과 설(契)의 두 사람. 모두 순(舜)임금 때에 활약함. 후직은 이름이 기(棄)이며, 옛날의 사람들 생활의 바탕을 마련하는 큰 공로를 이룩하여 이름보다도 벼슬 이름인 '직' 또는 '후직'으로 불림. '설'은 백성들의 생활을 돌보는 사도(司徒)라는 직책을 맡아 큰 공을 세운 사람. 모두 『서경(書經)』 순전(舜典)의 기록에 보임.
5) 多疑(다의): 많은 의혹, 많은 의심. 굴원과 가의의 작품에는 '자기 자신은 올바른데 세상이 어지러워 자신들이 불행한 처지에 빠졌다.'고 하는 원망이 두드러지고 있어서 이런 말을 하고 있는 것이다.
6) 候詹(후첨): '첨'은 나랏일 점치는 관원인 태복(太卜) 정첨윤(鄭詹尹), 정첨윤의 점친 결과를 기다리는 것. 굴원의 작품 「복거(卜居)」(『초사』에 실림)에 "굴원은 조정에서 쫓겨나 삼 년이나 돌아가지 못하게 되자, 정첨윤을 찾아가 자기가 어떻게 하면 좋은가 점을 쳐 알려달라고 부탁하였다." 그때 정첨윤은 점을 쳐 보아도 알 수 없는 일이라고 대답하였다. 이에 굴원은 외진 고장을 방랑하면서 자기의 뜻을 노래한 「이소(離騷)」와 「회사(懷沙)」같은 작품을 짓게 된 것이다.
7) 感鵩(감복): 가의가 장사왕태부로 장사에 부임한 뒤 자기 방에 복조라는 불길하다는 새가 날라들어와 굴원처럼 '자기는 올바른데 세상이 깨끗지 못하여 자기가 불행을 당하고 있음을 절감하고 「복조부」를 지었음을 말한다.

표를 읊은 것이다. 공부하는 사람이면 누구나 올바른 세상을 만나 순임금 시절의 후직 기나 사도 설 같은 큰 업적을 쌓으려 한다는 것이다. 그러나 굴원과 가의는 올바른 세상을 만나지 못하여 불행한 일생을 보냈다는 것이다. 자신도 굴원이나 가의 같은 처지라서 지금 어렵게 지내고 있다는 뜻을 내비치고 있다.

한비 韓非[1] [7]

살찐 아름다운 여우는 굴 안에 숨어 지내지만
털 무늬 때문에 스스로를 해치게 되네.
군자도 때를 못 만나면
머리 희어지도록 문지기 노릇이네.
교묘한 행동은 재난을 당하게 되고
특출한 분별은 환난을 부르네.
슬프도다, 한비여!
임금은 설복시키기 어려운 상대라서 결국 죽음을 당했네.

豊狐[2]隱穴이로되, 以文自殘[3]이로다.
풍 호   은 혈   이 문 자 잔

---

1) 韓非(한비): 전국시대 말엽 한(韓)나라 임금의 아들(B.C.280?-B.C.233?). 그는 태어나면서부터 반벙어리여서 사람들과 어울리지 못하고 외롭게 자랐다. 그러나 뒤에 진(秦)나라 시황(始皇)의 재상으로 명성을 떨친 이사(李斯)와 함께 순자(荀子) 밑에서 공부하여 이른바 세상을 엄격한 법으로 다스려야 한다는 법가사상(法家思想)을 발전시키고 한나라를 발전시킬 방안을 글로 써서 임금에게 건의하였다. 한나라 임금은 그의 학설을 받아들이지 않았으나 뒤에 진나라 시황제가 우연히 그가 쓴 글을 읽고 감복하였다. 이때 진나라 재상이었던 이사는 시황제의 뜻을 알고는 곧 한비를 진나라로 불렀는데 시황제는 그를 만나 대화를 나눈 다음 한비를 무척 좋아하게 되었다. 이사는 자기 자리가 위태로워짐을 느끼고 시황제에게 한비를 모함하였다. "한비는 한나라 임금의 아들이니 때만 되면 진나라를 멸망시킬 인물이라는 것이다." 그래서 진시황은 한비를 옥에 가두었다. 이사는 사람을 시켜 독약을 옥으로 보내어 한비가 그것을 마시고 죽게 하였다 한다. 한비가 쓴 글을 모아놓은 책이 지금 전해지고 있는 『한비자(韓非子)』 20권 55편이다.

2) 豊狐(풍호): 크고 아름다운 여우. 『장자(莊子)』 산목(山木)편에 "크고 아름다운 여우(豊狐)와 무늬가 아름다운 표범(文豹)은 산 숲 속에 살고, 바위 굴 속에 숨어 지내지만---" 그들의 가죽 때문에 그물과 덫에 걸려 죽음을 흔히 당하게 된다는 기록이 있다. 이를 이용하여 이룬 구절이다.

3) 自殘(자잔): 스스로를 해치다, 스스로를 죽이다.

君子失時면, 白首抱關[4]이로다.
巧行居災요, 忮辨[5]召患이로다.
哀矣韓生이어! 竟死說難[6]이로다.

한비가 어지러운 세상에 태어났기 때문에 남보다 뛰어난 재능과 학식을 지녔음에도 불구하고 비명에 죽고 말았다는 것이다. 아마도 뛰어난 재능과 학식을 지니고도 어려움을 당하고 있는 자신을 생각하면서 특히 한비를 읊었을 것이다.

---

4) 抱關(포관): 요지에 있는 관문(關門)을 지키는 사람, 문지기. 무척 천한 일을 하는 사람을 가리킴.
5) 忮辨(기변): 거슬리는 분별, 특출한 판단. 앞의 다섯째 구절과 이 구절은 한비가 진시황의 마음에는 들었으나, 그의 뛰어난 재능과 특출한 분별력 때문에 결국은 화를 당하게 되었음을 읊은 것이다.
6) 說難(세난): 『한비자』 제4권에 들어있는 제12편(篇)의 편명. 전국시대에는 자기의 꿈을 품고 여러 나라 임금을 찾아다니면서 자기 생각으로 임금을 설득하여 자신의 꿈을 이루려는 이른바 유세(遊說)를 하는 선비들이 많았다. 이 편의 내용은 임금을 유세하는 일의 어려움을 논한 것이다. 임금의 참된 마음이나 성격 또는 임금의 뜻을 올바로 알고 거기에 대처하기가 어렵기 때문이라는 것이다. 그러나 한비는 자기 자신이 임금의 속마음을 제대로 알아차리지 못한 탓에 결국은 죽음을 당하고 말았다는 것이다.

노魯나라의 두 선비二儒[1] [8]

시대가 바꾸어지는 것은 정해진 때가 없는데
변화에 미혹되었다면 이는 어리석은 짓이네.
꿋꿋한 이 사람들은
특별히 곧은 남자들일세.
덕을 쌓은 지 백 년도 되지 않았으니
우리『시경詩經』・『서경書經』의 가르침을 더럽힐 따름이라 하고,
훌쩍 돌아보지도 않고 떠나
칡베 옷 입고 숨어 살았네.

易代[2]隨時하니, 迷變[3]則愚로다.
介介[4]若人이, 特爲貞夫로다.

---

1) 二儒(이유): 두 선비.『사기』유경숙손통열전(劉敬叔孫通列傳)에 보이는 두 선비. 숙손통(叔孫通)은 진(秦)나라 박사(博士)였으나 뒤에 항우(項羽)를 섬기다가 제자들을 이끌고 한(漢)나라 유방(劉邦)에게 항복하여 섬기었다. 유방이 천하를 통일하여 고조(高祖)로 황제 자리에 오르자, 숙손통은 고조에게 나라를 옛날부터 써오던 예의와 음악으로 다스려야 임금의 권위도 바로 서고 나라도 제대로 다스려진다고 건의하였다. 고조가 옛날의 예의인 고례(古禮)에 대하여 알고자 하자, 숙손통은 예의를 잘 아는 노(魯)나라의 제자 30명을 동원하여 고조 앞에서 본을 보이려 하였다. 이때 노나라의 두 선비만은 "예악(禮樂)은 백 년 동안 덕을 쌓아야 이루어지는 것인데 한나라는 막 세워진 나라이니 되지 않을 일입니다. 여러 임금들에게 아첨이나 해온 선생님을 우리는 따르지 못하겠습니다. 우리를 더럽히지 말아주십시오!" 하고 거절하고 있다. 그러나 숙손통은 한나라의 예악을 제정해준 공로로 태상(太常)의 벼슬을 하고 금 500근(斤)을 하사 받는다.
2) 易代(역대): 시대가 바꾸어지는 것, 시대가 변화하는 것.
3) 迷變(미변): 변화에 미혹되다. 변화를 잘 알지 못하는 것.
4) 介介(개개): 꿋꿋한 모양. 의지가 굳은 모양.

德^덕不^불百^백年^년이니, 汙^오⁵⁾我^아詩^시書^서로다.
逝^서然^연⁶⁾不^불顧^고하고, 被^피褐^갈⁷⁾幽^유居^거로다.

노나라의 두 선비는 한나라 때 자기 스승인 유학자 숙손통叔孫通이 뜻을 얻어 나라의 큰 일을 하게 되었을 적에 함께 일하자고 불렀으나 스승의 행동을 비판하고 따르지 않았던 이름도 알 수 없는 두 선비이다. 도연명은 그들의 꿋꿋한 몸가짐이 마음에 들었을 것이다.

첫째, 둘째 구절은 『사기』 유경숙손통열전에서 숙손통이 자기를 따르지 않는 노나라의 두 선비를 "시대의 변화를 알지 못하는(不知時變)" 형편 없는 선비들이라고 비웃은 말을 좇아서 읊은 것이다. 그렇지만 도연명 시인은 그들 두 선비를 두고 "꿋꿋한 이 사람들은, 특별히 곧은 남자들일세." 하고 칭송하고 있다. "덕을 쌓은 지 백 년도 되지 않았으니, 우리 『시경詩經』·『서경書經』의 가르침을 더럽힐 따름"이라는 구절은 『사기』에 보이는 노나라 두 선비의 말을 응용하여 읊은 것이다. 도연명은 역시 "훌쩍 돌아보지도 않고 떠나 칡베 옷 입고 숨어 살았다."는 그들의 생활 방식이 자기와 비슷하여 중국의 오랜 역사를 통하여 그들 두 사람을 골라 노래하였을 것이다.

---

5) 汙(오): 더럽히다.
6) 逝然(서연): 가벼이 떠나가는 모양. 훌쩍.
7) 被褐(피갈): 칡베 옷을 입다. 매우 허름한 옷을 입은 것을 말함.

장장공張長公[1] [9]

오래 되었도다, 장공이어!
적적히 무슨 일을 하였는가?
세상일은 여러 가지 성질이어서
모두가 나와는 다르네.
벼슬 그만두고 와서는
홀로 그의 뜻을 지켰네.
죽을 때까지 자취 감추고 있었으니
누가 이러한 뜻을 알겠는가?

遠哉長公이어! 蕭然[2]何事오?
世路多端[3]하니, 皆爲我異로다.
斂轡[4]揭來[5]하여, 獨養其志로다.
寢跡[6]窮年[7]하니, 誰知斯意리오?

---

1) 張長公(장장공): 한(漢)나라 때의 장지(張摯), 자가 장공임. 『사기』와 『한서(漢書)』 장석지전(張釋之傳)에 보이는 장석지의 아들. 그는 공부를 많이 하여 벼슬이 대부(大夫) 자리에 올랐으나 자신은 세상에 제대로 받아들여지지 않는다 하여 벼슬을 버리고는 죽을 때까지 숨어 살았다 한다. 이 시에도 그런 사실이 잘 드러나고 있다.
2) 蕭然(소연): 쓸쓸하고 적적한 모습.
3) 多端(다단): 갈래가 많다, 꼬투리가 많다. 여러 가지 성질이다.
4) 斂轡(염비): 말고삐를 거두어들이다. 벼슬을 그만둔 것을 뜻함.
5) 揭來(걸래): 오다. '걸'은 조사로 쓰임.
6) 寢跡(침적): 자취를 감추다. 숨어 지내는 것.
7) 窮年(궁년): 나이가 다할 때까지, 죽을 때까지.

장장공은 세상이 자기와 맞지 않는다고 벼슬을 버리고 평생을 숨어 살았던 사람이다. 역사적인 인물로 드러낼 만한 인물이라 보기 힘들다. 그러나 시인 도연명은 그의 생활태도가 꼭 자기의 하는 짓과 들어맞아 여기에 시로 읊었을 것이다. 자기와 뜻이 딱 들어맞는 사람이 장장공이었다.

귀거래혜사 歸去來兮辭

서(序): 나는 집이 가난하여 농사를 지어도 스스로가 먹고 살기에도 부족하였다. 아이들은 집안에 가득한데, 작은 독에도 남아있는 곡식이란 없었으니 생활에 필요한 물자를 조달할 방법이 없었다. 친척과 친구들 여럿이 내게 벼슬살이를 하라고 권하여 별 생각없이 그럴 생각을 가져 보았으나 벼슬을 구할 방도가 없었다. 마침 세상에 어지러운 일들이 일어나서 제후들이 은덕을 베푸는 경향이 생겼는데, 집안의 아저씨가 내가 가난하여 고생한다고 마침내 작은 고을에 추천해 주어 쓰이게 되었다. 이때는 세상의 혼란이 안정되지 않아 마음속으로 멀리 가서 일하는 것은 꺼리고 있었다. 팽택이란 곳은 우리집으로부터 백 리 밖에 떨어져 있지 않고 관청 밭도 매우 좋아 술을 담기에 풍족한지라 그 자리를 청탁하여 얻었던 것이다.

여러 날이 지나지 않아 문득 돌아가고자 하는 마음이 생겨났다. 왜냐하면 나의 바탕과 본성은 자연스러움을 좋아함으로 애쓴다고 일이 뜻대로 되는 것이 아니었다. 굶주림과 추위가 비록 절박한 형편이었으나 자기 뜻과는 달리 계속 어려움을 겪어야 하였다. 일찍이 세상일에 종사하여 보았으나 모두 입과 배를 위하여 자신을 부리는 짓이었다. 이에 비장한 마음으로 떨치고 일어나 평생 지녀온 뜻을 깊이 부끄러워하게 되었다. 그래도 한 해만 기다렸다가 살짝 떠나오리라 생각하고 있었다. 그런데 마침 정씨 집의 누이동생이 무 창에서 죽어 달려가고자 하는 마음이 생겼다. 스스로 사직을 하였는데, 한 가을로부터 겨울에 이르는 때였고, 벼슬자리에는 80여일 있은 셈이다. 이 글의 제목을 「귀거래혜」라고 하는 바이다. 을사년(405) 11월에 서를 씀.

余家貧하여, 耕植不足以自給이라. 幼稚[1]盈室이로되. 甁[2]無儲粟[3]하니, 生生[4]所資이, 未見其術이라. 親故多勸余爲長

---

1) 幼稚(유치): 어린 아이들.
2) 甁(병): 곡식을 저장하는 작은 독.
3) 儲粟(저속): 저장되어 있는 곡식. 남아있는 곡식.
4) 生生(생생): 삶을 살다. 생활하다.

　　　　　리⁵⁾　　　　　탈 연⁶⁾유 회　　구 지 미 도⁷⁾　　　회 유 사 방 지 사⁸⁾
　　　吏⁵⁾하여, 脫然⁶⁾有懷로되, 求之靡途⁷⁾라. 會有四方之事⁸⁾하

　　　　제 후 이 혜 애 위 덕　　　　가 숙⁹⁾　이 여 빈 고　　　수 견 용 어 소
　　　여, 諸侯以惠愛爲德하니, 家叔⁹⁾以余貧苦하여, 遂見用於小

　읍　　　우 시 풍 파 미 정　　　심 탄 원 역　　　　팽 택 거 가 백 리
　邑이라. 于時風波未靜하니, 心憚遠役이라. 彭澤去家百里요,

　　공 전 지 리　　　족 이 위 주　　　고　　사 구 지
　公田之利는, 足以爲酒하니, 故로 使求之라.

　　　　　급 소 일　　　권 연¹⁰⁾유 귀 여 지 정　　　하 즉 질 성 자 연　　　비
　　　及少日에, 眷然¹⁰⁾有歸與之情이라. 何則質性自然하니, 非

　　교 려¹¹⁾소 득　　　기 동 수 절　　이로되, 違己交病이라. 嘗從人事러
　　　矯厲¹¹⁾所得이라. 飢凍雖切이로되, 違己交病이라. 嘗從人事러

　　　　　　　개 구 복 자 역　　　어 시 창 연¹²⁾강 개¹³⁾　　　　심 괴¹⁴⁾평 생 지
　　　니, 皆口腹自役이라. 於是悵然¹²⁾慷慨¹³⁾하고, 深媿¹⁴⁾平生之

　지　　　유 망 일 임¹⁵⁾　　　당 렴 상 소 서¹⁶⁾　　　심 정 씨 매¹⁷⁾　　상 어
　志러라. 猶望一稔¹⁵⁾하여, 當斂裳宵逝¹⁶⁾라. 尋程氏妹¹⁷⁾喪於

---

5) 長吏(장리): 관리, 벼슬아치.
6) 脫然(탈연): 가벼운 모습. 아무 곳에도 매이지 않는 모습.
7) 靡途(미도): 방법이 없다. 길이 없다.
8) 四方之事(사방지사): 그때 세상은 오호십륙국(五胡十六國)이 뒤엉켜서 싸우고, 동진(東晋)에서는 반란과 손은(孫恩)·유뢰지(劉牢之) 등이 세력다툼을 일삼고 환현(桓玄)은 쿠데타를 일으키어 안제(安帝)를 몰아내는 등(403) 대혼란의 시대였음을 말한다.
9) 家叔(가숙): 작은 아버지 도기(陶夔). 도연명은 그의 추천으로 팽택령(彭澤令)이 된다.
10) 眷然(권연): 관심을 갖는 모양. 마음이 끌리어 돌아보는 모양.
11) 矯厲(교려): 바로잡으려고 애쓰다. 노력하다.
12) 悵然(창연): 슬픈 모양. 비장한 모양.
13) 慷慨(강개): 의기가 복바쳐 원통해하고 슬퍼하다. 분개하다, 개탄하다.
14) 媿(괴): 부끄러워하다.
15) 稔(임): 해, 년(年).
16) 斂裳宵逝(렴상소서): 바지를 걷어 올리고 밤에 달아나다. 슬며시 떠나버리다.
17) 程氏妹(정씨매): 정씨 집안으로 시집간 누이동생. 도연명은 「정씨 누이동생을 제사지내는 글(祭程氏妹文)」도 짓고 있다.

武昌하니, 情在駿奔¹⁸⁾이라. 自免去職하니, 仲秋至冬이오, 在
官八十餘日하고, 因事順心이라. 命篇曰; 歸去來兮하노라. 序
乙巳歲¹⁹⁾ 十一月也라.

돌아가자!
전원이 황폐해지고 있거늘 어찌하여 돌아가지 않는가?
이제껏 내 마음 몸 위해 부림받아 왔거늘
무엇 때문에 그대로 고민하며 홀로 슬퍼하는가?
이미 지난 일은 돌이킬 수 없음을 깨달았고
앞으로 닥칠 일은 올바로 할 수 있음을 알았으니,
실로 길 잘못 들어 멀어지기 전에
지금이 옳고 지난날은 잘못이었음을 깨우쳤네.
배는 흔들흔들 가벼이 출렁이고
바람은 펄펄 옷깃을 날리네.
길 가는 사람에게 갈 길 물으면서
새벽빛 어둑어둑함을 한하네.
멀리 집을 바라보고는
기쁨에 달려가니,
하인들이 반겨 맞아주고
어린 자식들 문 앞에서 기다리네.
오솔길엔 풀이 우거졌으나

---

18) 駿奔(준분): 급히 달리다. 빠르게 달려가다.
19) 乙巳歲(을사세): 을사년. 안제(安帝)의 의희(義熙) 1년, 서기 405년, 도연명 41세 때.

소나무와 국화는 그대로 있네.
아이들 데리고 방으로 들어가니
술통엔 술이 가득하네.
술병과 술잔 가져다 자작하면서
뜰앞 나뭇가지 바라보며 기쁜 얼굴 짓고,
남창에 기대어 거리낌 없는 마음 푸니
좁은 방일지언정 몸의 편안함을 느끼네.
뜰은 날마다 돌아다니다 보니 바깥 마당 이루어지고
문은 있으되 언제나 닫혀 있네.
지팡이 짚고 다니면서 아무데서나 쉬다가
마침 고개 들어 먼 곳 바라보니,
구름은 무심히 산골짜기에 피어오르고
새들은 날기에 지쳐 둥우리로 돌아오네.
해는 너웃너웃 지려 하는데도
외로운 소나무 쓰다듬으며 그대로 서성이네.

귀 거 래　　혜　　　　　전 원 장 무 호 불 귀
歸去來[20]兮[21]여! 田園將蕪胡不歸오?
기 자 이 심 위 형 역　　　　해 추 창　이 독 비
旣自以心爲形役이어늘, 奚惆悵[22]而獨悲오?
오 이 왕　　지 불 간　　　지 래 자 지 가 추
悟已往[23]之不諫하고, 知來者之可追하니,
실 미 도 기 미 원　　　각 금 시 이 작 비
實迷途其未遠에, 覺今是而昨非라.

---

20) 歸去來(귀거래): 돌아가자. 래(來)는 어조사.
21) 兮(혜): 초사(楚辭)와 부(賦)에 흔히 쓰이는 조사.
22) 惆悵(추창): 슬퍼하다, 실심하다.
23) 已往(이왕): 이미 지나간 과거.

주요요이경양   풍표표이취의
舟遙遙以輕颺하고, 風飄飄而吹衣라.

문정부이전로   한신광지희미
問征夫以前路하고, 恨晨光之熹微라.

내첨형우   재 흔재분
乃瞻衡宇[24]하고, 載[25]欣載奔하니,

동복환영   치자후문
僮僕歡迎하고, 稚子候門이라.

삼경 취황   송국유존
三逕[26]就荒이나, 松菊猶存이라.

휴유입실   유주영준
携幼入室하니, 有酒盈樽이라.

인호상이자작   면 정가이이안
引壺觴以自酌하고, 眄[27]庭柯以怡顔하며,

의남창이기오   심용슬 지이안
倚南窓以寄傲[28]하니, 審容膝[29]之易安이라.

원일섭이성취   문수설이상관
園日涉以成趣[30]하고, 門雖設而常關이라.

책부로   이류게   시교수이하관
策扶老[31]以流憩라가, 時矯首而遐觀하니,

운무심이출수   조권비이지환
雲無心以出岫하고, 鳥倦飛而知還이라.

---

24) 衡宇(형우): 형문옥우(衡門屋宇). 초라한 집.
25) 載(재): 어조사.
26) 三逕(삼경): 옛날 장허(蔣詡)라는 사람이 집의 대나무밭 사이로 세 가닥의 오솔길을 내놓고 구중(求仲)·양중(羊仲)이란 두 사람과만 사귀면서 숨어 살았다(『三輔決錄』). 이에 후세 사람들은 은사(隱士)가 사는 곳을 '삼경'이라 부르게 되었다.
27) 眄(면): 바라보다.
28) 寄傲(기오): 오만한 마음을 기탁하다. 거리낌 없는 마음을 기탁하다.
29) 容膝(용슬): 무릎을 용납하다. 살고 있는 방이 협소함을 형용한 말.
30) 成趣(성취): 취(趣)는 추(趨)로도 쓰이며 문밖의 마당. 따라서 문밖의 마당이 자연히 이루어지다의 뜻.
31) 扶老(부로): 지팡이의 별명. 노인을 부축해 주는 것이란 뜻.

景翳翳³²⁾以將入하니, 撫孤松而盤桓³³⁾이라.
<small>경예예 이장입　　　무고송이반환</small>

돌아가자!
세상 사람들과 사귐을 끊어 버리자!
세상과 나는 서로 등졌으니
다시 수레 몰고 나가야 무얼 얻겠는가?
친척들의 정다운 얘기 기꺼웁고
금琴과 책 즐기니 시름 사라지네.
농군들이 내게 봄 온 것 일러주면
서쪽 밭에 씨 뿌릴 채비하네.
포장친 수레 타기도 하고
조각배의 노를 젓기도 하며,
깊숙한 골짜기 찾아가기도 하고
울퉁불퉁한 언덕 오르기도 하네.
나무들은 싱싱하게 자라나고
샘물은 졸졸 흘러내리네.
만물이 철따라 변함을 즐거워하며
내 삶의 움직임도 느끼게 되네.

歸去來兮여, 請息交以絶游로다.
<small>귀거래혜　　청식교이절유</small>
世與我而相違어늘, 復駕言³⁴⁾兮焉求리오?
<small>세여아이상위　　부가언　혜언구</small>

---

32) 翳翳(예예): 어둑어둑해지는 모양.
33) 盤桓(반환): 왔다갔다하는 것, 우물쭈물하는 것.
34) 駕言(가언): 수레를 타고 세상에 나가 활약하는 것. 言(언)은 어조사.

^{열 친 척 지 정 화} ^{낙 금 서 이 소 우}
悅親戚之情話하고, 樂琴書以消憂로다.

^{농 인 고 여 이 춘 급} ^{장 유 사   어 서 주}
農人告余以春及이면, 將有事[35]於西疇라.

^{혹 명 건 거} ^{혹 도 고 주}
或命巾車[36]하고, 或棹孤舟하여,

^{기 요 조   이 심 학} ^{역 기 구 이 경 구}
旣窈窕[37]以尋壑하고, 亦崎嶇而經邱라.

^{목 흔 흔 이 향 영} ^{천 연 연 이 시 류}
木欣欣以向榮하고, 泉涓涓而始流라,

^{선 만 물 지 득 시} ^{감 오 생 지 행 휴}
善萬物之得時하니, 感吾生之行休[38]라.

아서라!
천지간에 몸 담았으되 다시 얼마나 생존하리?
어찌 본심 따라 분수대로 살지 않겠는가?
무얼 위해 허겁지겁하다가 어디로 가겠다는 건가?
부귀는 내 소망이 아니요,
하늘나라는 가기 바랄 수 없는 것.
좋은 철 즐기며 홀로 나서서
지팡이 꽂아놓고 풀 뽑기 김매기 하다가,
동쪽 언덕에 올라 긴 휘파람 불어 보고
맑은 시냇물 대하고 시를 읊기도 하네.
이렇게 자연 변화 따르다 목숨 다할 것이니,
주어진 운명 즐기는 데 다시 무얼 의심하겠는가?

---

35) 有事(유사): 일이 있게 되다. 여기서는 밭 갈고 씨뿌리는 농사일.
36) 巾車(건거): 포장을 친 수레.
37) 窈窕(요조): 깊숙한 모양.
38) 行休(행휴): 행동과 휴식. 움직이는 것과 가만히 있는 것.

已矣乎_{인저}! 寓形³⁹⁾宇內⁴⁰⁾復幾時아?
曷不委心⁴¹⁾任去留⁴²⁾오? 胡爲乎遑遑⁴³⁾欲何之아?
富貴非吾願이오, 帝鄕⁴⁴⁾不可期라.
懷良辰以孤往하고, 或植杖而耘耔⁴⁵⁾라가,
登東皐以舒嘯⁴⁶⁾하고, 臨淸流而賦詩라.
聊乘化⁴⁷⁾以歸盡⁴⁸⁾이어늘, 樂夫天命復奚疑리오?

　　이「귀거래혜사」는 한漢대에 성행했던 부賦라는 형식의 작품이다. 한대의 부는 대체로 호화롭고 거창한 사물들을 아름다운 형식으로 멋지게 표현하는 데만 힘써서, 결국 생명이 없는 귀족문학으로 변한 느낌이 없지 않았다.
　　그러나 우리는 도연명의「귀거래혜사」에서 한대 부와는 전혀 다른 풍취의 부를 발견하게 된다. 일찍이 송宋대의 구양수歐陽修가

---

39) 寓形(우형): 육체를 기탁하다. 몸을 타고나다.
40) 宇內(우내): 천지간. 이 세상.
41) 委心(위심): 자기 본심대로 맡기는 것.
42) 去留(거류): 떠나감과 머묾. 죽음과 삶.
43) 遑遑(황황): 허둥지둥하다. 허겁지겁하다.
44) 帝鄕(제향): 천국(天國). 선향(仙鄕).
45) 耘耔(운자): 김매고 북돋는 것.
46) 舒嘯(서소): 휘파람을 길게 내부는 것.
47) 乘化(승화): 만물의 변화를 타다.
48) 歸盡(귀진): 다함으로 돌아가다. 곧 살다가 죽는 것을 뜻한다.

「귀거래혜사」를 진晉대의 유일한 명문장이라 극찬했지만, 여기에는 전원으로 돌아가는 도연명의 자연애自然愛와 인생관이 다른 어떤 시에서보다도 싱싱하게 잘 노래되고 있다.

　　이 부는 그가 41세 되던 해 마지막 벼슬인 팽택령彭澤令을 80여일만에 내던지고 고향의 전원으로 돌아오면서 지은 것이다. 그는 가난한 집안에서 처자를 먹여 살리기 위하여 29세 때부터 하찮은 벼슬들을 전전해 보았으나, 어지러운 진나라의 관리 생활이란 전혀 그의 기질에 맞을 수가 없는 것이었다. 그는 관리 생활이란 입〔口〕과 배〔腹〕를 위하여 살아가는 것에 불과하다고 생각하였다.

　　『송서宋書』 연명전 등의 기록에 의하면, 그때 마침 군郡에서 행정 시찰을 위해 독우督郵를 파견해 오자, 현리縣吏로서 관복을 차려 입고 나가 그를 맞이해야 할 처지가 되었다. 도연명은 "나는 다섯 말의 봉급을 위해 허리를 굽히며 시골 소인小人을 섬길 수는 없다." 하고 마침내 벼슬을 내던졌다고 한다. 「귀거래혜사」의 서문에는 전혀 기록되어 있지 않은 얘기이다. 아무래도 행정시찰을 나온 상급관리를 '소인'이라 부르며, "다섯 말의 봉급을 위해 허리를 굽히지 못하겠다."고 한 자기 말이 잘한 말이라 생각되지 않았기 때문에 쓰지 않은 것이 아닐까 생각된다. 어떻든 도연명은 이 작품에서 자기 본성에 맞는 세계를 찾은 기쁨에 모든 다른 생각을 잊고 있는 것이다. 송대의 문호인 소식蘇軾도 이 「귀거래혜사」를 무척 좋아했다 한다.

도화원기와 도화원시 桃花源詩幷記[1]

　진晉나라 태원太元 연간(376~396년)에 무릉武陵의 한 사람이 고기잡이를 업으로 삼고 있었는데, 시냇물을 따라 가다가 길을 어디로 얼마나 왔는지 잊어버리게 되었다. 갑자기 복숭아나무 숲을 마주치게 되었는데, 양편 언덕을 끼고 수백 보步 넓이의 땅에 잡목이라고는 하나도 없었으며, 싱싱하고 아름다운 향기로운 풀 위에 떨어지는 꽃잎이 어지러웠다. 어부는 매우 이상한 일이라 여기고 다시 앞으로 나아가며 그 숲을 끝까지 따라가 보았다.

　　　　　진태원중　　　　　　무릉　인　　　　　포어위업　　　　　　　연계행
　　　　　晉太元中에, 武陵[2]人이, 捕魚爲業이러니, 緣溪行이라
　　　　　　망로지원근　　　　　　홀봉도화림　　　　　　협안수백보
가, 忘路之遠近하고, 忽逢桃花林이라. 夾岸數百步[3]에,
　　중무잡수　　　　　방초선미　　　　　　낙영빈분　　　　　　어인심이
中無雜樹하고, 芳草鮮美하며, 落英繽紛[4]이라. 漁人甚異
지　　　부전행　　　　욕궁　기림
之라. 復前行하여, 欲窮[5]其林이라.

　숲이 다하고 물의 근원이 있는 곳에 산이 하나 있었다. 산에는 작은 구멍이 있었는데, 희미하게 빛이 있는 듯하였다. 곧 배를

---

1) 桃花源詩幷記(도화원시병기): 「도화원시(桃花源詩)」와 「도화원기(桃花源記)」. 판본에 따라서는 「도화원기병서(桃花原記幷序)」로 된 곳도 있다.
2) 武陵(무릉): 지금의 호남성(湖南省) 상덕현(常德縣)에 있던 고을 이름.
3) 步(보): 길이의 단위. 6척(尺) 또는 8척이 1보(『史記索隱』).
4) 繽紛(빈분): 어지러운 모양. 바람에 날리는 모양.
5) 窮(궁): 추궁하다. 끝까지 알아보다.

버리고 그 구멍으로 들어가 보니, 처음에는 매우 좁아서 겨우 사람이 지나갈 수 있을 정도였으나 다시 수십 보를 걸어가니 활짝 훤하게 땅이 펼쳐졌다. 땅이 평평하고 넓었으며, 집들이 멋지게 늘어섰고 좋은 밭과 아름다운 연못이 있고 뽕나무와 대나무 같은 것들이 잘 자라고 있었다. 사방으로 길이 뻗어 있고 닭소리 개소리가 들렸으며, 그 속에서 왔다갔다하면서 씨 뿌리고 일하는 남녀들의 입은 옷들은 모두가 다른 세상 사람들 같았다. 노인과 아이들도 모두가 즐거운 듯 함께 즐기고 있었다.

林盡水源에, 便得一山이라. 山有小口러니, 髣髴⁶⁾若有光이라. 便捨船從口入하니, 初極狹하여, 纔⁷⁾通人이나, 復行數十步하니, 豁然⁸⁾開朗이라. 土地平曠⁹⁾하고, 屋舍儼然¹⁰⁾하여, 有良田美池와 桑竹之屬이라. 阡陌¹¹⁾交通하고, 鷄犬相聞이라. 其中往來種作¹²⁾, 男女衣著¹³⁾이 悉如外人이라. 黃髮¹⁴⁾垂髫¹⁵⁾이 並怡然¹⁶⁾自樂이라.

---

6) 髣髴(방불): 확실하지 않은 모양. 희미한 것. 방불(彷佛)로도 씀.
7) 纔(재): 겨우, 간신히.
8) 豁然(활연): 널리 트인 모양. 환하게 넓은 모양.
9) 平曠(평광): 평평하고 넓은 것.
10) 儼然(엄연): 의젓한 모양. 웅장한 모양.
11) 阡陌(천맥): 밭둔덕 길, 동서[陌] 남북[阡]으로 뻗어있는 밭둔덕 길.
12) 種作(종작): 씨 뿌리고 일하는 것.
13) 衣著(의착): 옷과 몸에 걸친 것들.
14) 黃髮(황발): 머리가 누렇게 된 사람. 노인.
15) 垂髫(수초): 댕기머리를 늘어뜨린 사람. 아이들.
16) 怡然(이연): 즐거운 모양, 기쁜 모양.

그들이 어부를 보고는 크게 놀라며 어디로부터 왔는가 물었다. 사실대로 대답하자, 곧 집으로 데리고 돌아가 술자리를 마련하고는 닭을 잡고 음식을 장만하였다. 마을 안에서는 이런 사람이 나타났다는 말을 듣고는 모두 찾아와서 여러 가지를 물었다. 스스로들 말하기를, 선대에 진秦나라 때의 난리를 피하여 처자와 고을 사람들을 거느리고 이곳 절경으로 들어와서 다시는 나가지 않아 마침내 바깥 사람들과는 서로 떨어져 있게 되었다는 것이었다.

지금은 어떤 세상인가 묻는데, 그들은 위魏나라 진晉나라는 말할 것도 없고 한漢나라가 있었다는 것도 모르고 있었다. 그 사람이 하나하나 그들에게 들은 일들을 모두 얘기해 주니, 모두가 탄식하며 놀라는 것이었다. 나머지 사람들도 각각 다시 그들의 집으로 그를 초청하여 모두가 술과 음식을 대접하였다. 며칠 머물다가 이별하고 떠나게 되었는데, 그곳 사람들은 당부하기를 밖의 사람들에게 얘기하지 말아 달라는 것이었다.

見漁人하고, 乃大驚하여, 問所從來라. 具答之하니, 便要[17]還家하여, 爲設酒殺鷄作食이라. 村中聞有此人하고, 咸[18]來問訊[19]이라. 自云先世避秦時亂하여, 率妻子邑人來此絶境하여, 不復出焉하니, 遂與外人間隔[20]이라. 問今是何世러니, 乃不知有漢이오, 無論魏晉이라. 此人

---

17) 要(요): 요청하다, 요구하다.
18) 咸(함): 다, 모두.
19) 問訊(문신): 물어보다. 여러가지 소식을 묻다.
20) 間隔(간격): 사이가 멀어지다. 사이가 벌어져 연락이 끊기는 것.

一一^{일 일}爲^위具^구言^언所^소聞^문하니, 皆^개歎^탄惋^완²¹⁾이라. 餘^여人^인各^각復^부延^연²²⁾至^지家^가하여, 皆^개出^출酒^주食^식이라. 停^정數^수日^일하고, 辭^사去^거러니, 此^차中^중人^인語^어云^운하되, 不^부足^족爲^위外^외人^인道^도²³⁾也^야라.

그곳을 나와 그의 배를 발견하고 곧 전의 길을 따라 나오며 곳곳에 표시를 남겨두었다. 고을에 이르러 태수太守를 찾아뵙고 그러한 일들을 보고하였다. 태수는 곧 사람을 파견하여 그를 따라가 보도록 하였다. 전에 표시한 것을 찾아가다가 마침내는 길을 잃고 다시는 갈 길을 찾지 못하였다.

旣^기出^출하여, 得^득其^기船^선하여, 便^변扶^부²⁴⁾向^향路^로하며, 處^처處^처誌^지²⁵⁾之^지라. 及^급郡^군²⁶⁾下^하하여, 詣^예太^태守^수하고, 說^설如^여此^차라. 太^태守^수卽^즉遣^견人^인隨^수其^기往^왕하여, 尋^심向^향²⁷⁾所^소誌^지러니, 遂^수迷^미不^불復^부得^득路^로라.

남양南陽의 유자기劉子驥는 고상한 것을 좋아하는 선비였다. 그 얘기를 듣고는 기뻐서 찾아가 보려 하였으나 성공하지 못하고 뒤에 병으로 죽고 말았다. 그 뒤로는 그곳으로 가는 길을 찾아본 사람이 없다.

---

21) 歎惋(탄완): 탄식하고 놀라다, 탄식하며 애석히 여기다.
22) 延(연): 맞이하다, 초청하다.
23) 道(도): 말하다.
24) 扶(부): 의지하여, 따라서.
25) 誌(지): 표식을 남기다. 기록하다.
26) 郡(군): 고을, 옛 행정 단위.
27) 向(향): 전에, 이전에.

南陽²⁸⁾劉子驥는, 高尚²⁹⁾士也로, 聞之코, 欣欣³⁰⁾規往³¹⁾
이러니, 未果하고, 尋病終이라. 後遂無問津³²⁾者라.

진시황秦始皇이 하늘의 법도를 어지럽히자
현명한 사람들은 그런 세상을 피하게 되었네.
하황공夏黃公과 기리계綺里季는 상산商山을 찾아갔고
이 사람들은 도원桃源을 찾아갔다네.
그들이 갔던 발자취 점차 없어져 버리고
왔던 길은 마침내 풀 나무 무성하여 없어져 버렸네.
서로 의지하여 밭 갈고 농사짓는 데 힘쓰면서
해 지면 서로 어울리어 집으로 들어가 쉬네.
뽕나무 대나무 크게 그늘 드리우고
콩 기장 철따라 가꾸며,
봄 누에 쳐서 긴 실 뽑고
가을 곡식 익어도 나라의 세금은 없다네.
거친 길은 희미한 대로 서로 통하고
닭 개는 번갈아 울고 짖고 있네.

---

28) 南陽(남양): 지금의 호북성(湖北省) 양양부(襄陽府). 유자기(劉子驥)는 사람 이름.
29) 高尙(고상): 높은 것을 숭상하는 것, 고고(孤高)함을 숭상하는 것.
30) 欣欣(흔흔): 기뻐하는 모양.
31) 規往(규왕): 가고자 계획하다, 가보고자 하다.
32) 問津(문진): 나루터에 대하여 묻다, 나루터를 어디로 가야 하는가 묻다. 일정한 목적지를 어떻게 가야 하는가 묻는 것을 두고 하는 말.

제사 그릇을 차리는 데는 옛 법도 따르고
옷도 새롭게 만들어낸 것은 없네.
아이들은 멋대로 다니며 노래하고
노인들은 기뻐서 서로 찾아다니며 노네.
풀꽃이 피면 계절이 온화해진 것을 알고
나무가 시들면 바람이 싸늘해진 것을 알며,
비록 기록된 일력이 없다 해도
사철이 자연스럽게 한 해를 이루네.
즐겁게도 넘쳐나는 즐거움 있으니
어디에다 지혜를 쓰는 수고를 하겠는가?
기이한 이들의 자취가 숨겨 있은 지 5백 년 만에
하루아침에 신기한 세상 열리어 알려졌으나,
인간의 순수함과 경박함은 본시 근원이 다른 것이어서
다시 곧 가리워져 알 수 없는 세상으로 돌아가 버렸네.
이 세상에 노니는 선비들에게 묻노니
먼지 일고 시끄러운 세상 밖 일을 어찌 알겠는가?
바라건대 가벼운 바람 올라타고서
높이 올라 내 뜻에 맞는 세상 찾아가고 싶네!

贏氏[33]/亂天紀[34]하니, 賢者避其世라.

---

33) 贏氏(영씨): 진시황(秦始皇)을 가리킴. 진시황은 성이 영(贏)이고, 이름은 정(政)이었다.
34) 天紀(천기): 하늘의 기강(紀綱). 하늘의 도.

黄綺³⁵⁾之商山³⁶⁾하고, 伊人³⁷⁾亦云逝러니,

往跡浸復湮³⁸⁾하여, 來逕遂蕪廢³⁹⁾라.

相命⁴⁰⁾肆⁴¹⁾農耕하고, 日入從所憩⁴²⁾라.

桑竹垂餘蔭⁴³⁾하고, 菽稷⁴⁴⁾隨時藝⁴⁵⁾하며,

春蠶收長絲요, 秋熟靡王稅⁴⁶⁾라.

荒路暧⁴⁷⁾交通하고, 鷄犬互鳴吠라.

俎豆⁴⁸⁾猶古法이오, 衣裳無新製라.

童孺縱⁴⁹⁾行歌하고, 斑白⁵⁰⁾歡游詣⁵¹⁾라.

---

35) 黃綺(황기): 진(秦)나라 말엽 난리를 피하여 상산(商山)에 숨었던 이른바 사호(四皓) 중의 하황공(夏黃公)과 기리계(綺里季)의 두 사람.
36) 商山(상산): 섬서성(陝西省) 상현(商縣) 동쪽에 있는 산 이름.
37) 伊人(이인): 이 사람들. 도화원(桃花源)의 사람들을 가리킴.
38) 浸復湮(침부인): 조금씩 또 없어져 버리다. 침(浸)은 침(浸)과 통용.
39) 蕪廢(무폐): 초목이 우거져 없어져 버리는 것.
40) 相命(상명): 서로 청하다, 서로 의지하다.
41) 肆(이): 수고하다, 힘쓰다.
42) 從所憩(종소게): 따라서 쉴 곳으로 가다. 서로 어울리어 집으로 돌아가 쉬는 것.
43) 餘蔭(여음): 여분이 있는 나무 그늘. 충분한 녹음.
44) 菽稷(숙직): 콩과 기장.
45) 隨時藝(수시예): 철을 따라 심고 가꾸다.
46) 靡王稅(미왕세): 임금의 세금이 없다. 나라의 세금이 없다.
47) 暧(애): 희미한 것, 분명치 않은 것.
48) 俎豆(조두): 제기(祭器). 조(俎)와 두(豆) 모두 옛날 제물을 담는 데 쓰던 그릇 이름.
49) 縱(종): 멋대로. 방종하게.
50) 斑白(반백): 머리가 희끗희끗한 사람. 노인.
51) 游詣(유예): 놀면서 서로 찾아다니는 것.

草榮識節和⁵²⁾하고, 木衰知風厲⁵³⁾하니,
雖無紀曆誌⁵⁴⁾나, 四時自成歲라.
怡然有餘樂하니, 於何⁵⁵⁾勞智慧오!
奇蹤⁵⁶⁾隱五百이라가, 一朝敞神界⁵⁷⁾러니,
淳薄⁵⁸⁾旣異源하여, 旋復⁵⁹⁾還幽蔽라.
借問游方士⁶⁰⁾하노니, 焉測塵囂⁶¹⁾外오?
願言躡⁶²⁾輕風하여, 高擧尋吾契⁶³⁾라.

　작자 도연명이 자기의 이상향을 산문으로 묘사한 위에(곧 「도화원기」) 시로써 읊은(곧 「도화원시」) 작품이다. 그의 이상향은 복

---

52) 節和(절화): 절기가 온화해지다. 봄이 되는 것을 가리킴.
53) 風厲(풍려): 바람이 사나워지다. 바람이 싸늘하게 부는 가을이 된 것을 뜻한다.
54) 紀曆誌(기력지): 기록해 놓은 역서(曆書). 달력.
55) 於何(어하): 어디에, 무슨 일에.
56) 奇蹤(기종): 기이한 발자취. 도화원 사람들의 생활상을 가리킨다.
57) 敞神界(창신계): 신기한 세계가 드러나다, 신기한 세계가 열리다.
58) 淳薄(순박): 순수함과 경박함, 순박함과 경박함. 도화원 같은 세계와 인간 세계의 인정과 풍속을 가리킨다.
59) 旋復(선부): 곧 다시.
60) 游方士(유방사): 방내(方內)에 노니는 선비, 이 세상에 노니는 선비. 방내는 방외(方外)와 대가 됨(『莊子』大宗師).
61) 塵囂(진효): 먼지 일고 시끄러운 것. 속된 세상을 가리킴.
62) 躡(섭): 밟다. 올라타다.
63) 吾契(오계): 내 뜻에 맞는 곳. 도화원 같은 이상향을 가리킴.

복숭아꽃이 만발하여 떨어지는 꽃잎들이 물 위에 떠 흘러가고 있고, 사람들은 뽕나무 대나무가 우거져 있는 땅에 밭을 일구고 농사지으며 아무런 근심 걱정 없이 살아가는 세상이다.

　　실제로 호남성湖南省 무릉武陵이란 고장에 도화원이 있었다고 주장하는 사람들도 있으나, 작자가 추구했던 전원생활의 이상이 집약된 상상을 통하여 이루어진 별천지가 도화원이라 보아야만 할 것이다.

오류선생전 五柳先生傳

 선생은 어디 사람인지 모르고 또 그의 성姓과 자字도 자세하지 않으나, 집 옆에 버드나무 다섯 그루가 있기에 그것으로써 호를 삼았다. 한적하고 조용하며 말이 적었고 명예나 실리를 바라지 않았다. 책읽기를 좋아하지만 깊이 파고들지는 않으며, 매번 뜻에 맞는 글이 있으면, 곧 즐거워 식사도 잊었다. 성품이 술을 좋아하지만 집이 가난하여 항상 마실 수는 없었다. 친구들이 이와 같은 처지를 알고는 때때로 술자리를 마련하여 그를 초청하였는데, 술을 마시게 되면 언제나 다 마셔 버려 반드시 취하고야 말았다. 취하고 난 후에는 물러나는데, 가고 머무름에 미련을 두지 않았다.

先生[1]은 不知何許[2]人이오, 亦不詳其姓字나, 宅邊有五柳樹하여, 因以爲號焉이라. 閑靖[3]少言하고, 不慕榮利라. 好讀書하되, 不求甚解[4]요, 每有會意면, 便欣然[5]忘食이

---

1) 先生(선생): 도연명이 자기 스스로를 가공적인 인물로 그려 오류선생(五柳先生)이라 한 것이다.
2) 何許(하허): 어디, 어느 곳.
3) 閑靖(한정): 한가하고 고요하다.
4) 不求甚解(불구심해): 너무 지나치게 뜻을 따지거나 이론적으로 집착하지 않는 것을 말한다.
5) 欣然(흔연): 매우 즐거워함.

라. 性嗜酒하되, 家貧不能常得이라. 親舊知其如此하고, 或置酒⁶⁾而招之면, 造飮⁷⁾輒盡⁸⁾하여, 期在必醉라. 旣醉而退하되, 曾不吝情去留⁹⁾라.

좁은 방은 쓸쓸하기만 하고 바람과 햇빛을 제대로 가리지도 못한다. 짧은 베옷을 기워 입고, 밥그릇이 자주 비어도 마음은 편안하다. 항상 문장을 지으며 스스로 즐기면서 자못 자신의 뜻을 나타내려 하였다. 득得과 실失에 대한 생각을 잊고서, 이러한 상태로 자신의 일생을 마치려 하였다.

環堵¹⁰⁾蕭然¹¹⁾하고, 不蔽風日이라. 短褐¹²⁾穿結하고, 簞瓢¹³⁾屢空이로되, 晏如¹⁴⁾也러라. 常著文章自娛하여, 頗示己志라. 忘懷得失하여, 以此自終하니라.

6) 置酒(치주): 술자리를 마련하다.
7) 造飮(조음): 술 먹는 자리에 나가다.
8) 輒盡(첩진): 매번 있는 것. 모두를 다하다.
9) 不吝情去留(불린정거류): 떠나거나 머무르는 데에 미련을 두지 않음.
10) 環堵(환도): 환(環)은 동서남북의 사방(四方). 도(堵)는 오판(五版), 판(版)은 1장(一丈). 따라서 사방 1장 약간 넘는 방. 정확히 말하면 사방의 길이를 합치면 5장이 되는 방, 곧 작은 방을 뜻함.
11) 蕭然(소연): 쓸쓸하고 조용함.
12) 短褐(단갈): 갈(褐)은 베옷. 단갈은 가난한 사람들이 입는 짧고 거칠게 짠 베옷.
13) 簞瓢(단표): 단(簞)은 대나 고리로 짠 바구니. 옛날에 가난한 사람들이 밥을 담아 먹었다. 표(瓢)는 표주박. 역시 가난한 사람들이 음료나 국을 담아 먹었다. 가난한 사람들의 음식기(飮食器)를 통칭.
14) 晏如(안여): 편안하다.

찬贊 ; 제齊나라의 검루黔婁에 대해 말하기를 "가난과 천한 신분을 두려워하지 않으셨고 부유해지고 출세하는 일에 애쓰지 않으셨다."고 했다. 그 말을 잘 새겨보면 검루는 오류선생과 같은 무리이다. 술을 흠뻑 마시고 시를 지음으로써 자신의 뜻을 즐겼으니 무회씨無懷氏 시대의 사람인가? 갈천씨葛天氏 시대의 사람인가?

贊[15]曰 ; 黔婁[16]有言하되, 不戚戚[17]於貧賤하고, 不汲汲[18]於富貴이라. 極其言[19]이면, 茲若人之儔乎인저! 酣觴[20]賦詩하여, 以樂其志하니, 無懷氏[21]之民歟아? 葛天氏之民歟아?

15) 贊(찬): 전기문(傳記文) 뒤에 붙여서 주인공을 칭찬하는 글.
16) 黔婁(검루): 춘추시대(春秋時代) 제(齊)나라의 은사(隱士). 청렴결백하여 벼슬살이를 하지 않았다. 그가 죽자, 그의 시체는 누더기가 걸쳐진 상태였고, 시체를 덮은 홑겊이 짧아 발이 다 드러났다. 문상(問喪)을 간 증자(曾子)가 홑겊을 비스듬히 돌려서 손발을 덮으려 하자, 검루의 처가 "고인께서는 바른 것을 좋아하셨습니다. 홑겊을 비뚤게 놓는 것은 사(邪)라 좋지 않습니다. 또 고인께서는 가난과 천한 신분을 겁내지 않으셨고, 부유해지고 출세하는 것을 부러워하지 않으셨습니다."고 했다 한다.
17) 戚戚(척척): 두려워하고 걱정하는 것.
18) 汲汲(급급): 얻으려고 안달함.
19) 極其言(극기언): 그 말뜻을 깊이 생각하면.
20) 酣觴(감상): 술잔을 돌려가며 실컷 마심.
21) 無懷氏(무회씨): 갈천씨(葛天氏)와 함께 중국 태곳적 제왕(帝王). 무회씨는 도덕으로 세상을 다스려 당시의 백성들은 모두 사욕(私欲)이 없고 편안했으며, 갈천씨 때는 교화(敎化)를 펴지 않아도 저절로 교화가 이루어져 천하가 태평했다 한다. 무회씨의 백성, 또는 갈천씨의 백성이라는 것은 욕심없이 순박한 사람들을 뜻한다.

이 「오류선생전 五柳先生傳」은 도연명이 자신을 오류선생 五柳先生에 가탁 假託하여 쓴 글이다. 도연명은 자기집 근처에 다섯 그루의 버드나무를 심어놓고 있었다고 한다. 다만 그 버드나무가 있던 집이 어디에 있는 집이냐고 하는 문제에 있어서는 학자에 따라 의견이 분분하다. 어떻든 이 글을 통하여 자신의 속세로부터 초연한 생활태도와 생활관 生活觀 또는 인생관 人生觀 등이 객관적으로 잘 그려져 있다. 매우 해학적인 문체로 후세 전기체 傳記體 문장의 규범으로 받들어지기도 한다.

찾아보기

ㄱ

가경장탄식(歌竟長歎息)·130
가빈불능상득(家貧不能常得)·290
가위역려사(家爲逆旅舍)·196
가이무한(可以無恨)·246
가이탁오족(可以濯吾足)·68
가인미청야(佳人美淸夜)·130
각금시이작비(覺今是而昨非)·274
각자환기가(各自還其家)·240
간우소분(艮友宵奔)·246
갈불위심임거류(曷不委心任去留)·278
갈천씨지민여(葛天氏之民歟)·292
감복헌사(感鵬獻辭)·263
감상부시(酣觴賦詩)·291
감오생지행휴(感吾生之行休)·277
감위정견(感爲情牽)·260
감음부시(酣飮賦詩)·246
감자표모혜(感子漂母惠)·210
강개독비가(慷慨獨悲歌)·233
강개쟁차장(慷慨爭此場)·124
개개약인(介介若人)·267

개경망삼익(開逕望三益)·76
개독재여(慨獨在余)·51
개모부존(慨暮不存)·54
개상황우(慨想黃虞)·252
개세숙오일(開歲倏五日)·84
개언안기업(介焉安其業)·227
개언이하(慨焉已遐)·247
개위아이(皆爲我異)·269
개춘리상업(開春理常業)·104
개출주식(皆出酒食)·283
개탄완(皆歎惋)·283
개풍인시래(凱風因時來)·175
개황남야제(開荒南野際)·58
거거백년외(去去百年外)·88
거거욕하지(去去欲何之)·196
거거전욕속(去去轉欲速)·194
거래하소의(去來何所依)·147
거목정처이(擧目情悽洏)·202
거세무지자(擧世無知者)·227
거세소복진(擧世少復眞)·168
거속애기명(擧俗愛其名)·137
거지차성읍(居止次城邑)·180

거향지감(去鄕之感)·253
건핵사원저(騫翮思遠翥)·191
검소불획전(檢素不獲展)·178
검소왕손(儉笑王孫)·247
게음약잠괴(憩蔭若暫乖)·204
게일석시(愒日惜時)·246
견림정의(見林情依)·133
견어인(見漁人)·282
결근어자(結根於茲)·54
결려재인경(結廬在人境)·149
결발념선사(結髮念善事)·232
결우도림치(結友到臨淄)·128
결탁기희동(結託旣喜同)·206
경가지작락(傾家持作樂)·194
경사세난(竟死說難)·266
경산일배주(驚散一盃酒)·117
경예예이장입(景翳翳以將入)·276
경용신호(競用新好)·41
경종유시식(耕種有時息)·94
경직칭기용(耕織稱其用)·88
경차세월사(竟此歲月駛)·194
경포고궁절(竟抱固窮節)·162
경풍무영목(勁風無榮木)·148
경호절여력(傾壺絶餘瀝)·218
계견상문(鷄犬相聞)·281
계견호명폐(鷄犬互鳴吠)·286
계도정이면(啓塗情已緬)·91
계마문전류(繫馬門前柳)·117

계명상수전(雞鳴桑樹顚)·58
고거심오계(高擧尋吾契)·287
고궁숙소귀(固窮夙所歸)·230
고담무필주(顧膽無匹儔)·84
고로증여주(故老贈余酒)·172
고문졸언사(叩門拙言辭)·209
고분정초요(高墳正嶕嶢)·240
고분호저앙(高墳互低昂)·124
고상사야(高尙士也)·284
고시공명사(古時功名士)·124
고예신추월(叩枻新秋月)·97
고운독무의(孤雲獨無依)·215
고인상아취(故人賞我趣)·159
고인석촌음(古人惜寸陰)·191
고조영북원(枯條盈北園)·217
고주상명(顧儔相鳴)·132
고췌미거앙(枯悴未遽央)·186
고형기공목(枯形寄空木)·236
곡풍전처박(谷風轉淒薄)·88
공부두상건(空負頭上巾)·169
공손지언(共飧至言)·260
공시시운경(空視時運傾)·137
과문갱상호(過門更相呼)·72
과족비소흠(過足非所欽)·175
과차해소수(過此奚所須)·88
곽혜이멸(廓兮已滅)·247
관생칭심(管生稱心)·256
관탁식첨하(盥濯息簷下)·105

괴아비한재(愧我非韓才)·210
교교운간월(皎皎雲間月)·131
교동지가(狡童之歌)·254
교아색부제(嬌兒索父啼)·236
교행거재(巧行居災)·266
구거산택유(久去山澤遊)·65
구곡유저금(舊穀猶儲今)·175
구구제로옹(區區諸老翁)·168
구답지(具答之)·282
구득비소흠(苟得非所歆)·220
구아성년환(求我盛年歡)·194
구영일월(俱映日月)·260
구자여치(懼茲餘恥)·258
구재번롱리(久在樊籠裏)·59
구폐심항중(狗吠深巷中)·58
구피무성(懼彼無成)·246
국위제퇴령(菊爲制頹齡)·137
군당서취인(君當恕醉人)·169
군자실시(君子失時)·266
군정정하여(君情定何如)·122
궁경비소탄(躬耕非所歎)·105
궁친미증체(躬親未曾替)·197
궁항격심철(窮巷隔深轍)·112
궁항과륜앙(窮巷寡輪鞅)·61
권권왕석시(眷眷往昔時)·187
귀거래산중(歸去來山中)·140
귀거래혜(歸去來兮)·274, 276
귀래량미앙(歸來良未央)·238

귀신망매연(鬼神茫昧然)·232
귀인망연화(歸人望煙火)·75
귀조추림명(歸鳥趨林鳴)·154
규조불견연(闚竈不見煙)·218
극기언(極其言)·291
근게운잠(近憩雲岑)·132
근미여로(勤靡餘勞)·245
금단잠공상(今但湛空觴)·237
금단재귀록(今旦在鬼錄)·235
금부재하처(今復在何處)·206
금생기총국(今生幾叢菊)·139
금숙황초향(今宿荒草鄉)·238
금일종자역(今日從茲役)·71
금작추련방(今作秋蓮房)·186
금조진지의(今朝眞止矣)·180
급군하(及郡下)·283
급급로중수(汲汲魯中叟)·168
급시당면려(及時當勉勵)·183
급신원오천(及晨願烏遷)·232
급신위자유(及辰爲茲遊)·84
기경역이종(旣耕亦已種)·112
기구력진곡(崎嶇歷榛曲)·68
기기과만복(豈期過滿腹)·198
기래구아거(飢來驅我去)·209
기력점쇠손(氣力漸衰損)·191
기만면상조(起晚眠常早)·188
기망습경구(豈忘襲輕裘)·220
기몰전무궁(旣沒傳無窮)·120

기무일시호(豈無一時好)·131
기무타인(豈無他人)·42
기문공흔상(奇文共欣賞)·71
기변소환(忮辨召患)·266
기변오시역(氣變悟時易)·185
기부불부실(肌膚不復實)·212
기부재일생(豈不在一生)·145
기부지기극(豈不知其極)·222
기불실신고(豈不實辛苦)·225
기불이아고(豈不以我故)·206
기불한여기(豈不寒與飢)·216
기사미운괴(其事未云乖)·109
기사천로(豈思天路)·134
기성여아해(寄聲與我諧)·108
기요조이심학(旣窈窕以尋壑)·277
기자이심위형역(旣自以心爲形役)·274
기자환초포(飢者歡初飽)·108
기재필취(期在必醉)·290
기정쌍량(奇情雙亮)·256
기조련구림(羈鳥戀舊林)·58
기종은오백(奇蹤隱五百)·287
기중왕래종작(其中往來種作)·281
기철천상명(氣澈天象明)·137
기출득기선(旣出得其船)·283
기취이퇴(旣醉而退)·290
기한포소경(饑寒飽所更)·162
기화천유징(氣和天惟澄)·84

ㄴ

나타고무필(懶惰故無匹)·213
낙금서이소우(樂琴書以消憂)·277
낙부천명부해의(樂夫天命復奚疑)·278
낙여삭신석(樂與數晨夕)·70
낙엽엄장맥(落葉掩長陌)·195
낙영빈분(落英繽紛)·280
낙지위형제(落地爲兄弟)·183
낙천위분(樂天委分)·245
난고류역쇠(蘭枯柳亦衰)·115
날기오치(涅豈吾緇)·246
남녀의착(男女衣著)·281
남루모첨하(繼縷茅簷下)·158
남산유구택(南山有舊宅)·196
남양유자기(南陽劉子驥)·284
남포무유수(南圃無遺秀)·217
낭망림야오(浪莽林野娛)·65
내경수무폐(來逕遂蕪廢)·286
내대경(乃大驚)·282
내부지유한(乃不知有漢)·282
내불견오심(乃不見吾心)·220
내수내탁(乃漱乃濯)·46
내안유여성(來雁有餘聲)·137
내언음득선(乃言飮得仙)·172
내육내번(酒育酒繁)·245
내첨형우(乃瞻衡宇)·275
내하오십년(奈何五十年)·193

녁여아구반(怒如亞九飯) · 229
노소동일사(老少同一死) · 206
노암광이석(路暗光已夕) · 75
노응무유분(露凝無游氛) · 178
노지갱장기(老至更長飢) · 229
노처훤풍식(露凄暄風息) · 137
농무각자귀(農務各自歸) · 73
농인고여이춘급(農人告余以春及) · 277
뇌동공예훼(雷同共譽毀) · 151
뇌야이의부(餒也已矣夫) · 230
누공기유인(屢空既有人) · 91
누공상안여(屢空常晏如) · 79
능잠용일봉(陵岑聳逸峯) · 178

ㄷ

다사제소년(多謝諸少年) · 115
단갈천결(短褐穿結) · 290
단고세간명(但顧世間名) · 145
단도상마장(但道桑麻長) · 61
단멱리여률(但覓梨與栗) · 213
단사원무위(但使願無違) · 64
단여평생물(但餘平生物) · 202
단외인아기(但畏人我欺) · 128
단원상마성(但願桑麻成) · 76
단원상여차(但願常如此) · 105
단원포갱량(但願飽粳糧) · 198
단표루경(簞瓢屢罄) · 245

단표루공(簞瓢屢空) · 290
단한다류오(但恨多謬誤) · 169
단한수세(但恨殊世) · 48
단한재세시(但恨在世時) · 236
달사사불이(達士似不爾) · 151
달서감차가(曙曙酣且歌) · 130
달언내구(怛焉內疚) · 55
달인해기회(達人解其會) · 144
담미초교(淡美初交) · 255
담해종일석(談諧終日夕) · 210
당년경미천(當年竟未踐) · 91
당부여차불(當復如此不) · 84
당서염한의(當暑厭寒衣) · 229
당왕지무종(當往至無終) · 119
대경본비망(代耕本非望) · 197
대균무사력(大鈞無私力) · 206
대월하서귀(帶月荷鋤歸) · 63
대환지치자(大懽止稚子) · 180
덕불백년(德不百年) · 268
도리라당전(桃李羅堂前) · 58
도몰공자유(徒沒空自遺) · 229
도상기사객(倒裳起謝客) · 117
도상왕자개(倒裳往自開) · 157
도상향천재(道喪向千載) · 145
도승무척안(道勝無戚顏) · 225
도연자락(陶然自樂) · 47
도지지불락(徒知止不樂) · 180
도협초목장(道狹草木長) · 64

독부불여자(獨復不如玆) · 202
독수중내기(獨樹衆乃奇) · 155
독양기지(獨養其志) · 269
돌돌속중우(咄咄俗中愚) · 152
동관제업(童冠齊業) · 48
동뇌고전기(凍餒固纏己) · 164
동방유일사(東方有一士) · 125
동복환영(僮僕歡迎) · 275
동원지수(東園之樹) · 41
동유종행가(童孺縱行歌) · 286
동포기일(冬曝其日) · 245
동하상여자(冬夏常如玆) · 127
두주산금안(斗酒散襟顏) · 105
두주취비린(斗酒聚比鄰) · 183
득실불부지(得失不復知) · 236
득주막구사(得酒莫苟辭) · 203
득환당작락(得歡當作樂) · 183
등강천리여(登降千里餘) · 80
등고부신시(登高賦新詩) · 72
등동고이서소(登東皐以舒嘯) · 278

ㄹ |

록아신숙주(漉我新熟酒) · 68
뢰고다차현(賴古多此賢) · 218
료위롱묘민(聊爲隴畝民) · 95
료차빙화천(聊且憑化遷) · 80

ㅁ |

마위앙천명(馬爲仰天鳴) · 240
막막하경(邈邈遐景) · 46
막불가추(邈不可追) · 48
막연불가간(邈然不可干) · 224
막연자도절(邈然玆道絶) · 204
막왈비현(莫曰匪賢) · 259
만리자삼저(萬理自森著) · 206
만일불합의(萬一不合意) · 128
만족각유탁(萬族各有託) · 215
만초불부영(蔓草不復榮) · 101
만화상심이(萬化相尋異) · 101
망기이존(亡旣異存) · 246
망로지원근(忘路之遠近) · 280
망망대괴(茫茫大塊) · 244
망운참고조(望雲慙高鳥) · 80
망의여귀(望義如歸) · 258
망피천재우(忘彼千載憂) · 84
망회득실(忘懷得失) · 291
매매다우려(每每多憂慮) · 191
매유회의(每有會意) · 290
맹공부재자(孟公不在玆) · 162
맹지일사해(猛志逸四海) · 191
맹하초목장(孟夏草木長) · 112
면면귀사우(緜緜歸思紆) · 80
면언기심정(緬焉起深情) · 138
면연제증구(緬然睇曾邱) · 84

면정가이이안(眄庭柯以怡顔)·275
명보이상이(冥報以相貽)·210
명역자중전(螟蜮恣中田)·32
명일비소구(明日非所求)·85
모자이취치(茅茨已就治)·87
모작귀운택(暮作歸雲宅)·123
목권수도이(目倦脩塗異)·80
목쇠지풍려(木衰知風厲)·287
목흔흔이향영(木欣欣以向榮)·277
몰역견사(沒亦見思)·246
몽각량괴부(夢覺兩愧負)·117
몽몽시우(濛濛時雨)·40
몽아평생우(夢我平生友)·117
묘묘고주서(眇眇孤舟逝)·80
묘생만천맥(苗生滿阡陌)·75
묘연천계고(杳然天界高)·101
무고송이반환(撫孤松而盤桓)·276
무락자흔예(無樂自欣豫)·190
무론위진(無論魏晉)·282
무릉인(武陵人)·280
무부독다려(無復獨多慮)·207
무위홀거자(無爲忽去玆)·73
무회씨지민여(無懷氏之民歟)·292
문군금하행(問君今何行)·119
문군역하위(問君亦何爲)·75
문군하능이(問君何能爾)·149
문금시하세(問今是何世)·282
문다소심인(聞多素心人)·70

문소종래(問所從來)·282
문수설이상관(門雖設而常關)·275
문아하처래(問我何處來)·118
문유전자태(聞有田子泰)·120
문자위수여(問子爲誰與)·157
문정부이전로(問征夫以前路)·275
문정일황무(門庭日荒蕪)·122
문지흔흔규왕(聞之欣欣規往)·284
문폐객립구(門閉客立久)·117
미과심병종(未果尋病終)·284
미미추이석(靡靡秋已夕)·101
미변즉우(迷變則愚)·267
미복견사주(未復見斯儔)·222
미봉사기순(彌縫使其淳)·168
미상이비열(未嘗異悲悅)·204
미석부래귀(未夕復來歸)·216
미언심선취(未言心先醉)·115
미우종동래(微雨從東來)·112
미인언색거(未忍言索居)·87
미족위고서(未足爲高栖)·158
미지종금거(未知從今去)·84
미지지박처(未知止泊處)·191
미지지리기(未知止利己)·180
민면륙구년(僶俛六九年)·232
민면사십년(僶俛四十年)·172
밀밀당전류(密密堂前柳)·114

ㅂ

박언동교(薄言東郊)·45
반백환유예(斑白歡游詣)·286
반좌의원류(班坐依遠流)·84
반형좌송하(班荊坐松下)·159
방국개림요(芳菊開林耀)·178
방불약유광(髣髴若有光)·281
방차거불열(方此詎不劣)·204
방초선미(芳草鮮美)·280
방택십여묘(方宅十餘畝)·58
배진호자경(盃盡壺自傾)·153
배회구롱간(徘徊邱隴間)·66
배회무정지(徘徊無定止)·147
백년귀구롱(百年歸丘壟)·189
백년회유역(百年會有役)·75
백대견기(百代見紀)·258
백발피량빈(白髮被兩鬢)·212
백수포관(白首抱關)·266
백양역소소(白楊亦蕭蕭)·239
백운숙첨단(白雲宿簷端)·126
백일륜서아(白日淪西阿)·184
백일엄형비(白日掩荊扉)·61
번핵구심(翻翮求心)·132
번화조기(繁華朝起)·54
범람주왕전(汎覽周王傳)·112
범수청학회(汎隨淸壑迴)·108
범차망우물(汎此忘憂物)·153

변득일산(便得一山)·281
변부향로(便扶向路)·283
변사선종구입(便捨船從口入)·281
변요환가(便要還家)·282
변뢰환시무(秉耒歡時務)·94
변흔연망식(便欣然忘食)·290
병이연자락(並怡然自樂)·281
보지필문리(步止華門裏)·180
봉세다의(逢世多疑)·263
봉운지빈(逢運之貧)·244
봉조수부지(鳳鳥雖不至)·168
부가언 혜언구(復駕言兮焉求)·276
부귀비오원(富貴非吾願)·278
부답안유후(不答顏愈厚)·117
부득반자연(復得返自然)·59
부로잡란언(父老雜亂言)·159
부시파능공(賦詩頗能工)·226
부앙종우주(府仰終宇宙)·112
부인애지(夫人愛之)·245
부재접배주(不在接杯酒)·115
부전행(復前行)·280
부족위외인도야(不足爲外人道也)·283
부지경하지(不知竟何之)·209
부행수십보(復行數十步)·281
분명망사황(分明望四荒)·123
분산축풍전(分散逐風轉)·182
불각지유아(不覺知有我)·160
불견소문진(不見所問津)·169

불구당여하(不久當如何)·131
불구심해(不求甚解)·290
불급급어부귀(不汲汲於富貴)·291
불락부하여(不樂復何如)·112
불면지석영(不眠知夕永)·185
불모영리(不慕榮利)·289
불봉불수(不封不樹)·247
불부출언(不復出焉)·282
불식륙여칠(不識六與七)·213
불언춘작고(不言春作苦)·108
불외도리장(不畏道里長)·128
불위행당구(不謂行當久)·114
불위호작영(不爲好爵縈)·98
불의귀전리(拂衣歸田里)·165
불척척어빈천(不戚戚於貧賤)·291
불폐풍일(不蔽風日)·290
불학광치자(不學狂馳子)·120
불획사차난(弗獲辭此難)·104
불희역불구(不喜亦不懼)·207
비귀전예(匪貴前譽)·247
비도갈의(匪道曷依)·55
비도고무우(非道故無憂)·222
비상부비융(非商復非戎)·119
비선해돈(匪善奚敦)·55
비위복기택(非爲卜其宅)·70
비조상여환(飛鳥相與還)·150
비풍애정야(悲風愛靜夜)·109
빈거의가색(貧居依稼穡)·108

빈부상교전(貧富常交戰)·225
빈사세상심(貧士世相尋)·220
빙탄만회포(冰炭滿懷抱)·189

ㅅ |

사가숙엄가(辭家夙嚴駕)·119
사거하소도(死去何所道)·240
사독장년(賜獨長年)·260
사람기유지(斯濫豈攸志)·230
사면무인거(四面無人居)·240
사몰무부여(死沒無復餘)·66
사부족외(斯不足畏)·56
사시상최박(四時相催迫)·195
사시자성세(四時自成歲)·287
사신사석(斯晨斯夕)·51
사십무문(四十無聞)·56
사아소신(事我宵晨)·245
사야도능변(賜也徒能辯)·220
사여지하(死如之何)·247
사위지기(士爲知己)·257
사인구이사(斯人久已死)·120
사인락구생(斯人樂久生)·137
사전권유추(司田眷有秋)·108
사체성내피(四體誠乃疲)·105
사치송신(奢恥宋臣)·247
삭짐이부취(數斟已復醉)·159
산간청차천(山澗淸且淺)·68

산기일석가(山氣日夕佳) · 150
산유소구(山有小口) · 281
산중요상로(山中饒霜露) · 104
산중주응숙(山中酒應熟) · 140
산척여애(山滌餘靄) · 45
산천무개시(山川無改時) · 202
산택구견초(山澤久見招) · 87
산하만목중(山河滿目中) · 124
삼경취황(三逕就荒) · 275
삼계다차사(三季多此事) · 151
삼사성화퇴(三四星火頹) · 109
삼순구우식(三旬九遇食) · 125
삼황대성인(三皇大聖人) · 206
상가비오사(商歌非吾事) · 98
상견무잡언(相見無雜言) · 61
상공부소회(常恐負所懷) · 108
상공설산지(常恐雪霰至) · 61
상로영췌지(霜露榮悴之) · 202
상림배회(相林徘徊) · 134
상마일이장(桑麻日已長) · 61
상명이귀(相鳴而歸) · 133
상명이농경(相命肆農耕) · 286
상사즉피의(相思則披衣) · 73
상선죽자심(常善粥者心) · 229
상여환북망(相與還北邙) · 124
상유호용안(常有好容顏) · 126
상작실행차(觴酌失行次) · 159
상장해우(相將海隅) · 251

상장환구거(相將還舊居) · 122
상저문장자오(常著文章自娛) · 290
상죽수여음(桑竹垂餘蔭) · 286
상죽잔후주(桑竹殘朽株) · 66
상죽지속(桑竹之屬) · 281
상지불충후(相知不忠厚) · 115
상지실난(相知實難) · 255
상지첩경배(觴至輒傾杯) · 210
상현경별학(上弦驚別鶴) · 126
상현사조일(觴絃肆朝日) · 188
생유고세명(生有高世名) · 120
생이상의부(生而相依附) · 206
서무이환간(庶無異患干) · 105
서서세중사(栖栖世中事) · 88
서서실군조(栖栖失群鳥) · 147
서연불고(逝然不顧) · 268
서이선자명(庶以善自名) · 98
서장불부의(逝將不復疑) · 144
서지고다오(棲遲固多娛) · 138
석로첨아의(夕露沾我衣) · 64
석문장자언(昔聞長者言) · 193
석사부하구(夕死復何求) · 222
석욕거남촌(昔欲居南村) · 70
석위삼춘거(昔爲三春蕖) · 186
석이상지(夕已喪之) · 54
석재고당침(昔在高堂寢) · 238
선만물지득시(善萬物之得時) · 277
선부환유폐(旋復還幽蔽) · 287

선사유유훈(先師有遺訓)·93
선사유훈(先師遺訓)·56
선생부지하허인(先生不知何許人)·289
선소고상재(先巢故尙在)·122
설여차(說如此)·283
설장환서려(挈杖還西廬)·87
설피평생(說彼平生)·41
설호상여지(挈壺相與至)·159
성기주(性嗜酒)·290
성년부중래(盛年不重來)·183
성본애구산(性本愛邱山)·58
성쇠불가량(盛衰不可量)·186
성애무유(性愛無遺)·133
성원유곤화(誠願遊崑華)·204
세간유송교(世間有松喬)·172
세공료가관(歲功聊可觀)·104
세단의상다(世短意常多)·137
세로곽유유(世路廓悠悠)·165
세로다단(世路多端)·269
세여아이상위(世與我而相違)·276
세월공상소(歲月共相疏)·88
세월부대인(歲月不待人)·183
세월장욕모(歲月將欲暮)·229
소구비기한(所懼非飢寒)·225
소년한인사(少年罕人事)·161
소락비궁통(所樂非窮通)·227
소무적속운(少無適俗韻)·58
소보거내천(所保詎乃淺)·92

소생과전중(邵生瓜田中)·144
소소묘문(蕭蕭墓門)·246
소소천우활(昭昭天宇闊)·98
소수연저(搔首延佇)·40
소심정여차(素心正如此)·76
소업재전상(所業在田桑)·197
소연하사(蕭然何事)·269
소오동헌하(嘯傲東軒下)·154
소요자한지(逍遙自閒止)·180
소월출동령(素月出東嶺)·184
소이귀아신(所以貴我身)·145
소표삽인두(素標揷人頭)·196
속대후명계(束帶候鳴鷄)·108
솔처자읍인래차절경(率妻子邑人來此絶境)·282
송국유존(松菊猶存)·275
송백위인벌(松柏爲人伐)·124
송아출원교(送我出遠郊)·240
쇠영무정재(衰榮無定在)·144
수당위여예(誰當爲汝譽)·206
수렴불영전(收斂不盈廛)·232
수령차언부(遂令此言負)·115
수무기력지(雖無紀曆誌)·287
수무석려(雖無昔侶)·134
수무휘금사(雖無揮金事)·165
수미구중수(雖無九重秀)·84
수미량세공(雖未量歲功)·94
수미불부득로(遂迷不復得路)·283

수불회유(雖不懷游)·133
수사철미향(洙泗輟微響)·168
수섭백령(壽涉百齡)·246
수여외인간격(遂與外人間隔)·282
수여진사명(遂與塵事冥)·97
수위부지시(誰謂不知時)·128
수위형적구(誰謂形迹拘)·80
수유오남아(雖有五男兒)·213
수유하서권(雖有荷鋤倦)·75
수졸귀원전(守拙歸園田)·58
수지비여시(誰知非與是)·151
수지사의(誰知斯意)·269
수지영여욕(誰知榮與辱)·236
수진개연분(遂盡介然分)·165
숙감모감비(孰敢慕甘肥)·229
숙감부지(孰敢不至)·56
숙맥실소선(菽麥實所羨)·229
숙불원지(孰不願之)·263
숙시도불영(孰是都不營)·104
숙신장오가(夙晨裝吾駕)·91
숙약당세사(孰若當世士)·189
숙여류전경(倏如流電驚)·145
숙중후가(孰重後歌)·247
숙즉삼표(宿則森標)·134
숙직수시예(菽稷隨時藝)·286
순박기이원(淳薄旣異源)·287
순순무우(恂恂舞雩)·259
습아춘복(襲我春服)·45

시각지위선(始覺止爲善)·180
시교수이하관(時矯首而遐觀)·275
시래구의회(時來苟宜會)·79
시뢰발동우(始雷發東隅)·121
시부허곡중(時復墟曲中)·61
시비구상형(是非苟相形)·151
시비안능각(是非安能覺)·236
시생만물(是生萬物)·244
시서돈숙호(詩書敦宿好)·97
시서색좌외(詩書塞座外)·218
시서역하죄(詩書亦何罪)·168
시시견폐허(時時見廢墟)·87
시시향립년(是時向立年)·165
시실상기편(始室喪其偏)·232
시우몽몽(時雨濛濛)·40
시이식장옹(是以植杖翁)·92
시작백정원(試酌百情遠)·172
시환독아서(時還讀我書)·112
시휴자질배(試攜子姪輩)·66
식교서한와(息交逝閒臥)·175
식아정가(息我庭柯)·42
식운지명(識運知命)·246
신거어림(晨去於林)·132
신거월하관(晨去越河關)·126
신계불긍명(晨鷄不肯鳴)·162
신근무차비(辛勤無此比)·126
신명동예여(身名同翳如)·88
신모비둔(身慕肥遯)·246

신몰명역진(身沒名亦盡)·204
신요기화(晨耀其華)·54
신이대사(矧伊代謝)·253
신자향아언(薪者向我言)·66
신주부응여(新疇復應畬)·87
신출사미근(晨出肆微勤)·104
신풍청흥(晨風清興)·134
실미도기미원(實迷途其未遠)·274
실여외인(悉如外人)·281
실유한소동(實由罕所同)·227
심감부로언(深感父老言)·158
심념몽메비(深念蒙)非)·229
심념산택거(心念山澤居)·80
심념상오생(甚念傷吾生)·206
심용슬지이안(審容膝之易安)·275
심원지자편(心遠地自偏)·149
심유상한(心有常閒)·245
심재부하언(心在復何言)·172
심향소지(尋向所誌)·283
십년착일관(十年著一冠)·125
쌍쌍입아려(雙雙入我廬)·122

ㅇ |

아거부재양(我去不再陽)·187
아래무하유(我來無何有)·118
아무등화술(我無騰化術)·203
아서이이팔(阿舒已二八)·213

아선행지학(阿宣行志學)·213
아심고비석(我心固匪石)·122
아애기정(我愛其靜)·48
아여당거객(我如當去客)·196
아옥남산하(我屋南山下)·139
아욕관기인(我欲觀其人)·126
아원부지로(我願不知老)·188
아지회의(我之懷矣)·55
아토일이광(我土日已廣)·61
아행기불요(我行豈不遙)·80
안득불상어(安得不相語)·206
안득촉석(安得促席)·41
안빈수천자(安貧守賤者)·221
안여야(晏如也)·290
안지물위귀(安知物爲貴)·160
안차일부(安此日富)·55
암이구시멸(黯爾俱時滅)·204
애선무류향(哀蟬無留響)·101
애애공중멸(曖曖空中滅)·215
애애기자(哀哀箕子)·254
애애당전림(藹藹堂前林)·175
애애원인촌(曖曖遠人村)·58
애애정운(藹藹停雲)·40
애의한생(哀矣韓生)·266
애재역가상(哀哉亦可傷)·198
야경잠허명(夜景湛虛明)·97
야야성전비(夜夜聲轉悲)·147
야외한인사(野外罕人事)·61

야중침석랭(夜中枕席冷)·185	언영수부시(言詠遂賦詩)·210
약관봉세조(弱冠逢世阻)·232	언측진효외(焉測塵囂外)·287
약녀수비남(弱女雖非男)·88	엄거미귀기(俺去靡歸期)·202
약년봉가핍(弱年逢家乏)·229	엄류기무성(淹留豈無成)·138
약단치문방(弱湍馳文魴)·84	엄류수무성(淹留遂無成)·162
약령기사외(弱齡寄事外)·79	엄상결야초(嚴霜結野草)·186
약부불쾌음(若復不快飮)·169	엄상구월중(嚴霜九月中)·240
약자희아측(弱子戲我側)·175	엄이매불희(掩耳每不喜)·193
약질여운퇴(弱質與運頹)·195	업부증구(業不增舊)·55
양력수고철(量力守故轍)·216	여갱상핍짐(藜羹常乏斟)·220
양묘역회신(良苗亦懷新)·94	여군수이물(與君雖異物)·206
양붕유막(良朋幽邈)·40	여금사화(余今斯化)·246
양신입기회(良辰入奇懷)·87	여기운추(余豈云墜)·56
양양평진(洋洋平津)·46	여득위인(余得爲人)·244
양우무아곡(良友撫我哭)·236	여인각부연지가(餘人各復延至家)·283
양주소이지(楊朱所以止)·165	여자상우래(與子相遇來)·204
양즙월평호(揚檝越平湖)·108	여피직설(如彼稷契)·263
양진형모하(養眞衡茅下)·98	여하봉려사(如何蓬廬士)·137
양풍기장석(涼風起將夕)·97	여하사차거(如何舍此去)·97
어금정하간(於今定何間)·172	여하신고비(如何辛苦悲)·229
어동족대포(御冬足大布)·198	여하절세하(如何絕世下)·169
어인심이지(漁人甚異之)·280	여향사청원(厲響思淸遠)·147
어자탁근(於茲托根)·54	역경불오기(力耕不吾欺)·73
어하노지혜(於何勞智慧)·287	역기구이경구(亦崎嶇而經邱)·277
억아소장시(憶我少壯時)·190	역대수시(易代隨時)·267
억차단인장(憶此斷人腸)·187	역부가련상(亦復可憐傷)·124
언소무염시(言笑無厭時)·73	역불상기성자(亦不詳其姓字)·289
언식기려(言息其廬)·51	연계행(緣溪行)·280

연년견상설(年年見霜雪) · 128
연림인불각(連林人不覺) · 155
연목중류(延目中流) · 48
열친척지정화(悅親戚之情話) · 277
염금독한요(斂襟獨閑謠) · 138
염문세상어(厭聞世上語) · 128
염비걸래(斂轡揭來) · 269
염염경량월(厭厭竟良月) · 178
염염성기류(冉冉星氣流) · 165
염자실다(念子實多) · 42
염지동중회(念之動中懷) · 84
염지오정열(念之五情熱) · 204
염지중심초(念之中心焦) · 101
염차사인구(念此使人懼) · 191
염차회비처(念此懷悲悽) · 185
염핵요래귀(斂翮遙來歸) · 148
염핵한지(斂翮閒止) · 42
염화루분여(炎火屢焚如) · 232
영기량유극(營己良有極) · 175
영덕영문(令德永聞) · 258
영락동초망(零落同草莽) · 61
영명구완(令名俱完) · 256
영비청음(景庇淸陰) · 132
영사동릉시(寧似東陵時) · 144
영수노대색(榮叟老帶索) · 219
영씨란천기(嬴氏亂天紀) · 285
영영창하란(榮榮窗下蘭) · 114
영위세소치(永爲世所嗤) · 128

영위지불리(營衛止不理) · 180
영풍송여선(泠風送餘善) · 91
영화난구거(榮華難久居) · 186
영화성족귀(榮華誠足貴) · 124
예악잠득신(禮樂暫得新) · 168
예연절교유(翳然絶交遊) · 226
예예채문(翳翳柴門) · 245
예태수(詣太守) · 283
오가불가회(吾駕不可回) · 158
오락진망중(誤落塵網中) · 58
오매교휘(寤寐交揮) · 48
오생몽환간(吾生夢幻間) · 156
오생행귀휴(吾生行歸休) · 84
오아시서(汙我詩書) · 268
오역애오려(吾亦愛吾廬) · 112
오이왕지불간(悟已往之不諫) · 274
오호애재(嗚呼哀哉) · 247
옥사엄연(屋舍儼然) · 281
옹갈포전헌(擁褐曝前軒) · 217
옹단년십삼(雍端年十三) · 213
완공견전입(阮公見錢入) · 225
완대진환오(緩帶盡歡娛) · 188
완비게통구(宛轡憩通衢) · 79
왈여작차래(曰余作此來) · 109
왕연무유영(往燕無遺影) · 137
왕적침부인(往跡浸復湮) · 286
외인신래(外姻晨來) · 246
요득장상종(聊得長相從) · 227

요득종군서(聊得從君棲)·109	우형우내부기시(寓形宇內復幾時)·278
요부득차생(聊復得此生)·154	운무심이출수(雲無心以出岫)·275
요사하조옹(遙事荷蓧翁)·109	운생회귀진(運生會歸盡)·172
요승화이귀진(聊乘化以歸盡)·278	운학유기익(雲鶴有奇翼)·172
요옥수부소(繞屋樹扶疏)·112	운호능이(云胡能夷)·254
요요만리휘(遙遙萬里輝)·184	울울황산리(鬱鬱荒山裏)·109
요요망백운(遙遙望白雲)·175	원감나부(爰感惸夫)·252
요요아행(睘睘我行)·246	원군골기니(願君汩其泥)·158
요요저익심(遙遙沮溺心)·105	원군취오언(願君取吾言)·203
요요지서형(遙遙至西荊)·97	원류취군주(願留就君住)·126
요용망화잠(聊用忘華簪)·175	원망시부위(遠望時復爲)·155
요이영금조(聊以永今朝)·101	원목공자조(園木空自凋)·101
요첨개기절(遙瞻皆奇絕)·178	원빈조이백(元鬢早已白)·195
요택생호봉(繞宅生蒿蓬)·226	원생납결리(原生納決履)·219
욕궁기림(欲窮其林)·280	원성한차애(猿聲閑且哀)·109
욕류부득주(欲留不得住)·206	원소유여자(園蔬有餘滋)·175
욕변이망언(欲辨已忘言)·150	원아유세정(遠我遺世情)·153
욕시안무광(欲視眼無光)·238	원안문적설(袁安門積雪)·224
욕어구무음(欲語口無音)·238	원언불획(願言不獲)·42
욕언무여화(欲言無予和)·185	원언섭경풍(願言躡輕風)·287
용차공명도(用此空名道)·189	원언회인(願言懷人)·41
용출작미주(舂秫作美酒)·175	원일섭이성취(園日涉以成趣)·275
우도불우빈(憂道不憂貧)·93	원재장공(遠哉長公)·269
우비성가학(紆轡誠可學)·158	원지팔표(遠之八表)·132
우아약부연(于我若浮煙)·233	위구언소문(爲具言所聞)·283
우애미소(宇曖微霄)·45	위군작차시(爲君作此詩)·128
우운힐항(遇雲頡頏)·133	위기거비미(違己詎非迷)·158
우차신후명(吁嗟身後名)·233	위사성은근(爲事誠慇懃)·168

위생매고졸(衛生每苦拙)·204
위설주살계작식(爲設酒殺鷄作食)·282
위인유령지(謂人有靈智)·202
위정양승무(慰情良勝無)·88
위회재금서(委懷在琴書)·79
유객구아문(有客扣我門)·117
유관산해도(流觀山海圖)·112
유량전미지(有良田美池)·281
유류음후첨(榆柳陰後簷)·58
유무중원(有務中園)·245
유불광림(游不曠林)·134
유상청기(悠想淸沂)·48
유생량난(遺生良難)·257
유생필유사(有生必有死)·235
유실일이폐(幽室一已閉)·240
유연견남산(悠然見南山)·149
유연기회(悠然其懷)·134
유연불부반(悠然不復返)·92
유유고민(悠悠高旻)·244
유유미소류(悠悠迷所留)·160
유유지지(猶有遲遲)·253
유자불류금(有子不留金)·194
유주불긍음(有酒不肯飮)·145
유주영준(有酒盈罇)·275
유주유주(有酒有酒)·41
유주짐작지(有酒斟酌之)·72
유증기허래(遺贈豈虛來)·209
유지불획빙(有志不獲騁)·185

유차백년(惟此百年)·245
유풍자남(有風自南)·45
유호재륙경(游好在六經)·161
유혼재하방(遊魂在何方)·124
육력동림외(戮力東林隈)·108
육적무일친(六籍無一親)·169
윤이이자(允伊二子)·258
음주부득족(飮酒不得足)·236
읍로철기영(裛露掇其英)·153
응상진이류(凝霜殄異類)·155
응진변수진(應盡便須盡)·207
의기경인명(意氣傾人命)·115
의남창이기오(倚南窗以寄傲)·275
의상무신제(衣裳無新製)·286
의식고기단(衣食固其端)·104
의식당수기(衣食當須紀)·73
의아여시괴(疑我與時乖)·158
의의상여석(疑義相與析)·71
의의석인거(依依昔人居)·66
의의재우경(依依在耦耕)·98
의의허리연(依依墟里煙)·58
의첨부족석(衣沾不足惜)·64
이격부하유(離隔復何有)·115
이괴세한(利乖歲寒)·255
이권안로(已卷安勞)·135
이락기지(以樂其志)·292
이무거마훤(而無車馬喧)·149
이문자잔(以文自殘)·265

이부지천욱(已復至天旭) · 69
이불애문술(而不愛文術) · 213
이안기혼(以安其魂) · 246
이야가내하(理也可奈何) · 198
이여가인사(已與家人辭) · 128
이연유여락(怡然有餘樂) · 287
이우처목전(離憂悽目前) · 233
이의하소비(已矣何所悲) · 216
이의호(已矣乎) · 278
이이구자안(而以求自安) · 104
이이여정(以怡余情) · 41
이인역운서(伊人亦云逝) · 286
이자양국(二子讓國) · 251
이종산중래(爾從山中來) · 139
이지백년(以至百年) · 245
이차자종(以此自終) · 291
이회난구도(伊懷難具道) · 128
익익귀조(翼翼歸鳥) · 132, 133, 134
익피신묘(翼彼新苗) · 45
인개진획의(人皆盡獲宜) · 198
인곡시시래(鄰曲時時來) · 71
인도매여자(人道每如玆) · 144
인만갱헌수(引滿更獻酬) · 84
인사고이졸(人事固以拙) · 227
인생귀유도(人生歸有道) · 104
인생기불로(人生豈不勞) · 101
인생무근체(人生無根蔕) · 182
인생사환화(人生似幻化) · 66

인생실난(人生實難) · 247
인생약기(人生若寄) · 54
인아부득주(引我不得住) · 191
인역유언(人亦有言) · 41, 46
인위삼재중(人爲三才中) · 206
인이위호언(因以爲號焉) · 289
인인석기정(人人惜其情) · 145
인치고생송(因値孤生松) · 148
인호상이자작(引壺觴以自酌) · 275
일거삼십년(一去三十年) · 58
일단백세후(一旦百歲後) · 124
일단수명진(一旦壽命盡) · 222
일모건시거(日暮巾柴車) · 75
일모유독비(日暮猶獨飛) · 147
일모천무운(日暮天無雲) · 130
일상수독진(一觴雖獨進) · 153
일생부능기(一生復能幾) · 145
일석기청(日夕氣淸) · 134
일석환상지(日夕歡相持) · 144
일세개상동(一世皆尙同) · 158
일세이조시(一世異朝市) · 66
일월불긍지(日月不肯遲) · 195
일월수과(日月遂過) · 247
일월우정(日月于征) · 41
일월의신지(日月依辰至) · 137
일월척인거(日月擲人去) · 185
일월환복주(日月還復周) · 187
일일난재신(一日難再晨) · 183

일일욕지지(日日欲止之)·180
일입군동식(日入羣動息)·154
일입부뢰환(日入負耒還)·104
일입상여귀(日入相與歸)·94
일입실중암(日入室中闇)·69
일입종소게(日入從所憩)·286
일조성회진(一朝成灰塵)·168
일조창신계(一朝敞神界)·287
일조출문거(一朝出門去)·238
일취혹능망(日醉或能忘)·206
일측불황연(日昃不遑研)·218
일호무복의(一毫無復意)·194
임류별우생(臨流別友生)·97
임수괴유어(臨水愧遊魚)·80
임염세월퇴(荏苒歲月頹)·191
임원무세정(林園無世情)·97
임조희신개(林鳥喜晨開)·109
임죽예여(林竹翳如)·51
임진무소선(任眞無所先)·172
임진수원(林盡水源)·281
임청류이부시(臨淸流而賦詩)·278
입선상소흔(立善常所欣)·206
입선유유애(立善有遺愛)·204

ㅈ

자고유검루(自古有黔婁)·221
자년서이로(姿年逝已老)·109

자손환상보(子孫還相保)·188
자아포자독(自我抱玆獨)·172
자약인지주호(玆若人之儔乎)·291
자여위인(自余爲人)·244
자운선세피진시란(自云先世避秦時亂)
·282
자종분별래(自從分別來)·122
작모동위인(昨暮同爲人)·235
작작엽중화(灼灼葉中華)·131
잠여원전소(暫與園田疎)·79
잠월득방적(蠶月得紡績)·76
장미엽이추(薔薇葉已抽)·140
장부지사해(丈夫志四海)·188
장비촉령구(將非促齡具)·206
장속기유일(裝束旣有日)·128
장양부득절(將養不得節)·164
장유사어서주(將有事於西疇)·277
장음엄채문(長吟掩柴門)·95
장이급시(將以及時)·263
장지부상사(將止扶桑涘)·180
장지중야(葬之中野)·246
재기하원천(在己何怨天)·233
재상재비(載翔載飛)·133
재석개남묘(在昔開南畝)·91
재석무주음(在昔無酒飮)·237
재석여다사(在昔余多師)·230
재운재자(載耘載耔)·245
재통인(纔通人)·281

재흔재분(載欣載奔) · 275	제향불가기(帝鄕不可期) · 278
재흔재촉(載欣載矚) · 46	제호괘한가(提壺挂寒柯) · 155
적견재세중(適見在世中) · 202	제호접빈려(提壺接賓侶) · 84
적아원중소(摘我園中蔬) · 112	조권비이지환(鳥倦飛而知還) · 275
전가기불고(田家豈不苦) · 104	조년기류(徂年旣流) · 55
전각일불여(轉覺日不如) · 191	조두유고법(俎豆猶古法) · 286
전도당기허(前途當幾許) · 191	조롱환신절(鳥弄歡新節) · 91
전도점취착(前途漸就窄) · 196	조만발천목(早晚發天目) · 139
전부유호회(田父有好懷) · 157	조석사계명(造夕思雞鳴) · 232
전욕지장근(轉欲志長勤) · 94	조여인의생(朝與仁義生) · 222
전원장무호불귀(田園將蕪胡不歸) · 274	조위비조당(朝爲飛鳥堂) · 123
절경궁거(絕景窮居) · 252	조음첩진(造飮輒盡) · 290
절유온현언(竊有慍見言) · 218	조종비명촉(早終非命促) · 235
절의위사웅(節義爲士雄) · 120	조하개숙무(朝霞開宿霧) · 215
정공조작조(庭空鳥雀噪) · 117	존생불가언(存生不可言) · 204
정기동헌(靜寄東軒) · 40	존위세진(存爲世珍) · 246
정생휘검(程生揮劍) · 258	졸생실기방(拙生失其方) · 198
정수일사거(停數日辭去) · 283	졸올궁려(捽兀窮廬) · 246
정언공념(靜言孔念) · 54	종고개유몰(從古皆有沒) · 101
정운애애(停雲靄靄) · 40	종고위지연(終古謂之然) · 172
정의위운거(正宜委運去) · 206	종금지세한(從今至歲寒) · 126
정이불능득(正爾不能得) · 198	종기신위현(鍾期信爲賢) · 233
정정백년내(鼎鼎百年內) · 145	종노득종(從老得終) · 246
정정부일기(亭亭復一紀) · 165	종당귀공무(終當歸空無) · 66
정조유유처(井竈有遺處) · 66	종두남산하(種豆南山下) · 63
정취유인(貞脆由人) · 55	종랑대화중(從浪大化中) · 207
정풍릉속(貞風凌俗) · 252	종래장천재(從來將千載) · 222
정흔신지환(情欣新知歡) · 210	종묘재동고(種苗在東皐) · 75

종반반생려(終反班生廬)·80
종이예오정(終以翳吾情)·162
종일치거주(終日馳車走)·169
종차일지거(從此一止去)·180
종효불능정(終曉不能靜)·185
좌기롱서금(坐起弄書琴)·175
좌담잡금고(坐談雜今古)·117
좌지고음하(坐止高蔭下)·180
주거미종(舟車靡從)·41
주능거백려(酒能祛百慮)·137
주능망권(疇能罔眷)·246
주석고장기(疇昔苦長飢)·164
주숙오자짐(酒熟吾自斟)·175
주요요이경양(舟遙遙以輕颺)·275
주운능소우(酒云能消憂)·204
주인침서와(主人枕書臥)·117
주인해여의(主人解余意)·209
주중유심미(酒中有深味)·160
준중주부조(罇中酒不燥)·188
중도봉가우(中道逢嘉友)·115
중무잡수(中無雜樹)·280
중상종요정(觴縱遙情)·84
중상홀망천(重觴忽忘天)·172
중성매해(衆聲每諧)·134
중소상고정(中宵尚孤征)·98
중심창이(中心悵而)·54
중울애궁거(仲蔚愛窮居)·226
중조상여비(衆鳥相與飛)·215

중조흔유탁(衆鳥欣有託)·112
중초몰기자(衆草沒其姿)·155
중춘구시우(仲春遘時雨)·121
중칩각잠해(衆蟄各潛駭)·121
중하저청음(中夏貯淸蔭)·175
중화거아구(重華去我久)·220
즉리괴통식(卽理愧通識)·92
즉사다소흔(卽事多所欣)·94
즉일기기관(卽日棄其官)·225
즙우한조(戢羽寒條)·134
증격해시(繒繳奚施)·135
증불린정거류(曾不吝情去留)·290
증시이자(曾是異玆)·246
지덕관방려(至德冠邦閭)·225
지래자지가추(知來者之可追)·274
지아고래의(知我故來意)·126
지아명거(脂我名車)·56
지어사고연(池魚思故淵)·58
지위한인원(地爲罕人遠)·91
지유일류공(止有一劉龔)·227
지음구부존(知音苟不存)·216
지의다소치(志意多所恥)·165
지인미이(知人未易)·255
지일종부별(止日終不別)·204
지조재영(枝條再榮)·41
지주정무희(止酒情無喜)·180
지지출림핵(遲遲出林翮)·216
지차감인다(持此感人多)·130

지차욕하성(持此欲何成)·145
지피결오의(指彼決吾疑)·128
지피불사(志彼不舍)·55
직위친구고(直爲親舊故)·87
직재백년중(直在百年中)·120
직하다담사(稷下多談士)·128
진덕수업(進德修業)·263
진상초재금(眞想初在衿)·80
진작치허뢰(塵爵恥虛罍)·138
진태원중(晉太元中)·280

ㅊ│

차공환차음(且共歡此飮)·158
차극금조락(且極今朝樂)·85
차당종황기(且當從黃綺)·152
차동기난상(此同旣難常)·204
차래하족린(嗟來何足吝)·229
차리장불승(此理將不勝)·73
차문유방사(借問游方士)·287
차문채신자(借問採薪者)·66
차사진부락(此事眞復樂)·175
차사호독연(此士胡獨然)·227
차생기재치(此生豈再値)·194
차심초이거(此心稍已去)·191
차아독매(嗟我獨邁)·246
차어진불허(此語眞不虛)·66
차여소자(嗟予小子)·55

차위요일상(且爲陶一觴)·198
차음독불쇠(此蔭獨不衰)·148
차이비상신(此已非常身)·182
차인개언여(此人皆焉如)·66
차인일일(此人一一)·282
차중유진의(此中有眞意)·150
차중인어운(此中人語云)·283
차진배중물(且進盃中物)·213
차호이현(嗟乎二賢)·263
찬왈검루유언(贊曰黔婁有言)·291
창창곡중수(蒼蒼谷中樹)·127
창한독책환(悵恨獨策還)·68
채국동리하(采菊東籬下)·149
채려족조찬(採莒足朝餐)·225
채미고가(采薇高歌)·252
채채영목(采采榮木)·54
책부로이류게(策扶老以流憩)·275
책아명기(策我名驥)·56
처려세운모(淒厲歲云暮)·217
처의기비(悽矣其悲)·254
처처지지(處處誌之)·283
처처풍로교(淒淒風露交)·101
척계초근국(隻雞招近局)·68
천고숙경철(天高肅景澈)·178
천기거차재(天豈去此哉)·172
천년불부조(千年不復朝)·240
천년불부조(千年不復朝)·240
천도유차원(天道幽且遠)·232

천리수요(千里雖遙)·56
천맥교통(阡陌交通)·281
천연연이시류(泉涓涓而始流)·277
천운구여차(天運苟如此)·213
천인혁명(天人革命)·252
천재내상관(千載乃相關)·105
천재무이결(千載撫爾訣)·178
천재불상위(千載不相違)·148
천재비소지(千載非所知)·101
천지장불몰(天地長不沒)·202
천추만세후(千秋萬歲後)·236
첨망막난체(瞻望邈難逮)·94
청가창상음(淸歌暢商音)·219
청금횡상(淸琴橫牀)·51
청기징여재(淸氣澄餘滓)·101
청량소추절(淸凉素秋節)·177
청송관암렬(靑松冠巖列)·178
청송재동원(靑松在東園)·155
청송협로생(靑松夾路生)·126
청식교이절유(請息交以絶游)·276
청신문고문(淸晨聞叩門)·157
청안지숙용(淸顔止宿容)·180
청절영서관(淸節映西關)·225
초극협(初極狹)·281
초목득상리(草木得常理)·202
초목종횡서(草木從橫舒)·121
초성두묘희(草盛豆苗稀)·63
초여군별시(初與君別時)·114

초영식절화(草榮識節和)·287
초옥팔구간(草屋八九間)·58
초초백척루(迢迢百尺樓)·123
초췌유시(顦顇有時)·54
촉물개비(觸物皆非)·253
촌중문유차인(村中聞有此人)·282
총불호지필(總不好紙筆)·213
총비기영(寵非己榮)·246
총안명운소(叢雁鳴雲霄)·101
추국유가색(秋菊有佳色)·153
추란기당복(秋蘭氣當馥)·140
추숙미왕세(秋熟靡王稅)·286
추엽유상온(茦葉有常溫)·225
추치이응양(麤絺以應陽)·198
춘료독무(春醪獨撫)·40
춘료생부의(春醪生浮蟻)·237
춘료해기구(春醪解饑劬)·88
춘잠수장사(春蠶收長絲)·286
춘추다가일(春秋多佳日)·72
춘추대사(春秋代謝)·245
춘풍선미화(春風扇微和)·130
춘흥기자면(春興豈自免)·91
출문만리객(出門萬里客)·115
취금위아탄(取琴爲我彈)·126
취족폐상석(取足蔽牀席)·71
치격동진(絺綌冬陳)·245
치자후문(稚子候門)·275
치자후첨극(稚子候簷隙)·75

치환무부오(值歡無復娛)·191
친구지기여차(親舊知其如此)·290
친붕곡아방(親朋哭我傍)·237
친식기상사(親識豈相思)·202
친척공일처(親戚共一處)·188
친척혹여비(親戚或餘悲)·240
침신리황예(侵晨理荒穢)·63
침적궁년(寢跡窮年)·269
칭심이족(稱心易足)·46

퇴기무유주(頹基無遺主)·124
투관선구허(投冠旋舊墟)·98
투뢰거학사(投耒去學仕)·164
투책명신려(投策命晨旅)·79
특위정부(特爲貞夫)·267

ㅌ |

타인역이가(他人亦已歌)·240
탁신이득소(託身已得所)·148
탁연현고지(卓然見高枝)·155
탁위상하걸(卓爲霜下傑)·178
탁주료가시(濁酒聊可恃)·165
탁주료자적(濁酒聊自適)·75
탁주반호(濁酒半壺)·51
탁주차자요(濁酒且自陶)·101
탁체동산아(託體同山阿)·240
탕탕공중경(蕩蕩空中景)·184
태수즉견인수기왕(太守卽遣人隨其往)
·283
택변유오류수(宅邊有五柳樹)·289
토지평광(土地平曠)·281
통유재난(慟由才難)·260
통자수구령(通子垂九齡)·213

ㅍ |

파시기지(頗示己志)·290
파회고인거(頗廻故人車)·112
팔표동혼(八表同昏)·40, 41
팔표수유환(八表須臾還)·172
팽조애영년(彭祖愛永年)·206
편편비조(翩翩飛鳥)·42
편편신래연(翩翩新來燕)·122
평로이조(平路伊阻)·40
평륙성강(平陸成江)·41
평생부지주(平生不止酒)·180
평원독망망(平原獨茫茫)·124
평주교원풍(平疇交遠風)·94
폐금불엄주(弊襟不掩肘)·220
폐려교비풍(敝廬交悲風)·162
폐려하필광(敝廬何必廣)·71
폐복잉불주(弊服仍不周)·222
포숙필안(鮑叔必安)·256
포어위업(捕魚爲業)·280
포한여하(抱恨如何)·42
표류체광진(漂流逮狂秦)·168

표여맥상진(飄如陌上塵)·182
품기과소해(稟氣寡所諧)·158
품자고루(稟玆固陋)·55
풍기역선한(風氣亦先寒)·104
풍래입방호(風來入房戶)·185
풍우종횡지(風雨縱橫至)·232
풍위자소조(風爲自蕭條)·240
풍표표이취의(風飄飄而吹衣)·275
풍호은혈(豐狐隱穴)·265
피갈수장야(披褐守長夜)·162
피갈유거(被褐幽居)·268
피갈흔자득(被褐欣自得)·79
피복상불완(被服常不完)·125
피진보황허(披榛步荒墟)·66
피차갱공지(彼此更共之)·144
피초공래왕(披草共來往)·61
필이불부의(必爾不復疑)·203

ㅎ

하로성유(遐路誠悠)·133
하사설진기(何事紲塵羈)·156
하시갱능상(何時更能嘗)·237
하시견여휘(何時見餘暉)·215
하용신후치(何用身後置)·194
하이위오회(何以慰吾懷)·218
하이칭아정(何以稱我情)·101
하일장포기(夏日長抱飢)·232

하탁기천(夏濯其泉)·245
하필골육친(何必骨肉親)·183
하현조고란(下紘操孤鸞)·126
학어미성음(學語未成音)·175
학주무수유(壑舟無須臾)·191
한가첩상사(閒暇輒相思)·73
한거비진액(閒居非陳厄)·218
한거삼십재(閑居三十載)·97
한곡교명구(閑谷矯鳴鷗)·84
한뇌상조강(寒餒常糟糠)·197
한서유대사(寒暑有代謝)·144
한서유매(寒暑逾邁)·246
한신광지희미(恨晨光之熹微)·275
한야무피면(寒夜無被眠)·232
한영이귀(閒詠以歸)·48
한음동창(閑飮東窗)·41
한정소언(閑靖少言)·289
한죽피황혜(寒竹被荒蹊)·91
한풍불고조(寒風拂枯條)·195
한화도자영(寒華徒自榮)·138
할연개랑(豁然開朗)·281
함래문신(咸來問訊)·282
함상념유인(銜觴念幽人)·178
함즙지하사(銜戢知何謝)·210
함환곡급(含歡谷汲)·245
항언담재석(抗言談在昔)·71
해각무일인(奚覺無一人)·202
해소부련(奚所復戀)·246

해안권농인(解顏勸農人) · 94
해지천만사(奚止千萬祀) · 180
해추창이독비(奚惆悵而獨悲) · 274
행가부신(行歌負薪) · 245
행자무문진(行者無問津) · 94
행지천만단(行止千萬端) · 151
행행정출문(行行停出門) · 128
행행지사리(行行至斯里) · 209
행행향불혹(行行向不惑) · 162
향래상송인(向來相送人) · 240
향리습기풍(鄉里習其風) · 120
허실유여한(虛室有餘閒) · 59
허실절진상(虛室絕塵想) · 61
현달무내하(賢達無奈何) · 240
현우무부수(賢愚無復數) · 206
현자피기세(賢者避其世) · 285
협안수백보(夾岸數百步) · 280
형신대명촉(荊薪代明燭) · 69
형택산유목(泂澤散游目) · 84
형해구이화(形骸久已化) · 172
호독서(好讀書) · 290
호미지원규(好味止園葵) · 180
호사내주저(胡事乃躊躇) · 87
호성상화(好聲相和) · 42
호위부자갈(胡爲不自竭) · 204
호위호황황욕하지(胡爲乎遑遑欲何之) · 278
호음시교(好音時交) · 134
호작오불영(好爵吾不榮) · 221

호장로근린(壺漿勞近鄰) · 94
호장원견후(壺漿遠見候) · 158
호정무진잡(戶庭無塵雜) · 59
호풍여지구(好風與之俱) · 112
혹도고주(或棹孤舟) · 277
혹명건거(或命巾車) · 277
혹식장이운자(或植杖而耘耔) · 278
혹치주이초지(或置酒而招之) · 290
혼기산하지(魂氣散何之) · 236
홀문박탁성(忽聞剝啄聲) · 117
홀봉도화림(忽逢桃花林) · 280
홀여일준주(忽與一樽酒) · 144
홀이친차사(忽已親此事) · 193
화복무문(禍福無門) · 55
화약분렬(花藥分列) · 51
화이칠현(和以七弦) · 245
화택 주삼춘(和澤周三春) · 177
화풍불흡(和風弗洽) · 132
환도소연(環堵蕭然) · 290
환래고석단(歡來苦夕短) · 69
환언작춘주(歡言酌春酒) · 112
환좌갱자사(還坐更自思) · 128
황기지상산(黃綺之商山) · 286
황당막체(黃唐莫逮) · 51
황도무귀인(荒途無歸人) · 87
황로애교통(荒路曖交通) · 286
황발수초(黃髮垂髫) · 281
황초몰전정(荒草沒前庭) · 162

황초하망망(荒草何茫茫) · 239
회고일하심(懷古一何深) · 175
회량진이고왕(懷良辰以孤往) · 278
회야조요(回也早夭) · 260
회역불황매(懷役不遑寐) · 98
회차정수자(懷此貞秀姿) · 178
회차파유년(懷此頗有年) · 71
회표개아금(回飆開我襟) · 175
효안영아전(殽案盈我前) · 237
효효천상평(皛皛川上平) · 98

후궤오불수(厚饋吾不酬) · 221
후수무문진자(後遂無問津者) · 284
후첨사지(候詹寫志) · 263
휘배권고영(揮杯勸孤影) · 185
휘자일상(揮玆一觴) · 47
휴유입실(携幼入室) · 275
흔급구서(欣及舊棲) · 134
흔연방탄금(欣然方彈琴) · 219
흔이소독(欣以素牘) · 245
희농거아구(羲農去我久) · 168

도연명 陶淵明

초판 인쇄 2013년 8월 5일
초판 발행 2013년 8월 16일

역   자 | 김학주
디자인 | 이명숙 · 양철민
발행자 | 김동구
발행처 | 명문당(1923. 10. 1 창립)
주   소 | 서울시 종로구 윤보선길 61(안국동)
          우체국 010579-01-000682
전   화 | 02)733-3039, 734-4798(영), 733-4748(편)
팩   스 | 02)734-9209
Homepage | www.myungmundang.net
E-mail | mmdbook1@hanmail.net
등   록 | 1977.11. 19. 제1~148호

ISBN 978-89-7270-465-2 (03820)
15,000원

* 낙장 및 파본은 교환해 드립니다.
* 불허복제